Sonnenkind und SCHATTENKRIEGER

Kleine Abenteuer

Bodo Staudacher

Kellner VERLAG

Dieses Buch ist bei der Deutschen Nationalbibliothek registriert. Die bibliografischen Daten können online angesehen werden:
http://dnb.d-nb.de

Sämtliche Namen aller erwähnten Personen wurden redaktionell geändert, die Geschichte aber ist wahr.

Impressum

Inhaber: Manuel Dotzauer e. K.

St.-Pauli-Deich 3 • 28199 Bremen
Tel. 0421 77866 • Fax 0421 704058
sachbuch@kellnerverlag.de
www.kellnerverlag.de

Lektorat und Layout: Merle Ibendorff
Umschlag: Jennifer Chowanietz
Gesamtherstellung: Der DruckKellner, Bremen

ISBN 978-3-95651-297-1

Für Amelie

It just ain't living
And I just hope you know
That if you say
Good-bye today
I'd ask you to be true
'Cause the hardest part of this
Is leaving you

My Chemical Romance – Cancer

Embrace the noise let it rip through your brain
A legion of snakes that are shedding their skin
A new aggression is starting to breed
There's no holding back
Are you ready to bleed
Scream out, eyes wide
A venomous mainline infects you inside
So feel the sound as it pounds in your chest
Eardrums exploding, bodies possessed

Bullet For My Valentine – Army of Noise

Greif' nach den Sternen und ich schwebe
Als ob heute nichts unmöglich wäre
Ich schaue in ungeahnte Ferne
In meinem Kopf (nur die Musik)
Jeder Ton erfüllt die Leere
Und wird es kalt bleibt sie die Wärme
'Ne Symphonie gegen die Schwere
So traumhaft schön voll Fantasie
Und ich spür' Endorphin
Alles leicht wie noch nie
Und die Stimme in meinem Ohr sagt
Don't give a fxxx

Joris – Nur die Musik

VORWORT

Mehrmals habe ich mir die Frage gestellt, ob ich das alles überhaupt machen soll. Ich war kurz davor, alles Geschriebene wieder wegzupacken, für mich zu behalten und schnell wieder im normalen Alltag weiterzumachen. Ein Mann redet nicht über Gedanken und Gefühle. Oder sogar Krankheit. Warum das Innerste nach außen kehren? Das hab ich eigentlich nie gemacht und darin war ich immer besonders schlecht.

Doch da gibt es eine Kleinigkeit, die ich unbedingt loswerden muss.

Das geht raus an alle, die es »erwischt« hat. Ob jung oder alt. Kopf hoch. Seid mutig. Traut Euch was zu. Versucht, nicht so viel Angst zu haben. Denkt vielleicht gar nicht so viel nach. Sowas gehört zum Leben halt auch dazu. Passiert. Und es muss gar nicht schlimm sein. Es kann ganz gut laufen und möglicherweise kommt Ihr gut durch. Habt Vertrauen. Lasst Euch nicht von diesen Horrorstorys einschüchtern. Ich hab mir tausende davon angehört und dann lief es anders. Bleibt positiv, cool und lustig. Nehmt alles, was Euch wichtig ist, mit auf diesen unbekannten Weg. Alles ist erlaubt. Und es ist nicht so, dass hier etwas enden muss. Überhaupt nicht. Lasst Euch nicht unterkriegen und bleibt einfach wer Ihr seid.

Manchmal geht es gut aus, manchmal nicht. Ich weiß. Das liegt nicht in unserer Macht. Aber man ist nie allein. Und es lohnt sich auf jeden Fall, sich nicht hängen zu lassen und zu fighten.

Dabei wünsche ich Euch alles erdenklich Gute!

PROLOG

29. März 2020

Ich bin 35 Jahre alt, stets gut gelaunt, glücklich verheiratet und habe eine kleine Tochter. Das Leben hat mich bisher reich beschenkt. Ich bin ein ganz normaler junger Mann, der das Leben mit all seinen Facetten genießt und liebt. Ich durfte die Welt großzügig bereisen und habe unglaublich viele Ecken gesehen und viele nette Menschen getroffen.

Von Beruf bin ich Ingenieur und meine Arbeit hat mir immer viel Spaß gemacht. Ich habe unzählige Leidenschaften und Hobbys, denen ich nachgehe. Meine Frau sagt, ich habe zu viele Hobbys. Sie hat Recht. Keinem davon kann ich die nötige Zeit widmen.

Ich habe eine Familie, die mich liebt und sich kümmert und viele, viele gute Freunde und Bekanntschaften. Früher als Kids haben wir so ziemlich alles gemacht, worauf wir so Bock hatten. Es war eine unbeschwerte Zeit. Wir haben viel gefeiert und eigentlich nichts ausgelassen. Wir waren nachts im Freibad baden. Wir haben uns großzügig vom guten Leben eingeschenkt und immer alles gleich auf Ex runtergestürzt. Ich hatte das Glück, als Gitarrist viele Jahre in einer verdammt guten Rockband spielen zu dürfen. Auch konnte ich mal bei einer Oper mitspielen. Ich bin mal aus einem Flugzeug gesprungen und tauchte mit Haien. Da ich viel gereist bin und zweimal auch für längere Zeit als junger Praktikant im Ausland sein durfte, habe ich Bekannte aus verschiedenen Ländern der Welt: England, Italien, Südafrika, Brasilien, China, Malaysia, Australien oder Singapur. Es ist großartig. Wir dürfen wählen gehen, müssen nicht so sehr auf das Geld schauen und leben in einer freien Welt. Eigentlich kann uns gar nichts Schlimmes passieren. Uns geht es einfach nur gut.

Ich denke, ich habe in meinem Leben immer sehr viel Glück gehabt. Eigentlich bin ich ein Glückspilz. So empfinde ich das zumindest. Oft, wenn ich joggen gehe, um das große Karussell des Daseins einmal kurz anzuhalten und den Kopf dabei richtig durchzulüften, ziehe ich Bilanz und denke über das Leben nach. Immer kam ich bisher zum Beschluss, dass ich stets viel Glück im Leben hatte. Man hat mir viel geschenkt.

Vor ein paar Wochen haben sie mir mitgeteilt, dass ich Krebs im fortgeschrittenen Stadium habe. Mir. Einem jungen Mann Mitte 30, der fest im Leben steht und noch so viel vorhat. Und das auch noch kurz nach dem großen Ausbruch der Corona-Pandemie. Krebs und Corona. Und das alles gleichzeitig. Rückblickend vermag ich gar nicht mehr zu sagen was in mir vorging als der Arzt mir die Diagnose verkündete. Ich habe eine Art Filmriss. Da fehlt irgendwie was. Was ich aber noch gut weiß von diesem Moment ist, dass auf einmal alles grau und still und langsam wurde. Ich weiß gerade nicht, was alles noch auf mich zukommen und wie das alles ausgehen wird.

Mit so Sachen wie Krebs hatte ich mich bisher nie beschäftigt. Man hat schon öfter von Fällen in der Familie oder im Kreis der Bekannten gehört, aber das ist bisher immer irgendwie nur den anderen passiert, meistens älteren Menschen. So eine Diagnose haut einem heftig die Bremse rein und reißt einem den Boden unter den Füßen weg. Und nun hat es mich auch erwischt. So früh schon …

Ich beginne circa eine Woche vor Beginn der Chemotherapie an diesem Buch zu schreiben. Ich habe keine Angst davor. Naja, ein bisschen Bammel vielleicht schon. Und ich muss sagen, dass das Wort »Chemo« allein beim Aussprechen einen ganz schrecklichen Klang mit sich bringt, so in etwa in der gleichen Liga wie »Terroranschlag« oder »Naturkatastrophe«. Ich habe keine Angst, aber irgendwas Anderes geht sicherlich in mir vor. Was mir auch ein eigenartiges Gefühl gibt ist, dass alle Freunde nun auf einmal Sachen zu mir sagen wie »Du musst jetzt stark und positiv sein« oder »Wir denken an dich und schicken dir viel Kraft und positive Energie rüber!« So was haben sie sonst eigentlich nie zu mir gesagt. Nicht in dieser Form, so ausdrücklich und mit dieser ernsten Art der Anteilnahme. Egal was kommt, ich nehme es einfach an, denn ich habe ja gar keine Wahl. Ich bin positiv und zuversichtlich. Wie immer. Jedoch weiß niemand, was so alles auf mich zukommen und wie die ganze Geschichte ausgehen wird. Ich weiß einfach nicht, ob und wie ich diese neue, unbekannte Welt, die ich betreten werde – die »Matrix« – wieder verlassen werde.

»Life is a Rollercoaster.« So viel ist allgemein bekannt. Up and Down. Hoch und runter. Das weiß doch jeder. Es gibt genug schlechte Plastik-Pop-Songs, die diese einfache Wahrheit verkünden. Bisher fuhr ich in der Achterbahn eigentlich immer ziemlich weit oben. Herunterschauend. Bis auf ein paar kleinere Senken. Aber generell immer ziemlich weit oben. Scheinbar bin ich nun auch an den anderen, etwas tiefer gelegenen Stellen der galaktischen Achterbahn angekommen. Es geht hoch und runter. Man könnte sich jetzt die Frage stellen, wo man ganz am Schluss stehenbleibt und wer dann noch alles mit im Wagon sitzt. Vielleicht bleibt die Achterbahn aber auch gar nicht stehen und es geht für immer einfach weiter. Vielleicht an einem anderen Ort oder einem ganz anderen Sonnensystem. Aber gut erst mal. Das ist jetzt langsam etwas »too much«. Diese Frage können andere, schlauere Leute beantworten.

Heute Morgen bin ich vor sechs Uhr aufgewacht. Meine Mädels schlafen noch. Ich habe tausend Gedanken verschiedenster Art in meinem Kopf herumschwirren und beginne, diese einfach mal niederzuschreiben. Der Tag hat gerade erst begonnen. Es ist Frühling. Keine Wolke am Himmel. Ich kann vom Fenster aus die Stadt und auch den Wald sehen. Am Horizont geht das Morgenrot über der schwarzen Kontur des Waldes über sämtliche weitere Farbpaletten in ein leichtes Hellblau über. Wunderschön. Etwas später wird es ein kräftiges, gesundes Blau sein. Ein herrlicher Tag. Doch auch heute wird man fast keine Menschenseele auf der Straße sehen. Es ist gespenstisch still. Unheimlich. Es passiert nicht viel. Es ist unglaublich, aber wahr. Eine komische Stimmung.

Der Grund hierfür: Ein Virus, der sich von China ausgehend mittlerweile auf der ganzen Welt ausbreitet, für mächtig Unsicherheit sorgt und jedes andere noch so ernste Thema locker in den Schatten stellt. Es zwingt uns zuhause zu bleiben und keinen Kontakt mit unseren geliebten Mitmenschen zu haben. Das Virus hat den gleichen Namen wie ein gar nicht so gutes mexikanischen Light-Bier. Es isoliert uns alle. Auch tötet es Menschen. Es scheint, als wäre alles andere unwichtig im Moment. Ein bisschen wie in einem dieser Hollywood-Blockbuster. Nur wir sind alle mittendrin und spielen mit. Das Virus wird uns noch schwer beschäftigen.

Es ist schon cool, ein Buch zu schreiben. Eigentlich wollte ich das schon immer mal machen. Mir haben bisher lediglich ein starkes Thema und die Zeit gefehlt. Ich habe mal von Theorien gehört, die besagen, dass Leiden kreativ macht. Vielleicht trifft das ja gerade zu. Oder man hat halt wirklich guten Inhalt zum Schreiben und einfach eine richtig krasse Story zu erzählen. Oder einfach nur viel Fantasie und Talent. Und viel Zeit und Muße. Von all dem genannten habe ich eigentlich nur Zeit.

In den letzten Jahren habe ich in den oberen Sphären des »Big Rollercoasters« so viel erlebt und glaube, dass ich die Geschehnisse der letzten Jahre nie richtig verarbeitet habe. Vielleicht ist das heutzutage auch gar nicht mehr richtig möglich, alle Sachen im Leben zu ordnen. Bei dem rasenden und ich denke zunehmendem Tempo, mit dem sich die Welt dreht. Jetzt im Moment befinde ich mich in der großen Achterbahn ziemlich weit unten.

Im Endeffekt möchte ich eigentlich nur für mich selbst ein bisschen dokumentieren, was so alles in den letzten Jahren geschah. Das kann ich gerade eigentlich nur machen, weil die Erde momentan stillsteht. Ich meine, es war extrem viel. Gutes und Schlechtes. So viel, dass ich es irgendwie ordnen und verarbeiten muss. Dank Corona habe ich nun auch die Zeit dafür. Wenn ich dann im Jahr 2070 ein alter Mann bin, werde ich mir das Buch aus der hintersten Ecke meines Regals ziehen und alles noch mal in aller Ruhe durchlesen. Das wird großartig. Da freu ich mich jetzt schon drauf. Ob sich irgendjemand anders auch für diese kleinen Geschichten interessiert, weiß ich nicht. Das ist auch nicht so wichtig. Ich habe gerade viel Zeit und schreibe einfach mal alles auf. Mal schauen, was mir noch so einfällt.

Ich widme das alles meinen geliebten Mädels, Amelie und Molly. Sie schlafen immer noch. Wenn sie wüssten, dass ich gerade über sie schreibe …

Sie sind das Beste, was ich habe.

SONNE UND SCHATTEN

06. Mai 2020

Ein großer alter Mann aus Asien mit langem Bart sagte mal vor langer Zeit: »Wer ständig glücklich sein will, muss sich oft verändern.«

Ich fand immer, dass da was dran ist. Für mich persönlich stimmte das auch meistens. Eine Veränderung muss ja nicht immer was Gravierendes oder was Großes sein, sondern kann ja auch in kleinen und trotzdem magischen Dimensionen stattfinden. Ich glaube, ich habe in meinem Leben immer öfter mal irgendwas Kleines verändert und vor allem Neues gemacht. Jedem Anfang liegt tatsächlich ein Zauber inne. Das wusste schon der gute Hermann Hesse. Im Großen wie auch im Kleinen. Der Drang nach neuen Projekten war bei mir immer schon da. Ohne rastlos oder unzufrieden zu sein habe ich mich immer für neue kleine Sachen interessiert und sie angegriffen. Das hat mich wohl immer irgendwie glücklich und zufrieden gemacht und mir Schwung und gute Impulse fürs Leben gegeben.

Der Move von der schwäbischen Heimat in den Fernen Osten mit Anfang 30 war das beste Beispiel hierfür. Komplett ohne irgendeinen Zwang oder irgendeine Not fand das von mir aus statt. Zum Beispiel mit dem Zwang, einmal ein paar professionelle Jahre aus Karrieregründen in Asien zu verbringen um später besser an Managerpositionen zu kommen, hatte das überhaupt nichts zu tun. Ich hätte auch zuhause bleiben können wie die große Mehrheit der Anderen, also meiner Freunde. Ich hatte mich aber entschieden – ich muss sagen wir, meine Frau und ich – auf eine Reise zu gehen und nach etwas Abenteuer und neuem Glück in einer fernen

Welt zu suchen. So zogen wir los und fanden beides auch zu Genüge.

Ich denke, ich hatte bisher im Leben immer sehr viel Glück. So hatte ich eine behütete Kindheit. Ich wuchs auf in einer schönen Kleinstadt-Umgebung, in der junge Menschen toll gedeihen können, eingebettet in Natur, und trotzdem sicherlich alle Chancen der Selbstverwirklichung haben. Meine Jugend war eigentlich ausschließlich unbeschwert und ereignisreich. Ich bin meinen Eltern sehr dankbar dafür. Gesegnet mit guten Freunden, die es auch heute noch sind. Es ist uns trotz der ein oder anderen leichtsinnigen Pubertäts-Aktion nie etwas passiert.

Habe mich beruflich wohl für das Richtige entschieden und die große Liebe gefunden. Oh, das klingt jetzt kitschig … Und eine kleine wundervolle Tochter, die mich Tag für Tag zum Staunen und vor allem zum Lachen bringt. Meine Frau nannte mich auch schon immer ein »Sonnenkind«. Ich denke, das sollte immer heißen: »Mach dir mal keine Sorgen, bei dir läuft doch immer alles.« Als ich zum Beispiel 2011 ein Praktikum in Brasilien über eine Förderorganisation quasi so nebenbei ohne großen Bewerbungsaufwand ergattert hatte, hatte sie mich ein »Sonnenkind« genannt. Läuft.

Doch, das stimmt. Ich hatte immer Glück, war immer ein Sonnenkind. Vielleicht bis zu dem Moment der Krebsdiagnose mit Mitte 30. Hier kann man wohl nicht mehr so sehr von Glück sprechen. Jährlich erkranken nur circa 2600 Menschen in Deutschland am Hodgkin-Lymphom. Es ist eine eher seltene Krankheit. Man müsste hier also von ausgesprochenem Unglück und Pech reden. Es hat mich nun erwischt und der Krebs ist nun auch schon fortgeschritten.

Und dann passiert das Ganze auch noch zu Hochzeiten der Corona-Pandemie im Frühjahr 2020. Social Distancing, das Vermeiden von körperlicher Nähe, ist zum obersten Gebot für alle Menschen geworden. Überall auf der Welt. So konnte ich in der vielleicht schwersten Zeit meines Lebens nicht einmal meine Familie und Freunde einladen, besuchen oder generell bei mir haben. Wie kann das sein, dass diese zwei krassen Ereignisse sich in meinem Jahr der Ratte überlagern und mich so extrem knechten und isolieren? Wie viel Pech kann man denn eigentlich haben?

Glück und Unglück. Glück und Pech. Was ist das überhaupt? Sehr relative Begriffe. Geht's mir eigentlich gut oder hat es mich schon böse erwischt? Eher Glückspilz oder Unglücksrabe? Hat der liebe Gott es mit mir immer gut gemeint? Oder hat er mich nun für immer verlassen?

Später werden mir Ärzte sagen, dass ich mit meiner Diagnose noch relativ viel Glück hatte. Eine eher »gute« Diagnose. Das dem Morbus Hodgkin verwandte Non-Hodgkin-Lymphom, das auch weitaus häufiger auftritt, ist in den meisten Fällen nicht mehr so gut behandelbar und kann oft nicht ganz geheilt, sondern nur langsam aufgehalten werden. Habe ich also tatsächlich wieder Glück in meiner Situation?

Geht es uns denn nicht eigentlich per se gut, wenn wir als Mensch in Deutschland auf die Welt kommen? Wie können wir uns mit den weitaus härteren Schicksalen von Kindern vergleichen, die in Krisengebieten wie Syrien, dem Sudan oder dem Jemen auf die Welt kommen und eigentlich nie eine richtige Chance auf ein »normales« Leben haben? Es gibt Minderheiten auf dieser Welt, die politisch systematisch verfolgt und weggesäubert werden, wie zum Beispiel die Rohingya in Myanmar. Können wir Menschen in Deutschland uns überhaupt zumuten zu behaupten, uns könnte es in irgendeiner Art schlecht gehen? Bin mir da nicht ganz sicher.

Und können wir unser Glück, unser Schicksal überhaupt beeinflussen? Wir sind sprichwörtlich ja alle unseres eigenen Glückes Schmied. Kann das sein? Es sieht mir nicht so aus, als hätten alle Menschen von Anfang an alle Möglichkeiten zur Wahl des richtigen Lebensweges.

So oft wir es auch versuchen, diese Frage ist eigentlich fast nicht zu beantworten. Auch wenn wir ständig darüber nachdenken. Wie können wir denn sagen, dass es uns gut geht, wenn es uns nie wirklich schlecht ging? Wie können wir uns im Lichte des Daseins loben, wenn wir gar nicht wissen, was die Dunkelheit ist? Beides gibt es zuhauf in dieser wunderschönen und zugleich grausamen Welt.

Wahrscheinlich ist es doch gar nicht so wichtig. Was zählt ist, immer das Beste draus zu machen. Egal was kommt. Alles andere, alles »Höhere« passiert einfach so und wir müssen damit umgehen.

Als ich später zum dritten Zyklus der Chemotherapie stationär im Krankenhaus untergebracht war, teilte ich mein Zimmer mit einem sehr netten 67-jährigen Mann. Zwei Jahre nach Eintritt in den Ruhestand hatte man ihm eine Diagnose einer unheilbaren Blutkrankheit, ähnlich der Leukämie, gegeben. Die Ärzte hatten ihm gesagt, er lebe wohl noch ein paar Jahre. Es war beeindruckend, wie er mir alles erzählte und wie gefasst und in sich ruhend er damit umging. Seine Diagnose war meines Erachtens nach weitaus schlimmer als meine, dennoch nahm er sie an und war irgendwie positiv. Ich unterhielt mich viel mit ihm. Seine Einstellung, mit seiner Krankheit umzugehen, hatte mich schwer beeindruckt. Zu dieser Zeit hatte ich tatsächlich das Gefühl, mit meiner Hodgkin-Diagnose noch Glück gehabt zu haben.

Glück und Unglück. Sonne und Schatten. Beides ist da. Immer da.

EINE REISE BEGINNT – TEIL 1

23. September 2014

Ich bin 29 Jahre alt. Das ist die Zeit, in der selbst die chilligsten Langzeitstudenten (ich zähle mich nicht wirklich dazu, brauchte nur zwei Semester länger als der Durchschnitt) mal so langsam in einem routinierten Arbeitsleben angekommen sind. Alles ist weitaus geregelter als noch mit 25. Da schien die Zukunft noch ungewiss und wild und das wirkliche Erwachsensein noch fern. Da war alles noch möglich und unverbindlich. Mit 29 ist der Student aber endlich fertig und geht seinem ersten Job nach. Endlich mal eigenes Geld verdienen. Es setzt sich Einiges und es wird ruhiger. Schließlich hat der wirkliche Ernst des Lebens (mittlerweile schon zum vierten Mal) begonnen.

Manche haben die Liebe des Lebens mittlerweile gefunden und auch keine Lust mehr auf verzweifelte Partnersuche in der Disco oder der Bar oder auf Dating-Plattformen und diesen ganzen Quatsch. Man verlobt sich. Man heiratet. Kinder werden langsam ein Thema. Die einen fangen an und alle anderen denken »wow«. Etwas später folgen weitere und Lawinen brechen los. Und langsam schauen sich die Freunde nach Immobilien um und bauen sogar ein Häusle auf dem Land, wo es günstiger ist als in der Schwabenmetropole Stuttgart. Gerade im Schwabenland ist das eigene Häusle doch ein höchst erstrebenswertes prominentes Lebensziel.

So um die 30. Sehr gutes Alter. Es ist eine Zeit, in der man schon noch jung ist und immer noch viel passiert, aber es wird einfach geregelter und ruhiger. Den dreißigsten Geburtstag wird man dann als vielleicht letzte wirklich wilde

Party feiern. Alle späteren runden Geburtstage werden dann definitiv immer langweiliger. Die Kinder müssen ja schlafen und Feiern hat man bis dahin sowieso langsam verlernt. Und den Kater am nächsten Tag steckt man dann nicht mehr so easy weg wie noch mit 25. Irgendwann kann man einfach nichts mehr am Glas.

Ich werde auch bald 30. Und es wird auf jeden Fall eine gute Party geben. Dafür werde ich sorgen. Alle Freunde noch mal zusammentrommeln und crazy abfeiern. Geburtstag und Abschied zugleich. Abschied für ein paar Jahre. Wie viele Jahre es sein werden und ob alles überhaupt klappt, weiß man jetzt noch gar nicht.

Kinder kommen dann schon etwas später. Nicht jetzt. Und alles andere auch.

Ich will eigentlich noch gar nicht ruhiger werden und ich will noch ein paar große Abenteuer erleben (ich rede nicht vom Häuslebauen). Ich bin noch jung und hungrig. Ich will noch mal richtig raus hier. Weit raus. Ganz weit weg. Welche Abenteuer kann denn ein junger Mensch heute noch erleben ohne jetzt irgendwelchen gefährlichen Quatsch zu machen? Mit dem Segelboot über den Atlantik? Ein Jahr im Dschungel überleben? Hm … so was jetzt nicht. Mein Leben ist mir ja schon recht lieb. Der gute Odysseus hat früher noch richtige krasse Abenteuer erlebt. Ich habe als kleiner Stöpsel all seine Geschichten gelesen. Oder was Frodo so alles gemacht hat. Wahnsinn. Aber was kann denn heute noch abenteuerlich sein für einen jungen Menschen?

Da ich das Reisen immer sehr liebte, möchte ich einfach auf eine große Reise gehen. Eine Reise, auf die ich als alter Mann dann mal zurückschaue und Tränen in den Augen habe, wenn ich die alten Bilder von damals sehe. Das ist der Plan. Die meisten anderen meiner Freunde schlagen nun Wurzeln. Ich nicht. Ich hau ab. Wir hauen ab. Zusammen. Und wir kommen als andere Menschen wieder zurück.

Deswegen habe ich einfach mal einen Job im weit entfernten Singapur angenommen. Unbefristet. Hab kein Rückflug gebucht. Es ist einfach so passiert und ging unglaublich schnell. Das Jobangebot las sich einfach top. Am Ende hat es einfach gut gepasst. Die Chemie mit dem zukünftigen Chef hat einfach so gut gepasst während der Telefonate. Es ist ein guter Job bei einer richtig guten deutschen Firma. Das Thema passt mir auch sehr gut. Forschung ist sowieso cool.

Wieso habe ich mich in Singapur beworben? Ehrlich gesagt war es einfach nur purer Zufall. Schicksal. Fügung. Whatever. Es ist einfach so passiert. Ich gestehe, dass es gar nicht Teil meines großen Masterplans ist, genau dort hinzugehen. Manche Menschen behaupten ja immer, sie haben stets den großen Megaplan im Kopf. Ich habe das nicht, sage ich ganz ehrlich. Es passiert einfach so. Und meinen bisherigen Job habe ich sehr gern gemacht und er war echt gut. Trotzdem ist es für mich an der Zeit, weiter zu reisen und die vertraute Heimat einfach mal hinter mir zu lassen. Diesbezüglich habe ich einfach Hummeln im Hintern. Und meine Freundin Molly wollte so was wie ins Ausland gehen eigentlich auch immer noch mal machen, bevor Kinder und Häusle und so dann irgendwann kommen.

Ich habe das Aufbrechen in andere Erdteile schon mal als Student mit 25 und 26 gemacht. Ein halbes Jahr Praktikum in Südafrika und drei Monate Praktikum in Brasilien. Es war die beste Zeit!

Das nächste Projekt Südostasien wird allerdings noch mal was ganz anderes werden. Viel größer. Spektakulärer. Länger. Das ist klar.

So weit so gut. Kleines Problemchen ist, dass ich zwar einen Job dort habe, aber nicht meine Liebste. Ich hatte mich davor für die Stelle als Forschungsingenieur in Singapur einfach mal beworben, ohne meiner Freundin Bescheid zu geben. Das musste ich ihr erst mal bei einem ruhigen

Waldspaziergang beibringen. Anfangs war sie sauer mit mir. Zurecht. Später werden wir aber dann hoffentlich sagen, dass es das beste war, dass ich sie einfach so spontan Richtung Fernost mitgezogen hatte. No risk, no fun. Gerade wenn man jung ist. Allein hätte sie das nie gemacht. Es wäre sonst nie passiert und ein ewiger Traum geblieben, á la »Mensch, das hätte man einfach noch machen sollen.« Da habe ich kein Bock drauf. Ich will es einfach machen. Alles zu 100 Prozent sicher durchzuplanen ohne Risiko geht mit zwei Personen gleichzeitig sowieso fast nicht.

Meiner Mutter zu erklären, wieso ich einen sicheren und guten Job in einem etablierten Anlagenbauunternehmen im Stuttgarter Speckgürtel auf einmal aufgebe und irgendwas weit in Fernost anfange, ist schwer. Und dass ich die Freundin mitnehme. Meine Mutter hatte schon Rotz und Wasser geheult, als ich mit 25 für sechs Monate nach Kapstadt für ein Praktikum loszog. Vielleicht auch verständlich. Es ist schwer für sie, das zu verstehen. Und sie ist halt die Mama. Die Zeiten haben sich geändert. Junge Leute machen heutzutage nun andere Sachen, wenn sie noch jung sind. Die Welt ist kleiner geworden.

So stelle ich mich also langsam auf die große Reise ein. Je mehr ich von dem exotischen und mir bisher fast unbekannten Singapur lese und je mehr ich erfahre, desto weniger kann ich es abwarten loszuziehen. Eigentlich wusste ich zuvor lediglich, dass das ein kleiner Tigerstaat irgendwo in Asien ist und dass Kaugummi verboten ist. Ich sprach mit Leuten, die dachten, dass das eine Stadt in China ist. Von den meisten Freunden und Bekannten, die schon dort waren, höre ich eigentlich nur Tolles und Spannendes von diesem Ort. Ich verschlinge einen Reiseführer nach dem anderen und lese Expat-Bücher.

Natürlich beschäftigten wir uns damit, wie meine Liebste, eine verbeamtete Lehrerin, auch einen sicheren Job dort bekommen könnte. Das ist schon schwer. Und sie hat doch auch so riesige Lust auf dieses Abenteuer. Noch hat sie nichts und in ihrem Beruf kann man nicht einfach so kündigen und was Anderes anfangen. Sie hat die Reise einfach noch nicht gebucht, so wie ich. Natürlich ist das auch belastend für uns. Ich kann mich schon auf die neue Welt vorbereiten. Meine Freundin nicht.

Mal schauen, was da noch alles kommen wird und ob wir mit allem Glück haben werden. Das ist schon ein krasser Schritt alles. Mal schauen, ob wir belohnt werden. Das soll unser großes Abenteuer werden.

EINE REISE BEGINNT – TEIL 2

04. März 2020

Es ist der 4. März 2020. Wir sind eigentlich schon auf dem Weg von meinen Eltern zurück nach Stuttgart und wir fahren gerade schon auf die Bundesstraße. Dann erhalte ich einen Anruf vom Krankenhaus, in dem ich während der Faschingsferien eine Woche stationär wegen meiner Lungengeschichte aufgenommen war. Mensch, war das ein Scheiß. Wollten eine Woche Urlaub zuhause machen und ich lande im Krankenhaus. Naja …

Man bittet mich, um 16 Uhr unbedingt in die Sprechstunde des Oberarztes zu kommen. Es klingt irgendwie wichtig. Also drehen wir noch mal um und fahren zurück zu meinen Eltern, sodass ich diesen Termin später wahrnehmen kann. Ich denke, sie werden mir halt noch abschließend alles zu meiner Lungenentzündung erklären. Mehr sollte jetzt ja wohl nicht kommen. Nichts Wildes …

Die freundliche Assistentin des Chefarztes für Innere Medizin empfängt mich dann um 16 Uhr mit einem freundlichen Lächeln und öffnet die Tür zum Büro des Chefs. Ja, die Frau war ja wirklich ganz nett. Ich trete ein und der Arzt fragt mich zur Begrüßung: »Wie geht es Ihnen denn?« Mit meiner typischen gelassen Art erwidere ich: »Eigentlich geht es mir soweit gut. Fühle mich okay.« Ich lächele. Wenn man so was sagt, dann ist ja meistens auch alles okay. Also alles gut soweit. Wir setzen uns an den Tisch mitten im Arztzimmer.

»Leider haben wir bei den Untersuchungen etwas Unerwartetes gefunden. Es ist Morbus Hodgkin. Eine Art des Lymphdrüsenkrebses.« So etwas Ähnliches sagt er dann.

Ohne große Einführung oder sonstiges. Gleich zur Sache. Bäm. Voll in die Fresse. Medizinisch. Nüchtern. Exakt. Das sind die Worte. Eine hohe Form der Grausamkeit. Zutiefst grausam. Unwirklich. Albtraumhaft. Ein verbaler Dolchstoß.

An Genaueres kann ich mich nicht mehr erinnern. Ich meine, er erwähnt auch gleich die Therapien zur Behandlung des Krebses. Von was redet er denn, wenn er von Therapien spricht? Das klingt irgendwie nach Chemo oder so was. Ich glaube, der Arzt empfindet es als etwas unangenehm, mich dabei anzuschauen. Verständlich. Wer verkündet denn schon gerne jungen Menschen eine Krebsdiagnose? Komische Situation.

Es wird grau und still. Und immer langsamer. Und für kurze Zeit bewegt sich gar nichts.Vielleicht warte ich darauf. Aber ich wache nicht auf. Nein, es passiert nicht.

Eigentlich müsste ich ja allen dankbar sein. Nach dieser kleinen Odyssee auf der Suche nach dem, was nicht stimmt bei mir, hat man nun wohl das Übel gefunden. Sie haben jetzt meine Krankheit entdeckt. So einfach war das ja gar nicht. Zuerst dachte man, ich hätte hochansteckende offene Tuberkulose, und ich wurde für vier Tage komplett in einem Zimmer isoliert. Dann, als der Test negativ ausfiel, fiel der Verdacht auf Sarkoidose. Im Endeffekt aber »nur« eine atypische Lungenentzündung. Ich hatte sie fast gar nicht bemerkt. Hatte vor kurzem noch Fußball gespielt und war joggen. Aber um die Krankheit zu finden musste man mit einer Art Schlauchsonde über meinen Rachen einen Stich durch die Speiseröhre in den auffällig großen Lymphknoten machen um Zellgewebe zu extrahieren. Danke, dass ihr das gefunden habt. Ich weiß, es ist euer Job. Trotzdem danke.

Krass. Ich habe Krebs.

Die Worte des Arztes sind extrem grausam und eine seltsame Art von Slow-Motion stellt sich in meinem Kopf ein. Versteckte Kamera? Wahrscheinlich nicht. Über so was macht man keine Scherze.

Innerhalb von Sekunden klappen sich in meinem Kopf neue Welten auf. Es entfalten sich neue Horizonte, neue Dimensionen. Leider keine so Guten. Eine dieser Dimensionen ist charakterisiert durch eine Skala, dessen Einheit ich nicht kenne. Jedoch ist mir klar, dass am Ende der Skala der Tod steht. Nichts anderes als der Tod. Wie übel. Wir reden hier von Krebs und nicht von einem Schnupfen. Diese neue Welt vergleiche ich mit den Parallelwelten aus den Filmen »Matrix« oder »Inception«. Nicht jeder Mensch hat Zugang, nur die »Auserwählten«, die Besonderen. Ja genau, ich nenne sie von nun an die Matrix.

In den nächsten Wochen und Monaten werde ich noch erfahren, dass die Matrix andere Gesetze kennt als die normale Welt. Auch werde ich erfahren, dass ich trotz der Corona-Krise im normalen Leben immer noch Menschen um mich haben werde. Meine Frau. Meine Tochter. Meine Eltern. Krankenschwestern und Ärzte. Andere Patienten. In die Matrix kann mich jedoch niemand begleiten. Hier werde ich allein sein.

Die meisten Menschen haben Glück und machen diese Erfahrung, in solch eine düstere Welt geschickt zu werden, in ihrem Leben gar nicht. Ihnen bleibt diese alternative dunkle Welt, diese bösen Dimensionen, diese unheimliche Matrix, für immer verborgen. Mir aber nicht. Ich spüre sie schon. Ich sehe neue Sachen. Ich habe neue Gedanken im Kopf. Ich bin auf einmal ein anderer Mensch. Von einer Sekunde auf die andere. Ich bin nun mitten drin.

Die haben mir gerade gesagt, dass ich Krebs habe. Wie krass. Gerade war doch noch alles in Ordnung.

Ein bisschen wie »Hänschen klein ging allein in die weite Welt hinein ...« Eine neue Reise. Nur irgendwie anders. Und nicht ganz so lustig.

Ich liebe Reisen. Ich möchte jede Ecke dieses herrlichen Planeten sehen. Menschen. Gesichter. Farben. Landschaften.

Essen. Düfte. Alles will ich noch erleben. Die kommende Reise hatte ich jedoch nie geplant. Vor allem nicht jetzt. Mitten im Leben. In der besten Zeit. Doch nicht jetzt. Und könnte es vielleicht auch meine letzte Reise sein?

Nun aber geht es schon los. Ohne Vorwarnung. Der Zug fährt los. Bitte einsteigen.

Die Assistentin lächelt mich zur Verabschiedung an und sagt: »Alles Gute für Sie!« Was sie wohl denkt? Ziemlich geknickt verlasse ich das Arztzimmer und laufe einsam den sterilen und kargen Korridor entlang.

»Hänschen klein ging allein in die weite Welt hinein ...«

EIN ABEND IN JOO CHIAT

14. April 2015

Es ist ein ganz normaler Arbeitstag für mich. Ein ganz normaler Dienstag. Nach der Arbeit steige ich wie immer in Bishan inmitten der Insel in die MRT. Das ist so was wie die U-Bahn. Sie befindet sich nur ein paar Fußminuten vom Hauptgebäude entfernt. Die Fahrt nach Dakota dauert circa 20 Minuten. Auf der Fahrt lese ich meistens News auf dem Handy. Manchmal beobachte ich einfach die anderen Leute. Fahrten in der MRT sind immer interessant. Die Gesichter. Die Menschen. Chinesen, Inder, Malaien, sicherlich auch mal Afrikaner und natürlich viele Europäer oder Aussies. Und natürlich viele weitere Nationalitäten. Ein sehr bunter Haufen ist das meistens.

Obwohl in der MRT der Löwenstadt eine hochdisziplinierte, eher zurückhaltende Stimmung herrscht, ist es oft sehr interessant für mich. Ich kann mich gut an den Moment erinnern, als ich mit meinem Vater, der mich einmal besuchte, das erste Mal mit der MRT fuhr. Irgendwie kam er aus dem Betrachten dieser vielen verschiedenen Menschen und dem Studieren ihrer exotisch-fremden Gesichtszüge gar nicht mehr heraus. Er war noch nie in Asien gewesen und staunte nicht schlecht.

Bemerkenswert: In Singapur wird man im Gegensatz zu so ziemlich jedem anderen Land in Südostasien nie angeglotzt oder aufgrund seines Aussehens begutachtet. Viel zu multi-kulti ist es hier. Sehr angenehm. Nicht mal kleine indische Jungs oder Mädels oder kleine Chinesen schauen einen staunend an. Sie kennen unsere Gesichter schon. Hier fällt niemand aufgrund seines Aussehens, seiner Hautfarbe oder seiner Kleidung auf. Es ist ein wahrer Melting-Pot der

Kulturen. Ich dachte mir immer, wenn die Marsmenschen doch mal zu uns rüber (oder runter) kämen und in Singapur angelangten, würde sie niemand bemerken.

Nachdem ich in Dakota ankomme, schlendere ich rüber zur Bushaltestelle. Wie jeden Tag. Der Himmel färbt sich schon leicht rosa. Es kündigt sich hier schon eine tolle Abendstimmung an. Nach fünf Minuten warten steige ich in den 16er-Bus Richtung Joo Chiat. Er ist recht voll, sodass für mich und für viele andere nur ein Stehplatz an der Stange übrigbleibt. Selbst nach erst vier Monaten in der neuen Welt kenne ich schon ein paar Gesichter im Bus Richtung zuhause. Manche sehe ich fast jeden Tag. Zur fast gleichen Zeit. Oft stelle ich mir vor, was die wohl arbeiten und wie die wohl leben ...

Beim Einbiegen in die Joo Chiat Road stellen sich bei mir dann immer heimische Gefühle ein. Das ist mein Viertel, meine Hood, mein Kampong, wie man hier sagt. Hier komm ich her, das habe ich mir so ausgewählt. Diese Ecke Singapurs ist bei vielen eher unbekannt. Eher wenige Touristen schaffen es auf ihren Sightseeing-Touren hierher. Obwohl es eigentlich gar nicht so weit vom Stadtzentrum entfernt ist. Trotzdem kommen wenig Touris hierher. Zum Glück. Bevor man hierherkäme, müsste man erst mal die Marina Bay, das MBS, Gardens by the Bay, Chinatown, Little India, Kampong Glam und den Zoo und Pulau Ubin und vieles mehr besuchen. Locals, mit denen ich über meine neue Hood rede, kennen Joo Chiat schon. Es ist ihnen wohl angenehm bekannt.

Für viele steht Joo Chiat für die wunderschönen, liebevoll gestalteten, bunten Peranakan-Häuschen. Für andere ist es bekannt für die zahlreichen guten und authentischen Food Courts und Restaurants. Ein anderer Local meint, dass oben in der Joo Chiat Road ja immer so viele »Vietnamese Girls« abends stehen. Tatsächlich verwandelt sich der obere Teil der Straße Richtung Geylang jede Nacht in einen Mini-Rotlichtbezirk mit hübschen, leicht bekleideten Viet-Girls und vielen Bars und Bier und Whisky und so … Auch die Nähe zum East Coast Park Richtung Süden, also Richtung Meer, ist vielen bekannt. Trotzdem wählen meine Kollegen und eigentlich alle, die ich in Singapur kennenlerne, andere Gegenden zum Wohnen aus. Ich nicht. Ich entschied mich für die beste Ecke. Meine Hood. Mein Joo Chiat.

Unzählige kleine Restaurants, Läden aller Art, Food Courts. Aber auch Künstlergeschäfte. Bunte Peranakan-Häuser. Knallbunte Häuser. Immer tropisch geschmackvoll dekoriert mit prallen, immergrünen Pflanzen. Die Straßen nie überfüllt. Eigentlich ziemlich entspannt hier. Richtung Süden, also Richtung Meer, kommt sogar ein bisschen Beach-Stimmung auf. Hinter jeder Ecke kann irgendwas für einen Europäer Abgefahrenes oder Lustiges lauern. Und oft passiert das auch. Coole Gegend.

An meiner Zielhaltestelle angekommen steige ich aus dem Bus und erreiche nach circa 15 Metern »Ali«. Ali ist für mich die Kurzform für dieses Muslim Food Restaurant, das ich oft zum Abendessen besuche, bevor ich dann nach Hause gehe. Hier koche ich nicht und mache mir selten zuhause was zu essen. Das Essen auf der Straße in den zahlreichen Restaurants ist zu gut und zu günstig. Auch heute mache ich das. Natürlich geschieht alles draußen. Es ist wie immer warm. Man könnte sagen schwül. Direkt neben der Straße sind die zahlreichen gelben Plastiktische und Plastikstühle aufgebaut. Auch hier ist es nie ganz voll. Es ist immer ein Platz für mich da. Das Knallgelb der Tische hätte sich bei genauem Hinschauen mit den eleganten Pastellfarben der Peranakan-Häuser beißen müssen. Fiel mir aber nie auf. Es ist selbstverständlich, dass man draußen sitzt. Es ist immer warm. Auch abends und nachts.

Es gibt tolle, einfache Sachen hier zu essen. Muslim Indian Food. Indisch aus dem muslimischen Norden Indiens.

Etwas anders als das »klassische« indische Essen. Aber auch typische einfache Malai-Gerichte. Roti Prata oder Chicken Briyani. Aber auch Mee Goreng. Ich setze mich an einen freien Plastiktisch. Zunächst bestelle ich bei dem freundlichen jungen Mann, der an meinen Platz kommt, einen Sugar Cane Juice. Zuckerrübensaft. Frisch gepresst aus Zuckerrübenstangen. Oft kann man dabei zuschauen, wie die Zuckerrübenstangen einfach durch eine Presse gegeben werden und unten ganz einfach der süße Saft raustropft. Selbst das Zugucken hierbei macht Spaß und vermittelt ein Gefühl von Urlaub. Ein Traum. Neben Apple Sour Plum, also Apfelsaft vom grünen Apfel mit Sauerpflaumenstückchen, ist der Sugar Cane Juice mein Favorit. Jeden Tag.

Zum Essen bestelle ich Banana Prata. Roti Prata ist typisch für die malaiische Küche. Jetzt mal stümperhaft ausgedrückt, eine Art deftiger Pfannkuchen mit roter Currysoße. Klingt nicht so besonders. Ist es aber. Und tausendmal besser als ein normaler Pfannkuchen. Meine Version ist mit Bananenstückchen. Zusammen mit der scharfen Soße eine gewagte Kombination, könnte man denken. So einfach und doch so gut. Ich brauche gerade kein Kaviar oder ein Wagyu-Steak und Champagner sowieso nicht. Banana Prata – wohlgemerkt für sehr wenig Geld – ist meine Wahl für den perfekten Abend wie heute. Schmeckt himmlisch. Serviert wird auf einem grünen Plastikteller. Nur das Besteck scheint aus Metall zu sein. Das Essen ist so einfach und doch so unbeschreiblich lecker.

Läden wie diesen hier gibt es zig in der Straße. Hunderte im Viertel. Tausende in Singapur wahrscheinlich. Millionen in Asien möglicherweise. Nichts Besonderes. That's Asia.

Es wird bald dunkel. Hier bedeutet das allerdings nicht, dass es abkühlt. Ich genieße in aller Ruhe mein einfaches, aber doch so feines Essen und meinen Drink. Das Getränk eiskalt mit Eiswürfeln, um höchste Erfrischung zu garantieren.

Die farbenfrohen Häuser der Straße um uns herum verblassen langsam, ohne ihre schlichte Eleganz einzubüßen. Allein die Form verrät selbst im Dunkeln, dass alles bunt ist. Langsam wird die Straße etwas quirliger und Lichter gehen an. Mehr Menschen, die essen gehen.

Ich sitze hier allein am Tisch. Allein bei »Ali« bin ich aber nicht. Habe noch mein Arbeitsdress an. Also eine Jeans mit Hemd und nicht ganz unschicken Schuhen. Ich passe hier in Alis Laden eigentlich gar nicht rein. Ich bin der einzige Ang Mo. Ein Ang Mo, das ist hier die Bezeichnung für einen Weißen. Übersetzt bedeutet das so was wie »Rotes Haar«. Sonst nur Malays, Inder und andere Locals. Wenn sie mich nicht an meiner großen Nase als Europäer erkennen würden, dann an meinen natürlich fast schon comedy-mäßigen, ungewollten Schweißflecken am Hemd. Zum Beispiel unter den Armen. Die Locals schwitzen irgendwie nicht so sehr wie ich.

Meistens haben die Männer in ihrer Freizeit auch eher Muscle-Shirts, kurze Hosen und Flip-Flops an. Die Frauen in diesem muslimischen Restaurant hier tragen Kopftuch. Bunte lebensfrohe Kopftücher, nicht schwarz. Bei vielen sieht das toll aus. Vor allem natürlich bei den hübschen jungen Damen. Die jüngeren muslimischen Mädels tragen auch Kopftuch. Sie beschäftigen sich mit ihren Handys genauso wie unsere kleinen Mädels in Stuttgart. Kein Unterschied. Eigentlich sind sie unseren Mädels doch sehr ähnlich. Die anderen Gäste hier beten alle einen anderen Gott an als ich, soviel ist sicher. Allah oder Shiva. Natürlich könnte bei den Locals auch ein Christ dabei sein. Aber who cares eigentlich?

Ich bin anders. Aber ich falle nicht auf. Niemand schaut mich an. Ich bin einer von denen hier. Als hätten sie mich als Mitbürger von Joo Chiat offiziell anerkannt. Ich bin ein Teil von diesem Ort. Zumindest jetzt. Ein Original. Ich lebe jetzt auch hier. So weit weg vom Schwabenländle und von meinem Elternhaus.

Auch dieser kleine Essenstempel ist für mich ein unscheinbares kleines Fleckchen Paradies. Auf jeden Fall in diesem Moment. An diesem perfekten Sommerabend. Ich sage Sommerabend, weil in Singapur jeder einzelne Abend im Jahr ein Sommerabend ist. Und ich darf dabei sein. Als Original. Ich bin auch ein Local jetzt, obwohl ich offensichtlich anders aussehe und kein Asiate bin. Ich sitze hier etwas länger als sonst. Ich genieße einfach alles, was passiert. Beobachte, was in der Straße passiert. Besser als jedes Game oder jeder Kinofilm.

Ich gehöre jetzt auch hier hin. Und ihr habt mich akzeptiert. Danke.

So. Ich erwache wieder aus meinem kleinen Rausch der Glückseligkeit und stehe auf und gehe zur Kasse. Überall hängen Früchte. Und auch Gewürze. Die meisten kenne ich nicht. Und Bilder von indischen Göttern. Der mit dem Elefantenkopf ist Ganesha. Alles ist irgendwie chaotisch und doch so liebenswert. Ich glaube, ich habe nie ganz verstanden, wer von den vier oder fünf Kellnern eigentlich was macht. Scheint jedes Mal anders zu sein. Ich bezahle oft für das gleiche Essen geringfügig unterschiedliche Summen. Ich rege mich aber nicht darüber auf und finde es eher amüsant. Der Mann an der Kasse kann vielleicht einfach nicht so gut rechnen. Oder er will mich halt abzocken. Ich nehme es ihm nicht übel. Er lächelt ja dabei. Ich zurück.

Nun mache ich mich auf den Heimweg zu meiner kleinen Wohnung in der Tembeling Road. Ich passiere, wie jeden Morgen auf dem Hinweg zur Arbeit, diesen Vorgarten der Nachbarn mit den betörend duftenden Blumen. Auch jetzt benebelt mich dieser liebliche tropische Duft im Vorbeilaufen mit seiner unwiderstehlichen tropischen Umarmung. Es ist herrlich ruhig hier, nur wenige Schritte von der belebten und bunten Joo Chiat Road. Man sieht den Mond.

Obwohl ich recht langsam gehe und wieder mal genieße, bin ich schon nach knapp drei Minuten zuhause angelangt.

Ich liebe die nächtliche Tropenwärme auf der Haut und den Geruch von was auch immer. Die schönen kleinen Häuschen hier im Viertel. Die Ruhe. Irgendwie liebe ich gerade alles hier. Auch wenn ich es immer wieder versuche, kann ich nicht beschreiben, warum ich mich hier so wohlfühle. Das ist mein Viertel. Mein Kampong.

NUR EIN KLEINER AUGENBLICK

März 2020

Es ist tatsächlich nur ein kleiner Moment und alles wird anders. Von einer Sekunde auf die andere ändern sich die Geschicke. Die Welt ordnet sich neu. Offensichtlich kann es dann, wenn es sein muss, sehr schnell gehen.

Auch bei mir war es von gefühlt kerngesund bis krebskrank nur ein kleiner, zarter Augenblick. Der Flügelschlag des Schmetterlings. Zwar sendete der Körper Zeichen der Erkrankung schon zuvor, aber das wollte man ja nicht so wahrnehmen. Von einer Sekunde auf die andere ändert sich das Leben.

Es ist tatsächlich dieser prominente kleine Moment, in dem sich alles ändert. Wie genau und mit welchen Konsequenzen weiß man nicht, aber es ist klar, dass sich schlagartig alles in galaktischer Dimension verschoben hat und man auf einmal alles neu ordnen muss.

Der Moment der Diagnose ist sicherlich das Schwerste gewesen. Weil man sich nicht darauf vorbereiten kann und nie im Leben mit so etwas rechnet. Und weil man nicht genau weiß, was kommen wird. Weil auf einmal diese komische neue, dunkle Dimension dazukommt. Und weil man sich instinktiv irgendwie heftig dagegen wehrt.

Es ist, als würde der große Master da oben einen riesigen Schalter umlegen. Von »Alles gut« auf »Nicht mehr so gut«. Von »Glück« auf »Unglück« eben. Von »Gute Zeiten« auf »Schlechte Zeiten«. Und es gibt keinen Reset-Button.

Ja, der Moment der Diagnose war einfach nur brutal. Es war für mich das einzige Mal in meinem Leben, wo ich wirklich das Gefühl hatte, dass die Erde aufgehört hatte, sich zu drehen und alles wirklich still stand. Und überhaupt nichts anderes mehr zählte.

Der Arzt hatte mir ja irgendetwas von diesem Hodgkin erzählt. Ich kannte das nicht und wusste nichts davon. Mit dem Thema Krebs wollte ich mich bisher nicht auseinandersetzen. Er hatte mir nichts aufgeschrieben oder einen Arztbrief mit der Diagnose mitgegeben, und ich hatte das Wort nicht vor mir gesehen und auf keinem Blatt Papier. Trotzdem merkte ich mir irgendwie den Laut, den Klang dieses komischen Wortes, ohne eigentlich noch mal richtig nachzufragen, was genau das denn ist. Seltsam … ich hatte nicht einmal gefragt, wie man das schreibt und so weiter.

Etwas später, als ich mich dann etwas gefangen hatte, fing ich an zu googeln und fand diesen Morbus Hodgkin auch schnell. Ich war mir gleich sicher, dass der Arzt davon gesprochen hatte und dass das nun »mein Krebs« war. Das erstmalige Recherchieren der eigenen schweren Krankheit ist etwas Weiteres, was extrem komisch und schmerzhaft ist. Es ist ein erstes Kennenlernen. Nicht besonders schön. Es tut irgendwie weh.

Eine weitere neue und auch weniger schöne Erfahrung war dann, allen anderen Bescheid zu geben.

Meinem Vater konnte ich es gleich schon im Krankenhaus sagen. Er war der erste, der die schlechte Nachricht in Empfang nahm. Er hatte ja auf mich gewartet. Ich muss sagen, ich weiß gar nicht mehr richtig, wie ich es ihm mitteilte. Er war allerdings gleich schwer betroffen. Dann herrschte eine Stimmung wie ich sie zuvor noch nie erlebt hatte. Mein Papa hat mich dann ja nach Stuttgart gefahren.

Meine Mutter erfuhr es dann als erstes von meinem Vater etwas später, als er wieder zuhause war. Das war bestimmt auch sehr schwer für sie. Sie hatte gleich geweint, erfuhr ich danach. Das tut mir so leid. Es hätte mich bestimmt zerrissen, wenn ich es ihr persönlich hätte sagen müssen.

Meiner Frau schrieb ich es erst mal per WhatsApp als wir im Auto waren und mein Vater mich nach Stuttgart brachte. Ich schaffte es irgendwie nicht, sie gleich anzurufen und mit ihr zu sprechen. Irgendwie war das zu hart. Ich schrieb es ihr. Es war trotzdem brutal.

Dies war der Originaltext vom 4. März 2020: »Meine Süße … leider keine guten News. Keine Sarkoidose, aber eine Art von Krebs. Aber es gibt wohl 'ne gute Therapie mit klarem Ziel der Heilung. Wir schaffen das schon.« Das hatte ich ihr geschrieben.

Meine Schwester erfuhr es, glaub ich, auch zuerst von meinen Eltern.

Und wie teilt man es denn den besten Freunden mit? Auch das war eine neue Erfahrung. Man schreibt ja nicht allen »Hey, passt mal auf, ich hab Krebs, bla bla bla.« Es war eigenartig, den Freunden das mitzuteilen. Es waren aber ja die guten Freunde und sie mussten Bescheid wissen.

Interessant war auch zu sehen, wie die Menschen auf so eine schlechte Nachricht reagierten. Manche riefen sofort an. Andere erst später. Manche schrieben gefasst, andere sehr emotional und betroffen zurück. Bei vielen fiel mir auf, dass sie so was in der Art antworteten wie »… ich weiß gar nicht, was ich jetzt sagen soll …« Es hatte vielen wohl wortwörtlich die Sprache verschlagen. Aber man sah in den Reaktionen der Leute, dass die schlechte Nachricht sehr unterschiedlich verarbeitet wurde und ich verstand, dass nicht alle gleich reagieren auf so schlechte News. Manche trauten sich möglicherweise gar nicht richtig mich zu fragen, wie es so geht. Sie hatten vielleicht Angst vor meiner Reaktion.

Nicht ganz einfach war dann auch die Entscheidung, was man dem Arbeitgeber mitteilt. Man muss ihm ja nicht die genaue Diagnose mitteilen. Das hatte ich zunächst auch nicht getan. Nach ein paar Tagen und etwas Überlegung entschied ich mich jedoch dafür, ganz offen zu kommunizieren, was los war. Es war die absolut richtige Entscheidung. Meine Vorgesetzten hatten betroffen, aber toll reagiert. Ich hatte später eine rührende Karte mit Genesungswünschen von meinen Kollegen bekommen.

Rückblickend tut es mir schon fast ein bisschen leid, dass ich für so viel Sorgen und Kummer bei Familie und Freunden gesorgt hatte. Dass ich sie alle so geschockt hatte. Ich erinnere mich an ein Zitat im etwas abgefahrenen Film »Deadpool«. Es lautet: »Das Schlimme am Krebs ist nicht, was er mit dir macht, sondern mit den Menschen, die dich lieben.« Ist da vielleicht was dran? Gab doch eigentlich mit diesem Virus schon genug blöde Nachrichten. Viele Leute hatten langsam etwas Sorgen bekommen wegen Corona. Jetzt kam der Bodo erst an mit so Themen wie Tuberkulose und Sarkoidose. Und dann Lungenentzündung und dann war es im Endeffekt sogar Krebs. Schon klar, dass es nicht meine Schuld war. Trotzdem waren diese schlechten News halt doch von mir ausgegangen. Sonst hatte man doch meistens erfreuliche Sachen von mir gehört. Jetzt war es anders. Ich war nun auch mal zum Sorgenkind geworden. Vom Sonnenkind zum Sorgenkind.

Doch trotzdem hatte ich mir nie die Frage gestellt »Wieso ich? Wieso muss ich so einen Sch… mitmachen?« Dieser Frage hatte ich mich nie gewidmet. Ich glaube, irgendwie wusste ich, dass man an dieser Frage zerbrechen könnte. Stattdessen widmete ich mich mehr der Frage, wie es wieder sein würde, wieder Freunde und Familie mal zu umarmen und mal wieder richtig zu treffen, wenn dann alles überstanden ist. Ab dem Moment, an dem ich erfuhr und realisierte, dass das Hodgkin-Lymphom unter Umständen komplett geheilt werden kann, hatte ich das komplett anvisiert und als Ziel eingestellt. Wie im Navi. Ich hatte »komplette Heilung« eingestellt und fuhr dann einfach los dorthin. Sicher öfters mal falsch abgebogen und eine super beschwerliche Reise, aber das Ziel war in meinem inneren Navi und vor allem im Kopf immer fest eingestellt.

Was nachhaltig bleibt, ist nach wie vor die simple wie brutale Erkenntnis, dass jeder Mensch zu jeder Zeit eine schlechte Nachricht bekommen kann. Egal wie alt oder wie sportlich. Ob mit Krankheitsvorgeschichte oder ohne. Ob an Gott glaubend oder nicht. Es kann wohl jeden zu jeder Zeit treffen. Dessen ist man sich dann aber wohl erst bewusst, wenn mal was passiert.

Auch wurde mir jetzt wirklich klar, dass gesund zu sein – was für mich sonst immer der Standardzustand war – eben nicht Standard und selbstverständlich ist, sondern ein wahrer Segen und ein Geschenk. Das Wichtigste überhaupt.

Auch dessen sollte man sich immer bewusst sein.

REAKTIONEN – TEIL 1

März 2020

»Ohh Mann. Das ist ja mal 'ne Nachricht (Emoji: trauriger Smiley). Wir sind in unseren Gedanken bei dir und immer für dich da. Das ist jetzt erst mal eine schlimme Diagnose. Eine Kommilitonin hatte auch Lymphdrüsenkrebs und ist sehr schnell wieder komplett genesen. Hast du das durch die Lungenentzündung gemerkt? Du musst auf jeden Fall positiv denken und dich nicht unterkriegen lassen. Ich soll dir auch liebe Grüße von Thea ausrichten, wir sind in unseren Gedanken bei dir und deinen Mädels.«

»Hi Bo, es tut mir sehr leid das zu hören. Ich wünsche dir deshalb nur das beste, insbesondere, dass die Behandlung sehr schnell anschlägt. Ich bin aber überzeugt, dass sie das tut und du positiv an die Sache rangehst. Du schaffst das! Falls wir was für dich tun können, lass uns das einfach wissen!«

»Hey Bo, das ist eine Diagnose, die niemand braucht … Ich bin aber sicher, dass du dich da durchkämpfst! Wünsche dir alle nötige Energie dafür!! Falls ich was tun kann, dann gib Bescheid!«

»Hey Bo, das ist ja heftig! Es tut mir so leid (Emoji: trauriger Smiley). Ich wünsche dir natürlich, dass alles gut geht und du schnell wieder gesund wirst! Ich drück dir die Daumen Mensch, das ist echt ein Hammer! Lass dich nicht unter- und kleinkriegen und sei stark!«

»Hey Bodo, scheiße! Können wir mal telen? Außer dir ist grad nicht danach. Würd ich auch voll verstehen!! Sag einfach Bescheid!«

»Hallo Bodo,
Nachdem xxx uns gerade von deiner Krankheit erzählt hat, ist es ziemlich ruhig im Container (Kommentar vom Autor: Büro bei der Arbeit). Ich wollte dir jetzt einfach gleich mal schreiben und dir von Herzen alles Gute, Gottes Segen, ganz viel Kraft und Zuversicht schenken. Was xxx erzählt hat, bist du ja recht positiv gestimmt und siehst die Heilungschancen ganz gut. Ich wünsch dir, dass du bald eine gute Therapie findest.
Ich hoffe aber, dass du die Zeit zuhause mit deiner Familie verbringen und hoffentlich auch ein bisschen genießen kannst. Lass dich nicht unterkriegen.«

»Bo das tut mir unendlich leid. Aber ich bin sicher du schaffst das. Molly und deine Kleine sind für dich da, deine Jungs sind für dich da, ich bin für dich da, egal was du brauchst. Jemanden zum Reden, Ablenkung egal in welcher Form, meld dich bitte wenn dir danach ist! Wenn ich irgendwas bei meinen alten Kollegen im Klinikum nachfragen soll, jederzeit. Ich bin sicher, die Therapie schlägt schnell an, wir sind für dich da.«

»Lieber Bo, bitte entschuldige meine späte Antwort!!! Alles mega turbulent gerade … aber wem sage ich das!!! Wie geht es dir bislang? Es ging sicherlich sofort los, oder? (Emoji: trauriger Smiley) Ich wünsche dir megaaaaa Kraft mein Lieber. Du packst das! Ich kümmere mich um Molly und dein kleines Mäuschen … sicherlich dürfen sie dich erst mal nicht besuchen oder? Ich drück dich ganz feste.«

»Hi Bodo,
Es ist gar nicht leicht, was du gerade bekämpfen musst. Sogar in diesen schwierigen Zeiten. Aber ich bin mir sicher, dass du es mit deiner Kraft und positiven Energie schaffen wirst. Du kannst mich jede Zeit anschreiben/anrufen, wenn ich dich auch in kleinsterweise unterstützen kann. Egal was.
Bitte bleib vor allem positiv, auch wenn es bei der Tat nicht so leicht ist wie beim Wunsch. Trotzdem ist es sehr wichtig, vor allem für dich und für deine Familie. Ich wünsche, dass du bald wieder bei uns bist.«

»WTF. Was für ’ne Scheiße Bo. Das tut mir mega leid! Hab es grad dreimal gelesen – hab gedacht das ist ’n Scherz! Echt übel man, Ich drück dir ganz fest die Daumen (Emoji: überkreuzte Finger). Du meldest dich wenn wir was machen können, okay? Du packst das! Stay positive (Emoji: Smiley mit Sonnenbrille und Medaille)«

»I am sorry to hear that. I am sure you will stay strong. Do let me know if there's something I could help with.«

»Ich weiß gar nicht was ich sagen soll … Viel Kraft und alles erdenklich Gute für die nächste Zeit! Wenn ich irgendwas für dich tun kann, sag Bescheid!«

»(Emoji: traurige Smileys) oh herrje … wir sind immer für dich da. Kopf hoch. Gute Besserung, halt uns bitte auf dem Laufenden. Wir wünschen dir ganz viel Kraft und denken ganz fest an dich.«

»crossed fingers aus Hannover (Emoji: dreimal überkreuzte Finger). Jenny und Ben sind bei dir!«

»Lieber Bodo, Hugo hat mir von deiner Diagnose erzählt, von deiner OP und was du jetzt noch vor dir hast. Auch wenn ich ziemlich bestürzt bin über deine Lage, finde ich es ganz großartig, wie du mit der Situation umgehst und tapfer weiter machst. Ich denke an dich und freue mich jetzt schon wieder auf die Zeit, wenn wir alle wieder unbeschwert zusammen grillen, baden, wandern oder paddeln können! Bis dahin hat Amy dann auch noch mehr Girl Power zur Unterstützung!«

»Hallo Bodo,
das ist allerdings wirklich ein Schock. Es tut mir sehr leid, dass du damit konfrontiert bist. Puuh, das zu verarbeiten und sich darauf einzustellen ist gewiss nicht leicht. Wenigstens wisst ihr nun, womit ihr es zu tun habt, und was dagegen getan werden kann. Sammle deine Kräfte und konzentrier dich darauf. Wir kommen hier schon zurecht; die Arbeit ist klar nachrangig. Wenn wir dich irgendwie unterstützen können, sag es uns.
Ich wünsche dir und deiner Familie richtig viel Kraft und positive Energie!«

»Hey Bodo, das ist ja mal echt ein Scheiß, lass dich da jetzt nicht entmutigen, Kopf hoch, hoffentlich wird das alles gut gehen, wünsche dir alles Gute und viel Gesund- , sag Bescheid wenn du was brauchst.«

»Oh fuck … ayay … da hast du ja wirklich eine bescheidene Zeit abgepasst. Oh je … Das ist echt ein Brett. Da fällt einem nie wirklich was Passendes ein (Emoji: trauriger Smiley) Wie wurde der entdeckt? Gute Besserung von uns beiden mein Lieber! Hoffen du bleibst gut unterwegs mit der Genesung und kommst schnell durch.«

»Hey Bodo! Oh Mann ich weiß gar nicht was ich sagen soll! Das tut mir mega leid … ich wünsche dir natürlich nur das beste und vor allem eine gute und schnelle Genesung!! Wenn ich irgendwas für dich tun kann sag Bescheid. Wie verträgst du die Chemo?

»Damn. That's horrible.
You need tons of avocado.«

TREFFPUNKT DUFTENDER HAFEN

April 2016

Dass wir uns einmal in dieser Zusammensetzung an diesem Ort treffen würden, hätte sicher niemand von uns gedacht. Einmalige Geschichte. So weit weg von den Orten, die wir Heimat nennen. Und doch hatten wir es geschafft. Der vorab ausgemachte Treffpunkt war der legendäre »Duftende Hafen«. Diese unglaubliche, magische Stadt an der Ostküste Chinas, voller Trouble, Business und verrückter Sachen. Bunt, dreckig, schrill, laut und voller Menschen aus der ganzen Welt. Trotzdem voller Faszination, Leben und Charisma. Eine pulsierende Metropole. Ein asiatischer Dreh- und Angelpunkt. Hongkong. Für mich eine der verrücktesten und coolsten Städte der Welt. Und nun war es unser Treffpunkt geworden. See you guys there …

Da war zunächst mal Basti aus Balingen. Ich kann definitiv sagen, dass wir Sandkastenfreunde sind. Kennen uns seit dem Kindergarten. Seitdem ich mich an was erinnern kann, ist Basti eigentlich mein Freund. Zusammen in der gleichen Nachbarschaft aufgewachsen. Immer zusammen gespielt. Draußen auf dem Spielplatz, zuhause mit Playmobil und Lego. Immer zusammen in die Schule gegangen. Immer in der gleichen Klasse gewesen. Später hat uns die Leidenschaft für Rock 'n' Roll und Gitarren vereint. Bis heute. Wir haben sogar in der gleichen Rockband gespielt. Zuerst er, dann ich als Gitarrist. Später trennten sich die Wege zum Studieren. Man hatte etwas weniger Kontakt. So wie das halt ist. Aber immer ein Fest, wenn man sich zum Beispiel an Weihnachten in der Heimatstadt wieder traf. Sandkastenfreunde halt. Basti hatte mich zuvor in Singapur besucht und wir flogen zusammen von dort nach Hongkong und auch später wieder zurück.

Dann war da Davide aus Sizilien. Ich hatte ihn 2010 in Kapstadt in Südafrika kennengelernt. Es war die Zeit meines Regelpraktikums, das für mein Studium benötigt wurde. Bis heute muss ich sagen, dass es wirklich ein genialer Coup von mir war, 2010 zur Fußball-Weltmeisterschaft dort gewesen zu sein. Es war eine unglaublich spannende und abenteuerliche Zeit. Und Davide war mein erster neuer Freund, den ich dort im Zebra-Hostel in der New Church Street in Kapstadt kennenlernte. Eine treue Seele. Man war zusammen allein in eine neue Umgebung gekommen. Das schweißte zusammen. Italiener. Sizilianer. Etwas chaotischer, aber immer sympathischer Typ. Man könnte sagen etwas verrückt, aber ein herzlicher Kerl. Ausgebildeter Kameramann. War dort an einer südafrikanischen Filmproduktion beteiligt. In Südafrika haben wir fast alle Abenteuer und Trips zusammen erlebt. Und wir haben uns die Jahre danach immer mal wieder gesehen. In Deutschland, einmal in Bangkok und jetzt halt in Hongkong. Er lebte zur Zeit des Treffens eben dort, auf der Suche nach dem Big Business.

Gustavo aus Barcelona. Ich werde wahrscheinlich gar nicht schaffen, alles zu beschreiben, was ich an ihm bewundere. Wir trafen uns wahrscheinlich 2009 als junge Männer in Bad Cannstatt. Ich studierte noch, er hatte seinen ersten Job als Ingenieur angefangen. Wir waren Nachbarn in der König-Karl-Straße. Gustavo hatte, wie viele junge Spanier, in seinem Heimatland keinen Job gefunden und einfach mal Deutsch gelernt und in Stuttgart einen guten Job ergattert. Ich denke, ein sehr ehrgeiziger Typ mit starkem Willen. Extrem freundlich und extrem korrekt. Ein unglaublich angenehmer Mensch, mit dem man gern zusammen ist. Später setzte er sich in den Kopf, einmal in China zu leben. Er lernte drei oder vier Jahre lang chinesisch. Kurz nachdem ich nach

Singapur zog, wanderte er nach Shanghai aus. Auch so was verbindet. Er fasste dort Fuß, fand seine Frau fürs Leben und hat mit ihr einen Sohn bekommen. Er hat sich seinen Traum erfüllt. Ich merke an, dass er fließend Spanisch, Deutsch, Englisch und Mandarin spricht. Not too bad. Im Herbst 2018 heiratete er dann seine Frau in Sitges bei Barcelona. Wir waren eingeladen. Ich habe nie eine solch bewegende und emotionale Ansprache eines Bräutigams gehört wie von Gustavo. Hut ab!

Und da war dann noch ein guter Freund von Gustavo aus Hongkong, dessen Namen ich leider nicht mehr weiß. Ich kann auch nicht mehr sagen, woher Gustavo ihn kannte. Man kann sich wahrlich glücklich schätzen, wenn man auf einer solchen Tour einen netten und kompetenten Local dabei hat. Das ist das Beste. Er war extrem freundlich und hilfsbereit und nahm sich viel Zeit, uns Plätze zu zeigen und Hintergründe zu erklären. Ich erinnere mich, dass er mir schon zu dieser Zeit davon erzählte, dass die Hongkonger Jugend immer mehr besorgt darüber war, dass die Chinesische Zentralregierung mehr und mehr Einfluss und Druck auf Hongkong ausübte. Später im Jahr 2019 würden wir viel über dieses Problem in den Medien hören. 2020 gab es ja bekanntlich Unruhen in Hongkong.

Natürlich war auch meine treue Perle Molly dabei. Wie immer. Muss ich ja gar nicht erwähnen. Eigentlich machten wir fast alle Trips in unserer Südostasien-Zeit zusammen.

Wir trafen uns am ersten Abend aufgrund der verschiedenen Anreisen aus verschiedensten Richtungen recht spät. Ich denke, erst nach 22:30 Uhr waren alle in ihren Hotels in Causeway Bay eingecheckt und schrecklich hungrig. Ein erstes Highlight war das sehr späte Abendessen in einem unscheinbaren, ganz stinknormalen chinesischen Restaurant in einer nicht besonderen Ecke in Causeway Bay. Doch dieses Essen wurde zum Festmahl.

Wir waren die einzigen Europäer dort (unser Freund aus Hongkong war noch nicht dabei). Wir waren die Langnasen. Sonst nur Locals. Das war keine besondere Touri-Ecke. Auf dem Weg dorthin hatte man schon einen ersten Eindruck von der Stadt und ihren unendlichen Hochhäuserfronten bekommen. Beeindruckend. Vor allem nachts.

Allein das Essenbestellen war schon abenteuerlich. Englisch konnten die dort nicht so richtig. Klar mit Händen und Füßen dann. Und es klappte, da man einfach auf das Gericht in der großen Speisekarte zeigte. Ich versuchte immer, mich mit einem Xiexie (Danke auf chinesisch) zu bedanken. Man brachte uns superleckeres China-Food für wenig Geld. Sicherlich ganz original. Tausendmal besser als chinesisches Essen, das man in Deutschland bekommt. Man bestellt mehrere kleinere Gerichte auf vielen Tellern und teilt sie, so macht man das in China. Und man saß dabei natürlich ganz original an einem runden Tisch.

Ich kann mich nicht an alles erinnern, aber Dumplings und gebratener Reis und Pak Choi mit viel Knoblauch waren dabei. Rindfleisch mit Zwiebeln. Irgendeine leckere Suppe dazu. Hab nie ganz verstanden, ob man die Suppe jetzt vor oder nach dem Hauptessen zu sich nimmt. Egal. Dazu viel Bier. 啤酒. Pijiu. Möglicherweise Tsingtao. Und wenn man dann so hungrig ist, ist es noch besser. Und wenn man dazu auch noch gute alte Freunde nach langer Zeit wieder trifft, hat man sich ja viel zu erzählen. Es war ein köstliches Mahl und die perfekte Gelegenheit, das besondere Zusammentreffen an diesem aufregenden Ort zu starten.

Die nächsten Tage gab es viel zusammen zu sehen. Kowloon, mit der traditionellen Fähre nach Tsim Sha Tsui. Natürlich der berühmte Aussichtspunkt Victoria Peak bei Nacht, um den duftenden Hafen von oben zu bestaunen. Ein Platz, an dem man irgendwie stundenlang hätte bleiben können, um einfach nur runterzuschauen. Ein irrer Anblick von

Tausenden von Hochhäusern, entweder topmodern oder eher schäbig, gemischt und eng aneinander gedrängt auf dieser sehr hügeligen Insel. Geht überall hoch und runter. Und diese vielen bunten Lichter und riesigen Reklameschilder überall.

Die Temperaturen waren nachts recht angenehm, vielleicht auch hier etwas schwül. Aber das gehört zu diesem Ort. Eine Art Dunst, der sich mit den Wolken zu mischen schien, hing über der Stadt, die sicherlich noch nie auch nur eine Sekunde geschlafen hatte.

Auch ein Trip ins eher entspannte Stanley auf der Südseite von Hongkong Island stand an. Ein schöner entspannter Kontrast zur busy Downtown. Etwas ganz anderes. Nachts ging es natürlich durch die Partymeile Lan Kwai Fong über diese unglaublich lange Rolltreppe. Unglaublich, wie viele verschiedene Menschen dort feierten. Nicht nur Asiaten. Man sah dort alles. Es war sehr laut und schrill. So viel Party musste man erst mal verkraften, das war nicht ganz ohne. Trotzdem fühlte man sich auch nachts recht sicher, wie eigentlich in den meisten asiatischen Städten. Hatte nie das Gefühl, dass man irgendwie aufpassen musste.

Eine verrückte Stadt, die einen wirklich schaffte. Und für einen leidenschaftlichen Fotografen wie mich ein absolutes Paradies, mit so vielen kleinen und großen Details, die es abzulichten galt. Abends fiel man im Hotel erschöpft und extrem happy ins Bett.

Das eigentliche Highlight von Hongkong war für mich immer, einfach durch die authentischen Straßen zu gehen und zu staunen. Den einen oder anderen chinesischen Tempel zu besuchen. Hier respektvoll den Menschen beim demütigen Gebet zuzusehen, ohne zu glotzen. Hab nie verstanden, was die da genau machten. Deswegen war es auch so toll. Tolle Stimmung. Den Duft der Tempelkerzen einzuatmen und die Stille und Andacht der Menschen aufzunehmen. Ein bisschen Stille inmitten dieser irren Stadt voller Lärm und Lichter. Food Courts oder Nachtmärkte zu besuchen. Sich einfach in diese irren Menschenmengen zu stürzen. Die Essenstände auf den Straßen auszuprobieren. Verrückte Sachen zu essen. Ich glaub, hier probierte ich gegrilltes Hühnerherz zum ersten Mal. Einfach alles mal auszuprobieren, ohne Rücksicht auf Verluste. Sich unter die essenden und feiernden Menschenmassen zu mischen. Typischerweise auf den bunten Plastikstühlen auf der Straße inmitten der Flut der Lichter und Reklameschilder der Nacht. Die gigantischen Malls zu besuchen, die in keinem Vergleich zu den uns bekannten Einkaufscentern in Deutschland stehen.

Einmal kaufte ich einem alten Mann in einer abgelegenen Straße Tee ab. Er war sehr alt. Sah aus wie 120. Er bewegte sich mit der Spritzigkeit einer 200-jährigen Schildkröte. Er sprach nicht ein einziges Wort Englisch. Nicht mal »okay« verstand er. Ich versuchte die Situation mit ein paar Brocken chinesisch zu klären, die ich mal gelernt hatte. Offensichtlich führte das zu noch größerer Verwirrung. Aber es klappte dann irgendwie. Ich kaufte ihm irgendwie Ginseng Oolong Tee ab. War sehr billig. Schmeckte super. Der Tee hielt jahrelang. Ich trank ihn später sogar noch in Deutschland.

Viele kleine tolle Dinge durften wir in diesen paar Tagen erleben. Einfach die vielen kleinen Details, die uns Ang Mos in dieser Welt doch so fremd und doch so faszinierend erscheinen. Und das mit meinen guten alten Freunden in dieser Runde war schon was sehr Besonderes.

Die drei Tage am Duftenden Hafen gingen natürlich vorbei wie im Fluge. Viel zu schnell …

OUTBREAK

Februar 2020

Noch bevor der ganze Mist mit dem Krebs losging, hatten sich die Mediziner im Krankenhaus ja eher auf meine Lunge fokussiert. Da war irgendwas. Der nicht aufhörende Reizhusten, der mich meistens gegen Abend mal mehr und mal weniger plagte und die dann aufgefallenen hohen Entzündungswerte in meinem Blut (zum Beispiel der CRP-Wert), hatten den Verdacht einer Lungenentzündung nahegelegt. Das war ja auch nicht unbedingt ein angenehmes Thema. Eine Lungenentzündung braucht ja definitiv auch kein Mensch. Und langsam hörte man ja auch immer mehr von diesem mysteriösen Coronavirus, der ja auch Probleme mit den Lungen bereitete.

Ich hatte also dann eines Abends noch recht spät von meinem Hausarzt einen Anruf bekommen. Am Tag zuvor hatte man mir Blut abgenommen. Ich dachte mir gleich, dass irgendwas los war. Sonst hätte er mich doch nicht so spät noch angerufen. Er riet mir, bitte so schnell wie möglich mit den ausgedruckten Blutwerten, die sie mir per Email geschickt hatten, in die nächste Notaufnahme zu gehen. Krass. Notaufnahme. Da war ich noch nie. Das klang für mich irgendwie auch nicht so gut. Entspannungsurlaub über Fasching bei den Eltern wäre die erste Wahl gewesen. Ich wollte doch echt nur relaxed eine Woche bei meinen Eltern verweilen. Jetzt Notaufnahme.

Am nächsten Tag dann machte ich, was der Arzt sagte. Es ging ein bisschen hin und her und ein paar Telefonate waren notwendig, um beim lokalen Radiologen im Krankenhaus einen sofortigen Termin zu bekommen. Gar nicht so leicht.

Junge und alte Menschen waren dann in der Notaufnahme im Krankenhaus. Ein junger Mann hatte irgendwas mit seiner Hand angestellt. Sogar ein weinendes kleines Kind mit seiner Mutter war da. Tat mir besonders leid. Menschen in Betten liegend – eine alte Frau war ganz gelb im Gesicht – wurden durch den Bereich geschoben. Irgendwie war das nichts für mich, dachte ich mir. Hoffentlich würde ich bald wieder heim dürfen.

So hatte man mich dann nach kurzer Wartezeit im Anschluss geröntgt und auch ein CT meines Oberkörpers gemacht. Das war das erste Mal für mich in so einer Röhre. Die Ergebnisse davon wurden über die Mittagspause ausgewertet und ich durfte noch mal kurz bei meinen Eltern Mittagessen gehen, um dann ab 14 Uhr die Ergebnisse dieser bildgebenden Untersuchungsverfahren mit dem Radiologen zu besprechen. Auch hier war mein Gedanke, nur kurz die Ergebnisse und das weitere Verfahren zur Bewältigung der möglichen atypischen Lungenentzündung zu besprechen.

Als ich mich nach dem Essen bei den Eltern wieder am Empfang der Notaufnahme zurückmeldete, hörte ich einen der Empfangsleute sagen: »der Herr Staudacher … ja … der brauchte sofort eine Maske …« Man gab mir sofort einen Mundschutz. So was hatte ich noch nie gebraucht. Ich wurde etwas stutzig. Vielleicht auch nur weil sich drei Meter neben mir am Schalter kurz zuvor ein Mann mit möglichen, selbsterkannten Coronasymptomen eingeliefert hatte. Mir wurde irgendwie tatsächlich etwas mulmig langsam. Irgendwas war faul.

Man schickte mich einen Korridor weiter zum Warten auf den Radiologen. Ich hörte aus einem der Zimmer ein Kind heulen oder eher schreien. Es war was dazwischen. Tat mir echt leid. Dann wurde ich aber nicht wie die anderen wartenden Patienten in ein normales Untersuchungszimmer geschickt, sondern in ein ganz komisches kleines Zimmer, an dessen Tür ein Schild mit der Aufschrift »Isolation« oder »Quarantäne« hing. Das weiß ich nicht mehr ganz genau. Die Schwester meinte, dass der Arzt gleich kommen würde. Mein erster Gedanke war: Toll, jetzt hab ich mir diesen brandneuen Coronavirus eingefangen.

Nach zehn langen Minuten Warten kam der Arzt dann mit Atemschutzmaske in das komische kleine Zimmer. Er erzählte mir gleich, dass man aufgrund der Röntgen- und CT-Bilder dringenden Verdacht auf offene Tuberkulose hatte. Und dass man mich auf jeden Fall für die nächste Zeit stationär im Krankenhaus behalten müsste. Toll. Wollte doch einfach nur Family-Holidays machen. Und jetzt das. Und dann noch Tuberkulose. Scheiße, was war das noch mal? Irgendwie merkte ich jetzt, dass das alles – was auch immer das werden würde – etwas länger dauern könnte.

Ehrlich gesagt wusste ich in diesem Moment gar nicht so viel über diese Krankheit. Ich hatte mal gelesen, dass es weltweit immer noch die tödlichste Infektionskrankheit war. Oder so was Ähnliches. Aber halt eher in Entwicklungsländern und nicht bei uns in Deutschland. Das war doch dann Quatsch, oder?

Sowohl der Radiologe als auch der komplett verhüllte Krankenpfleger, der mir wiederum zehn Minuten später einiges an Blut abnahm, fragten mich, wo ich denn in der letzten Zeit Urlaub gemacht hatte. Ich meinte, dass es in den letzten zwei Jahren eigentlich nur Kroatien, Teneriffa, Madeira, die Schweiz und Österreich waren. Ich merkte aber immer gleich an, dass ich drei Jahre in Südostasien gelebt hatte und da viel rumgekommen war. Ich entnahm den Reaktionen aller, die mich danach fragten – mir wurde diese Frage in den nächsten Tagen in der Tat oft gestellt – dass es nicht ganz unwahrscheinlich sein könnte, dass ich mir zum Beispiel beim Reisen durch Indonesien oder Malaysia die Tuberkulose eingefangen hatte. Was für ein Mist. In Indonesien sterben beispielsweise noch immer sehr viele Menschen an dieser Krankheit. Ohje … und dazu kam noch, dass der Arzt von ansteckender, offener Tuberkulose sprach.

Das Kopfkino startete nun in eine groteske Vorstellung. Was haben die denn alles auf den Bildern gesehen? Meine Lungen hatten mich doch bisher nie im Stich gelassen, beim Kicken, beim Joggen … hab ja nicht mal intensiv geraucht. Und jetzt auf einmal sollte da alles kaputt sein? Konnte ich mir nicht vorstellen.

Statt also an diesem Tag endlich in den Faschingsurlaub mit meiner Familie bei meinen Eltern zuhause zu starten, wurde ich im Klinikum in »Einzelhaft« gebracht. Ich wurde in einen Isolationsraum gesteckt. Es war ein Zimmer ganz vorne in der Station 5. Ein Zimmer ganz vorne deutete ich als sehr wichtig. Auf der Tür klebte ein Schild á la »Eintritt nur nach Absprache mit Personal«. Auch stand da ein Ständer mit speziellen Masken, Kopfbedeckungen und Hygienemänteln. Krass, das war wie im Film. Wie hießen die denn noch mal? »Outbreak« zum Beispiel. Jetzt ging die Seuche um. Und ich war dabei.

Sie sagten mir, dass ich den Raum auf keinen Fall verlassen dürfe. Besucher könnten zwar schon kommen – verhüllt versteht sich – aber die kleine Tochter eher nicht. Man nahm mir etwas später weiteres Blut ab, machte sämtliche Abstriche (oral und rektal), ließ mich in Becher pinkeln, und man fragte mich immer wieder, wo ich mich denn in der letzten Zeit rumgetrieben hatte. Komisch. Die eine Krankenschwester war echt sehr nett.

Dann ging die Tür zu. Ich war allein im Zimmer. Wahnsinn, ich war jetzt isoliert wegen der Seuche. Zunächst war das irgendwie ein komisch-amüsanter Gedanke für mich, weil eben so unwirklich. Ich ging davon aus, dass das alles vielleicht auch eine übertriebene Vorsichts-Maßnahme wegen Corona war.

Dann begann ich aber, mich auf meinem Handy über Tuberkulose schlau zu machen. Es war sehr merkwürdig, seine mögliche Krankheit zu googeln. Ich musste jetzt aber mal wissen, was das denn eigentlich war. So richtig gut klang das nicht. Schon eine krasse Infektion der Lungen. Weltweit eine der schlimmsten Infektionskrankheiten mit vielen Toten in Ländern wie China oder Indonesien. Was aber am unheimlichsten war, war, dass der Arzt von »offener« Tuberkulose gesprochen hatte. Die ist im Gegensatz zur »geschlossenen« Tuberkulose ja hochansteckend.

Wieder ging dieser absurde Film im Kopf los. Irgendwie fand ich die ganze Situation immer noch fast lustig, weil ich das einfach nicht glauben konnte. Ich wollte nur kurz zur Besprechung ins Krankenhaus gehen und jetzt saß ich allein im Isolationszimmer. Gleichzeitig jedoch wurde es auch wieder etwas unheimlicher. Hier ging es nicht nur um einen Schnupfen.

Mein Vater wartete die ganze Zeit unten im Foyer des Krankenhauses. Wir waren ja beide lediglich von einer kurzen Besprechung mit dem Radiologen ausgegangen und hatten uns auf eine baldige Rückfahrt zur Family eingestellt. In dem ersten, kleinen Isolierzimmer hatte ich keinen Empfang. Hier konnte ich ihn endlich anrufen. Er hatte sich in die Kantine gesetzt, weil alles so lang ging. Ohje, ich hatte ihn ja ganz schön lang warten lassen. Ich erzählte ihm alles am Telefon. Danach rief ich Molly an. Planänderung in den lang ersehnten Faschingsferien …

So saß ich nun in meinem Zimmer wie der große Seuchenbringer der Moderne. Gefühlsmäßig auf einem Grat zwischen Aufregung über die ganze Story und doch auch Sorge um diese komische, urtümliche Krankheit, die ich haben sollte. Aber das war ja eigentlich auch nur ein Verdacht. So schlecht fühlte ich mich jetzt auch nicht. Ich hatte ein paar Wochen davor ja noch Fußball gespielt und hatte da ja noch ein paar Buden geknipst.

Immerhin durfte ich ja Besuch empfangen in meinem persönlichen kleinen Raum. Jedes Mal, wenn meine Eltern oder Molly zu Besuch kamen, hörte ich ihre Stimmen schon zwei Minuten vor der Tür bevor sie eintraten. Solange dauerte es nämlich, bis sie Schutzkleidung und Atemschutzmaske angelegt hatten. Beim ersten Mal Besuch brachten sie mir endlich meine Klamotten, meinen Kulturbeutel, meinen Rechner und so weiter. Ich hatte ja gar nichts dabei. Zunächst war die Stimmung nie so richtig schlimm. Es war eher so ein »Mensch Kerle, was machst denn für Sachen? Bald bist hier wieder raus.« Und diese ganze Story könnte ich dann mal später meinen Enkeln erzählen.

Aber ich wurde weiterhin intensiv von den Ärzten untersucht. Es hatte sich bei den bildgebenden Untersuchungen, wie schon erwähnt, gezeigt, dass die Lungen aussahen wie bei einem Tuberkulosepatienten. Schon heftig und genug eigentlich. Außerdem war wohl ein Lymphknoten mitten in der Brust etwas größer aufgefallen als erwartet. Lymphknoten? Ich wusste gar nicht genau, was die denn eigentlich im Körper für eine Funktion hatten. Naja. Und zu guter Letzt hatten sie auch noch Wasser an meinem Herzen gefunden, einen sogenannten Perikarderguss. Ein Kardiologe untersuchte dann etwas später mein Herz via Ultraschall. Ein Wassererguss am Herzen von 13 Millimetern. Er meinte zwar, dass das Herz gesund wäre, man das aber weiterhin beobachten sollte. Diese Geschichte mit dem Herzen machte mir eigentlich dann schon noch mehr Sorgen als die Tuberkulose. Jetzt sollte auch noch was an meinem Herzen sein? Ich dachte mir: »Leute, ich bin Mitte 30. Ich bin fit. Macht mal langsam.«

Auch am zweiten Tag der Isolation wurde viel Blut abgenommen. Dann kamen auch zwei Ärzte rein und erklärten mir, wie die bevorstehende Bronchoskopie, also eine Lungenspülung, ablaufen würde. Oh Mann. Das würde der erste Eingriff sein. Mit einer Schlauchsonde würden sie während einer Narkose über den Rachen zu den Lungenflügeln vordringen. Dort würde Flüssigkeit in die Lungen gespült und wieder entnommen, um das Ganze auf Erreger und so zu untersuchen. Die medizinische Aufklärung dazu war schon etwas scary. Auch ein Bild auf dem Aufklärungsbogen zeigte das gesamte Vorgehen. Theoretisch könnte es zu Komplikationen kommen. Selten, aber könnte passieren.

Noch etwas unangenehmer kam mir der zweite Eingriff vor, der noch für den Folgetag geplant war. Hier würden sie auch mit einer Sonde über den Rachen, aber ausgerüstet mit einem Ultraschallkopf und einer Nadel in die Speiseröhre vordringen und einen Stich durch diese in den großen Lymphknoten in der Brust machen. So könnte man dann wohl was über den auffällig großen Lymphknoten herausfinden. Ich dachte mir so was wie »Okay, dann macht das halt mal, wenn ihr es nicht lassen könnt!«

Ja, schon etwas unheimlich der Gedanke, dass mir eine Roboterschlange durch den Mund ins Innere kriechen würde. Auch hier sagte man mir wären Komplikationen eher selten, aber nie ausgeschlossen. Ich würde zwar dabei »schlafen«, aber irgendwie dachte ich mir, könnte ich auf diese zwei bevorstehenden Eingriffe doch gerade auch verzichten. Könnte es zum Beispiel sein, dass man während des Eingriffs auf einmal aufwachen würde weil die Narkose versagte und alles mitbekäme, was passiert? Eine Horrorvorstellung. Bäh.

Naja, einfach durch. Und auch jetzt galt: erst mal locker bleiben. Ich fühlte mich ja noch gut …

Es war Ende Februar. Ich schaute aus meinem Zimmerfenster auf den Innenhof des Krankenhaustraktes. Es war sehr ruhig. Ich sah in die anderen Krankenhauszimmer. Was die anderen Leute hier wohl so plagte? Ein junger Mann hatte offensichtlich was Großes am Bein. Er saß im Rollstuhl. Armer Kerl, dachte ich mir. Bei vielen anderen konnte ich natürlich keine Ferndiagnose anstellen.

Es fing an zu schneien. Es schien bitterkalt draußen zu sein. Ich wäre gern zuhause bei meiner Familie gewesen. Es wäre traumhaft schön gewesen. Wenn der Garten so leicht verschneit war, war es immer besonders zauberhaft. Meine kleine Süße würde über dieses weiße Pulver staunen, wenn sie raus ginge in den Garten. Sie hatte Schnee bis dahin möglicherweise noch nie so bewusst wahrgenommen mit ihren zwei Jahren. Sie schickten mir Bilder von ihr im Schneeanzug durch den überzuckerten Garten laufend. Ein kleines goldiges Schneemonster mit Grinsen im Gesicht. Ich konnte gerade nicht mit dabei sein. Das war schon schlimm.

Noch schlimmer war aber langsam der Gedanke, was denn wäre, wenn ich tatsächlich diese ansteckende Form der Tuberkulose hätte. Ich hatte bis vor kurzem immer viel Kontakt zu Freunden und Bekannten gehabt. Es waren auch kleine Kinder dabei. Ohje …

Wer hätte die Seuche denn dann eigentlich noch? Kopfkino. Und es war kein lustiger Film.

AUF DER ANDEREN SEITE

Mai 2016

Nur 45 Minuten mit dem großen Katamaran vom Tanah Merah Ferry Terminal oder auch von der Fähre ab Vivo City entfernt, quasi auf der anderen Seite der Straße von Singapur, liegt Pulau Batam, eine indonesische Insel gehörend zum Riau-Archipel. 45 Minuten, das entspricht so in etwa der Autofahrt von Balingen nach Filderstadt. Quasi ein Katzensprung.

Auf dieser gleichwohl chaotischen als auch charmanten indonesischen Insel hatten wir ein kleines Fleckchen Paradies für uns gefunden. Das KTM Resort. Eigentlich nichts Besonderes. Nothing fancy. Keine Ahnung, wieso wir das erste Mal dort hin sind. Ich hatte das eher zufällig im Internet gefunden und es sah halt ganz nett aus. War auch günstig. Doch sollten wir in unseren drei Jahren Asienabenteuer einige Male hier zu Besuch sein. Es zog uns immer wieder, nicht zuletzt zu unserer Hochzeitsfeier, hierher zu diesem bescheidenen kleinen Ort auf Batam.

Man könnte sagen, Batam liegt direkt gegenüber von Singapur, ein Steinwurf entfernt. Eine schöne Insel mit kleinen Städten, Industrie, viel Wald und Stränden. Jedoch eine komplett andere Welt. Indonesien eben. Sympathisch chaotisch. Nicht so fein rausgeputzt. Einfach. Etwas dreckiger. Chaotischer. Lockerer. Lauter. Ich sag einfach mal asiatischer.

Es gibt auf Batam wohl viele Spots für den Tourismus, wobei die Nachbarinsel Bintan hier vielleicht noch mehr zu bieten hat und mir etwas sauberer und organisierter schien. Und es gibt viel Industrie auf Batam. Ich denke Offshore, Öl und so weiter. Auf der Anfahrt mit der Fähre zur Insel passierte man kleine vorgelagerte Mini-Inselchen, teilweise mit definitiv verlassenen und schon fast zerfallenen Häusern an eigentlich schönen Strändchen oder mit großen Tanks (ich schätze Öltanks). Selbst für mich als Ingenieur teils undefinierbare technische Konstrukte, teilweise turmähnliche Bauwerke konnte man in etwas Distanz vom Katamaran aus erkennen. Eigentlich nicht unbedingt zum Urlaub einladend. Aber man fuhr ja auch nur vorbei.

Am Ferry Terminal Batam dann angekommen, merkte man gleich den Unterschied zu Singapur. Es lief zwar auch alles organisiert, wenngleich technisch einfacher ab, aber man fühlte sich hier als Europäer wieder ein Stück mehr als Exot. Auch hier, wie in vielen anderen Orten Südostasiens, wurde man einfach mal betrachtet. Sehr selten in einer unangenehmen Art und Weise. Aber die Menschen schauten einen öfters mal einfach an, man sah halt einfach anders aus.

Ich kann mich noch erinnern, dass wir ein anderes Mal in Jakarta doch ganz schön angeschaut wurden. Ich fand das irgendwie cool. Molly hingegen – ein blonder Alien – war total gestresst und fast schon angepisst davon. Sie hatte in der indonesischen Hauptstadt irgendwie nicht so viel Spaß daran gehabt. Gerade die kleinen Asia-Kids schienen von uns langnasigen Bleichgesichtern fasziniert zu sein. Ich hatte es eigentlich immer als extrem erfrischend empfunden, Singapur zu verlassen und in weniger westlich-angehauchte Teile Asiens vorzudringen. Außerhalb von Singapur war es immer anders. Genau genommen hatte ich die Kombination vom komfortablen Löwen-Stadtstaat mit den wirklich asiatischen Ländern drum herum als Reisedestination immer besonders genossen.

Man wurde nach dem Einchecken am Batam Ferry Terminal dann immer von einem netten und schön angezogenen Driver des Resorts im Mini-Van abgeholt. Meistens mit einem breiten aber authentischen Lächeln. Die Fahrt zum Resort in dem etwas runtergekommenen Toyota-Van dauerte immer nur so fünf Minuten und ging über einen bewaldeten Hügel an der Küste entlang. Man verließ das quirlige Hafenstädtchen recht schnell, passierte noch ein paar komplett zerfallene Häuser am Stadtrand (man kann davon ausgehen, dass die Häuser komplett ihrem Schicksal und dem kompletten Zerfall überlassen wurden) und war dann nach einigen Minuten schon am Ziel angekommen.

Eine große weiße Buddha-Statue war vielleicht das Markenzeichen, ja das Maskottchen der Anlage. Etwas später war ich mir sicher, diese Statue vom Balkon unserer Wohnung in der Amber Road aus ganz mini-klein in der Ferne erkennen zu können. Gerade abends, wenn die Sonne noch mal schräg draufschien und das helle Weiß der Statue das Sonnenlicht in Richtung Singapur schickte.

Apartments gab es verschiedene. Ganz einfache Holzhäuschen im hinteren meerabgewandten Teil der Anlage. Extrem einfach. Wir waren dort das erste Mal untergebracht. Stromausfälle inklusive. Etwas größere Hüttchen vorne am Pool und dann noch die größten und schönsten Holzhäuser am Hang dazwischen. So eine gönnten wir uns dann später zur Hochzeitsfeier.

Ein über das Meer gebautes Restaurant stellte das Zentrum der Anlage dar. Typisch tropische Architektur: großes Dach und seitlich offen gebaut, um dem kühlenden Wind Einlass zu gewähren. Man nennt das natürliche Lüftung. Hier konnte man am besten sehen, dass alles schon relativ alt war und eigentlich schon noch den einen oder anderen Pinselstrich verdient gehabt hätte. In Singapur sehr selten zu sehen. Viel Platz hatte man dort im Restaurant. Vor allem weil eigentlich nie, wenn wir da waren, viel los war. Gästemäßig fanden sich zu unseren Zeiten eher Batam Locals als Europäer oder andere Touristen ein. Fand ich gut. Hier brauchte ich keine Ang Mos zu sehen. Eine Karaoke-Bühne war auch erkennbar. Hab aber nie jemanden darauf singen gehört.

Die Bedienungen waren bestimmt auch junge Locals aus der benachbarten Stadt. Man konnte ihnen schnell ansehen, dass sie keine meisterhafte Ausbildung in der Gastrobranche genossen hatten. Manchmal etwas schüchtern, tollpatschig und stümperhaft. Aber immer lächelnd und sympathisch. Das war doch viel wichtiger. Ihr Englisch war meistens eher schlecht. Oft machte der indonesische, leicht schüchterne Charme dann aber alles wett. Natürlich verstand man sich. Wahrscheinlich hatten sie kein Auslandssemester in England oder Neuseeland absolviert. Wenn man sich dann als Ang Mo mit einem »Terima Kasih«, dem indonesischen Danke, freundlich bedankte, freute sich auch die ein oder andere Bedienung meistens.

Das Essen war ein absoluter Traum, jedenfalls für uns. Ich denke es war echt gut, frisch und authentisch zubereitet. Ohne Schnick-Schnack. Und sehr viel günstiger als auf der anderen Seite, der Löwenseite, wo Essen gehen eigentlich auch nicht so teuer war. Ein Bintang-Bier kostete auf Batam vielleicht umgerechnet einen Euro. Macht Sinn, dass auch einige Gerstensäfte hier auch schon vormittags am Pool konsumiert wurden. Bei dem Preis selbstverständlich, oder?

In bester Erinnerung haben wir Gong Gongs. Das sind frische Muscheln (ich denke gegart), die man in der Art zu sich nimmt, dass man einen kleinen Haken, der unten aus der Muschel schaut, rauszieht und das satte Fleisch, dass daran hängt, verzehrt. Hoher Fun Faktor. So schlicht und doch so lecker. Ein großer Teller davon stand meistens auf unserem Tisch. Unvergessen dazu Salted Egg Yolk Prawns (in gesalzenem Eigelb marinierte Prawns), gebratener Reis, Gemüse ähnlich wie Pak Choi und anderes und eben viel Bintang-Bier.

Nach dem Essen abends – pappsatt – wartete dann das eigentliche Highlight der Anlage, die Beach Bar. Eine schöne Terrasse ebenfalls über dem Meer gebaut. Palmen. Kerzen.

Sofas. Alles direkt neben dem Pool. Meistens ebenfalls von Indonesiern besucht. Wenige westliche Touristen. Nie voll. Immer gab es ein super Tisch oder besser noch ein Chill-Sofa für uns. Ich meine, dass die Bar oft sogar fast leer war und nur auf uns wartete. Einen schönen Strand allerdings konnte man hier nicht bieten. Das war aber gar kein Problem für uns. Es war so schön genug.

In die dunkle tropische Nachtschwüle hallten die neusten House-Tracks. Ein junger DJ legte auf. Immer lachend. Ein Track nach dem anderen. So was wie Chainsmokers oder Galantis oder auch mal der gute alte David Guetta. Bis um ein oder zwei Uhr schätze ich. Belebend, aber doch entspannt. Eigentlich höre ich House nicht so oft, war aber genau richtig an diesem Ort. Coole Stimmung und gute günstige Cocktails. Und das Besondere: ein spektakulärer Blick auf die bunten Lichter des scheinbar weit entfernten Singapurs. Weit hinten, aber klar zu erkennen. Nette, lächelnde Bedienungen auch hier. Auch hier etwas tollpatschig. Trotz der House-Musik herrschte eine ruhige und friedliche Stimmung. Das alles machte uns sehr glücklich. Wir hingen in den Sofas und schauten in den Nachthimmel.

Ein recht interessanter Umstand war, dass man sich recht genau unter der Einflugschneise des großen Changi Airport befand. Und in regelmäßigen Abständen beobachteten wir die Flieger – immer noch zu hoch, als dass man es als störend empfunden hätte – die Kurs nahmen auf Changi. Sie sahen immer so langsam schwebend aus. Sie kamen aus der ganzen Welt angereist. London, Amsterdam, Tokio, Beijing oder Sydney. Wir nahmen sie hier schon feierlich in Empfang, bevor sie landeten. Auf »unserer« kleinen Beach-Terrasse auf Batam.

Ich erinnere mich gut an die Stunden dort auf der Terrasse im Sofa liegend, Cocktails schlürfend, den Blick auf Singapur, das neue Zuhause, gerichtet oder eben Flugzeuge beobachtend, auch mal weit entfernte Gewitter betrachtend oder einfach nur in die tropische Dunkelheit schauend. Gute Musik. Irgendwie weit weg von allem anderen. Wie ein kleines Piratenversteck neben dem großen, bunten und lauten Singapur. Fast niemand da drüben kannte diesen Ort hier auf Batam. Wir hatten keine Sorgen oder schlechte Gedanken. So was war weit weg. Die warme Nacht genießen, einfach nur happy sein, ohne Sorgen. Das war, was wir hier erlebten und feierten.

Ich glaube, wir redeten auch gar nicht so viel miteinander wie sonst. Weil wir die Stimmung so sehr genossen. Nichts hier war besonders fancy, eher einfach und schlicht. Nichts war perfekt hier. Nicht die Hütten oder das Restaurant oder das Entertainmentangebot. Alles etwas oldschool und nicht mehr auf dem neusten Stand. Trotzdem haben wir diesen Ort besonders in unsere Herzen geschlossen. Eben weil wir hier in diesen Stunden besonders glücklich waren. Sehr glücklich. Zusammen. Am anderen Ende der Welt. Weit weg von der Heimat. Ein kleines Versteck auf einer unscheinbaren Insel. So nah und gefühlt auch so weit weg vom neuen Zuhause Singapur. Ein kleines tropisches Gärtchen Eden.

Das vierte und letzte Mal kamen wir im Januar 2017 mit einem Dutzend unserer besten Freunde hierher. Zu unserer Hochzeitsfeier.

TANZ DER UNGEHEUER

März – Juni 2020

Es war eine denkwürdige Zeit. So was würde es wahrscheinlich nie wieder geben in meinem Leben. Das war unwahrscheinlich. Eine Krebsdiagnose während einer weltweiten Virus-Pandemie. Krebs und Corona gleichzeitig. So in etwa wie ein Vulkanausbruch und eine Jahrhundertflut zur selben Zeit am selben Ort.

Aber so war es nun, dass ich tatsächlich Krebs im fortgeschrittenen Stadium hatte. Von vier Stadien hatte man bei mir mindestens Stadium drei diagnostiziert. Also nicht nur an einer oder zwei Stellen, sondern an mehreren Stellen im Körper hatte man die Tumoraktivität im PET-CT nachgewiesen. Nun galt es, das Monster in mir mit allen Mitteln zu bekämpfen und das alles in der Zeit der weltweiten Corona-Pandemie im Frühjahr 2020. Beides allein hätte ja eigentlich schon mehr als gereicht. Aber in meinem Fall kam beides fast zeitgleich zusammen. Im März 2020 ging es richtig los. Ziemlich zeitgleich sogar. Es waren zwei ziemlich große Unbekannte, die sich auf einmal in meinen Kalkulationen wiederfanden. Zwei sehr unangenehme Themen voller Ungewissheit und Gefahr, die alles durcheinander würfelten. Zwei dunkle Ungeheuer, die sich gleichzeitig direkt vor mir aufschwangen und Feuer spuckten. Wie viel Pech kann man denn eigentlich haben? Was würden die Statistiker dazu sagen? Wie hoch ist die Wahrscheinlichkeit, dass man an Krebs erkrankt und eine weltweite Virus-Pandemie zeitgleich wütet?

Überall in den Medien beschrieben Menschen, welche wirkliche Angst sie vor Corona hatten. Angst zu erkranken und die ganze Familie anzustecken. Die Kleinen und die Alten anzustecken. Sicherlich verständlich. Gerade im März und April wusste man ja nicht wirklich, wohin die Reise gehen würde. Ich meine, allgemein war ja zunächst nicht ganz klar, wie gefährlich Corona wirklich ist. Die einen sagten, alles wäre nur so gefährlich wie eine ordinäre Grippe. Aber auf der anderen Seite gab es in vielen Ländern ja auch jüngere Menschen unter den Toten. So harmlos konnte das ja dann nicht sein. Und im April sah es ja danach aus, als würde eine gewaltige Infektions-Welle anstehen.

In meinem Falle jedoch war es ja noch viel heikler. Im Falle einer Corona-Infektion während der Chemotherapie hätte es wirklich gesundheitlich bedenklich werden können für mich. Dann wäre es möglicherweise eher Richtung Intensivstation gegangen mit mir. Damit musste ich nun einfach umgehen. Und es war immer irgendwie im Hinterkopf.

Ab und zu wurde in der Zeitung oder im Fernsehen von den Fällen der Krebspatienten berichtet. Es war ja nicht so, dass der Krebs auf der Bühne Platz für Kollege Corona machte und sich mal etwas zurückzog. Ich glaube, die »Normalos« konnten sich gar nicht genau vorstellen, in welcher weitaus gefährlicheren Situation die Menschen dieser Risikogruppe waren, natürlich neben Kindern, den Alten und andersweit Vorerkrankten. Man hörte sogar zeitweise davon, dass wichtige Behandlungen und Operationen krebskranker Menschen verschoben wurden, weil man wegen Corona die Risiken nicht eingehen wollte, sie zu behandeln. Das muss man sich mal vorstellen. Diesen Menschen ging es ja so schon schlecht genug. Jetzt mussten manche von ihnen sogar um eine gute, zeitige Behandlung bangen.

Ich gehörte nun tatsächlich auch zur Risikogruppe der besonders schutzbedürftigen Menschen. Mit der Krebsdiagnose war ich ja eigentlich schon bedient genug. Nun mussten wir uns auch noch damit beschäftigen, wie man mich bestmöglich vor Infektionen schützen konnte. Nicht nur vor

Corona, sondern generell vor einer anderen Infektion. Infektion jeglicher Art. Ein Arzt hatte mir mal erzählt, dass Infektionen ein großes Problem und leider auch eher die Regel bei Chemotherapien wären. Das können unterschiedliche Infektionen durch Bakterien oder Viren sein, mit denen man als Mensch mit intaktem Immunsystem kein Problem haben würde und die man sonst überhaupt nicht bemerken würde. Als Krebspatient in der Chemotherapie aber war mein Immunsystem extrem geschwächt und eine Infektion würde möglicherweise große Probleme bereiten. Der Arzt hatte mir auch erklärt, dass für solche Fälle Kapazitäten von Intensivbetten im Krankenhaus bereitstehen würden. Tolle Aussichten. Und ich hatte ja schon irgendwie eine Vorgeschichte mit meiner Lungenentzündung. Prost Mahlzeit.

Am Anfang dachte ich immer, dass das Krankenhaus ein eher sicherer Ort wäre. Dass Viren vor dem Krankenhaus stoppen und umdrehen würden. Aber wir wurden eines anderen belehrt. Die Gefahr einer Coronainfektion war auch für uns Krebspatienten auf den Onkologiestationen sehr real. Anfangs war es eher abstrakt, dann kam Corona zu uns. Obwohl höchste Sicherheitsmaßnahmen im Krankenhaus praktiziert wurden, wie zum Beispiel ein strikter Besucherstopp, kam das Virus zu uns. Tragischerweise gab es auch auf der Station, auf der ich zum Staging untergebracht war, wohl Coronafälle unter den Patienten. Echt schlimm. Was mit diesen Fällen passierte, erfuhr ich natürlich nicht. Aber es wurde klar, dass auch im Krankenhaus trotz großer Vorsicht ein gewisses Risiko einer Infektion da war.

Wie sollten wir uns nun während der Chemo verhalten? Wie schützen? Wirklich nur noch in unseren vier Wänden hocken? Ohne jeglichen Kontakt zu anderen? Sollte meine Frau als Lehrerin später wieder Sportunterricht geben? Sollte meine kleine Tochter wieder in die Kita gehen? Am besten komplett isolieren? Von allem abkappen? Nur zuhause bleiben?

Das war gerade am Anfang der Pandemie die große Frage. Und wir redeten hier nicht von ein paar Wochen Isolation, sondern möglicherweise eher von Monaten. Bis ich halt wieder einigermaßen »fit« sein würde. Wenn ich denn überhaupt wieder fit sein würde.

Und das Schlimme war, dass niemand eine definitive Antwort darauf hatte. Man konnte es in keinem Buch nachlesen. Niemand hatte die benötigte Erfahrung. Klar standen die Ärzte mit Rat zur Seite. Aber auch sie wussten ja noch nicht, was Corona denn wirklich anstellen würde. Auch hatten unterschiedliche Ärzte hierzu einfach unterschiedliche Meinungen. Die Situation war ja für alle neu. Diskussionen mit unterschiedlichen Leuten waren teilweise eher verwirrend als klärend. Auch die prominenten Virologen aus Funk und Fernsehen hatten ja unterschiedliche Ansichten. Es gab eben keinen richtigen Masterplan. Aber natürlich hatten wir uns instinktiv dafür entschieden, zunächst mal so vorsichtig wie möglich zu sein.

So ein Bullshit. Jetzt hatte ich Krebs und niemand durfte mich im Krankenhaus oder zuhause besuchen. Ab Anfang März hatten die Krankenhäuser ein striktes Besucherverbot umgesetzt. Dabei empfiehlt man gerade Krebspatienten viel sozialen Kontakt zu Mitmenschen und eben nicht die Isolation. Jetzt durfte ich nicht mal Familie und Freunde sehen. Einfach mit Leuten treffen und normal weitermachen. In einer Zeit, in der es besonders gut getan hätte. Tja, Pech gehabt.

Schon ein bisschen wie das Damoklesschwert hing dieses Corona-Thema über mir und auch den anderen Krebspatienten. Auch mit diesem konnte ich eigentlich ziemlich gut umgehen, aber es hatte schon eine denkwürdige, dunkle Dimension. Es war ja nicht klar, wie das Virus weiter wüten würde.

Krebs und Corona. Die zwei großen Ungeheuer hatten nun zum Tanz gebeten. Und ich fühlte mich auf einmal gleich doppelt wie im falschen Film.

DIE KLEINEN DETAILS

2015 – 2017

Der südostasiatische Stadtstaat Singapur ist sicherlich ein Ort der Superlative. Immerhin einer der asiatischen Tigerstaaten neben Hongkong, Taiwan und Korea. Viel passiert hier in kurzer Zeit. Höher, schneller, weiter ist hier das Motto.

Innerhalb von wenigen Jahrzehnten hat sich dieser ehemals dreckige, von Kriminalität und Prostitution geprägte asiatische Handelshafen zu einem der möglicherweise fortschrittlichsten Länder der Welt verwandelt. Mit hoher Lebensqualität. In atemberaubendem Tempo, wirklich beeindruckend. Ich denke, dass viele Entwicklungsschritte hierbei übersprungen wurden, was vielleicht auch gefährlich sein kann. Letztendlich kann sich das Resultat dieser rasanten Entwicklung in Singapur aber doch wirklich sehen lassen. Ich hatte immer das Gefühl, dass die meisten der Singapurer zufrieden mit ihrem Leben und Stolz auf ihr Heimatland, den Little Red Dot, waren.

Höher, schneller, weiter. Das gilt ganz bestimmt in Singapur. Auch das aus China stammende Leistungsprinzip ist tief in der Gesellschaft verwurzelt. Das Streben nach Wohlstand ist nichts Ungewöhnliches. Sicherlich ist das auch eine enorme Leistungsgesellschaft und Status zählt. All das hat auch bestimmt seine gesellschaftlichen Nachteile. Trotzdem fand ich viel Bewundernswertes an diesem Ort.

Hier ein paar Beispiele der großen Superlative in Singapur, die schon wirklich bemerkenswert sind:

Das Marina Bay Sands Hotel an der Marina Bay ist möglicherweise das Wahrzeichen des Stadtstaates geworden. Und für mich ist es eines der großartigsten Gebäude, die ich je gesehen habe. Fertiggestellt wurde es 2010 und der Architekt war der berühmte Moshe Safdie. Die Architektur ist einmalig und definitiv ein echter Hingucker. Das erkennt auch gleich jeder Architekturlaie. Auch für die Singapurer selbst, die den Bau schon lange kennen, ist er spektakulär. Der gesamte Komplex enthält das Hotel, mitsamt 340 Meter langem tropischen Dachgarten und einem 146 Meter langem Infinity Pool, die teuerste alleinstehende Casinoanlage der Welt, ein gigantisches Einkaufszentrum, ein Konferenz- und Ausstellungszentrum, Bars, Nachtclubs und vieles mehr. Besonders beeindruckend ist die allnächtliche Lichtershow, bei der riesige Laserstrahlen vom Hotel herunter auf die Bucht und hinauf in den Nachthimmel projiziert werden.

Der Singapore Flyer, ein 165 Meter hohes Riesenrad an der Marina Bay im Stadtzentrum, war bis 2014 das höchste Riesenrad der Welt. Dann wurde ein noch höheres Riesenrad in Las Vegas gebaut.

Das Raffles Hotel, ein im Jahre 1887 im Kolonialstil erbautes Luxushotel, wird regelmäßig zum besten Hotel Asiens gekürt. Hier wurde (traurigerweise) laut Legende der letzte wilde Tiger Singapurs erledigt und der legendäre Cocktail Singapore Sling erfunden. Top Restaurants in edler Atmosphäre und die schönen tropischen Innenhöfe lockten nicht ganz unbekannte Zeitgenossen wie schon damals Herman Hesse, Charlie Chaplin oder Queen Elisabeth II. an.

Die Skyline des Central Business Districts (CBD), also des Bankenviertels, ist einfach spektakulär. Alle wichtigen asiatischen Banken sind hier vertreten. Die Skyscraper sind topmodern, architektonisch ansprechend (für mich jedenfalls) und natürlich sehr fancy. Auch wenn man diese Welt nicht so mag, wird man staunend vor der Hochhäuserwand an der Marina Bay stehenbleiben. Wie immer in Singapur ist nachts alles noch bombastischer, wenn alles noch zusätzlich im atemberaubenden künstlichen Lichtermeer erstrahlt.

Hier findet man auch schicke Rooftop-Bars, die inmitten des Hochhäuserwirrwarrs an den spektakulärsten Stellen untergebracht sind. Auf den zahlreichen Dachterrassen lässt es sich dann halt doch am schicksten feiern. Die Ausblicke sind meist atemberaubend. Von der Bar 1-Altitude aus kann man die ganze Insel überblicken, von Malaysia im Norden bis Indonesien im Süden. Das Ambiente schick und eher Upperclass. Die Cocktails oder das Bier eher hochpreisig.

Shopping scheint eines der liebsten Hobbys der Singapurer zu sein. Schon komisch, dachte ich mir manchmal. Aber man scheint schon manchmal den ganzen Sonntag mit der Familie in einer der riesigen Malls verbringen zu können. Es gibt halt alles dort und natürlich alles in klimatisiertem Ambiente. Alle Arten von Shops und Geschäften, Restaurants, Cafés, Bars, Luxusgeschäften, aber auch Splashparks, künstliche Venedigkanäle zum Befahren mit der Gondel (!) oder auch mal Schlittschuhbahnen (!). Verrückt, aber die riesigen Malls sind definitiv wichtige Elemente dieses Ortes. Kein Vergleich zu deutschen Einkaufszentren.

Das Formel-1 Nachtrennen von Singapur ist definitiv einzigartig. Ich selbst bin überhaupt kein Rennsportfan, aber ich besuchte das Event 2015 und 2017 und es war einfach grandios. Der Aufwand, die Innenstadt in eine Formel-1-Rennstrecke zu verwandeln und mit Tausenden von Spotlights auszurüsten, ist gigantisch. Die Rennwagen aus nächster Nähe zu erleben (zu sehen und auch zu hören) ist schon was Besonderes. Natürlich alles bestens organisiert. Ich kann mir nicht vorstellen, dass andere Veranstaltungsorte das toppen können, bis auf Monaco vielleicht. Abends spielen dann jedes Jahr große Künstler wie Bon Jovi, die Killers, Muse, Pharrell Williams oder Robbie Williams auf den großen Bühnen direkt neben der Strecke. Alles zusammen ein Superspektakel.

Die Super-Trees in den Gardens By the Bay sind künstlich errichtete bunte Bäume, die allabendlich zu einer bunten Lichter- und Musikshow einladen und Locals sowie Touristen regelmäßig in ihren Bann ziehen. Manchmal etwas kitschig, aber doch immer besonders. Das erleuchtete Marina-Bay-Sands-Hotel im Hintergrund rundet das Spektakel ab. Ich schaute mir die Show bestimmt zehn Mal an.

Der Airport von Singapur als Dreh- und Angelpunkt in Asien und in gewisser Hinsicht auch weltweit ist einfach klasse. Der Changi Airport wird auch regelmäßig in anerkannten Rankings als bester der Welt ausgezeichnet. Warum? Ich empfand ihn immer als super effizient, schnell und trotzdem angenehm heimelig, ja fast schon entspannt. Ein Flughafen zum Wohlfühlen. Seine Kapazität wurde in den letzten Jahren fast verdoppelt. Einfach mal so. Das gigantische Bauvorhaben glückte in kürzester Zeit.

Der bis dato teuerste Whisky (ein 62 Jahre alter schottischer Dalmore) wurde 2011 am Changi Airport verkauft. Für stolze 145.000 € wechselte das edle Destillat seinen Besitzer. Rekorde wie dieser halten natürlich nicht lange und er wurde inzwischen mehrfach getoppt.

Das größte Aquarium der Welt steht natürlich auch in Singapur auf der vorgelagerten Insel Sentosa. Natürlich wurde es höchstspektakulär gestaltet.

Die 5G-Internetverbindung auf der Insel ist gigantisch und superschnell. Kein Vergleich zu Deutschland. Generell ist man sehr technikaffin und zeigt das auch gern. Ich meine, bei uns sieht man so was erst immer eine gewisse Zeit später. Die sind in zahlreichen Technikbereichen einfach schneller unterwegs als wir.

Die regelmäßigen Flugshows der Black Knights (die Fliegerstaffel Singapurs) oder Paraden zum National Day, aber auch die Drohnenshows an Sylvester sind einfach nur vom Allerfeinsten.

Diese Beispiele der Superlative sind beeindruckend und ich habe bestimmt viele Großartigkeiten überhaupt gar nicht erwähnt, weil ich sie schon wieder vergessen habe. Es ist aber auch gar nicht das, was mich so sehr an der Löwenstadt Singapur beeindruckt hatte. Ich möchte eher von kleineren, unscheinbaren Dingen berichten, die mich faszinierten. Dinge und Details, die man nicht gleich wahrnimmt, wenn man nur kurz durch diese typische Stopover-Location (zum Beispiel auf dem Flug nach Bali) jagt. Kleine Dinge, die man erst sieht und verspürt, wenn man dort Zeit verbringt, dort lebt und ein bisschen ein Teil der Community wird.

Beginnen möchte ich schlicht mit dem Thema Essen. Wenn man sich die Frage stellt, ob Essen einen glücklich machen kann, so habe ich das definitiv Tag für Tag erlebt. Ja, es machte mich glücklich. Die Food-Culture ist berühmt in Singapur. Überall auf den Straßen und in den unzähligen Food Courts und Hawker Centers und natürlich auch in den Unmengen an Restaurants gibt es viel und ausgezeichnetes Essen. Es scheint Teil der nationalen Kultur geworden zu sein. Und was ist so besonders daran?

Die extrem gute Qualität zu geringen Preisen. Die Vielfalt. Die Selbstverständlichkeit, dass man eigentlich nicht kochen muss, sondern einfach raus um die Ecke in den nächsten Food Court geht. Alles, was man in ganz Asien bekommen kann, gibt es dort. Einfach alles kann man mal ausprobieren. Natürlich typische, lokale Cuisine, geprägt vom malaiischen und indonesischen Food. Klassiker sind Satay-Spieße mit Erdnusssoße, Roti Prata, Chilli Crab, Mee Goreng, Chicken Rice, Nasi Goreng, Beef Rendang, Kway Teow, Prawn Noodles und vieles mehr. Indisch in bester und sehr authentischer Zubereitung. Natürlich chinesische Küche und Japanisch (das heißt aber nicht nur Sushi!). Überall bekommt man tolles Thai Food. Das beste Grüne Curry für wenig Geld. Taiwan Style. Das Essen machte mich dort süchtig. Und bemerkenswert war sicherlich, dass ich viel aß und trotzdem schlank und in guter Form blieb. Klar, auch Burger und Europäisches Essen bekommt man gut. Essen ist eine Art Religion.

Ich werde nie vergessen, wie es war, einfach am Samstagmorgen in die Alibabar (was für ein Wortspiel) in Katong zu schlendern, Prawn Noodles bei Auntie zum Frühstück zu bestellen und das Wochenende zu starten. Ultra entspannt. Dieses einfache, aber perfekt zubereitete Gericht zu genießen und gleich dazu in absoluter Happiness das Leben zu feiern. Dazu einen Kopi C (den klassischen, recht süßen, dicken Singapur-Kaffe) und einen frischen Calamansi oder Sugar Cane Juice. Etwas besseres am Samstagmorgen konnte es nicht geben und ich vermisse das immer noch sehr.

Generell faszinierte mich auch die indische Küche. Größtenteils vegetarisch. Immer extrem lecker und frisch, wenn auch oft sehr gehaltvoll. Es gab in drei Jahren nicht einmal die Situation, dass mich indisches Essen enttäuschte. Und ich probierte immer einiges davon. Freitags fuhren wir immer mit den indischen Kollegen von der Arbeit zum Mittagessen nach Little India, wo man authentische indische Restaurants mit hauptsächlich indischen Gästen fand. Auch hier unvergesslich sind zum Beispiel die South Indian Thali Sets im Raj Restaurant mit vielen verschiedenen Curries und Pasten, die man zu Naan, Papadam oder Reis genoss. Auch gleich mit einem süßen Nachtisch serviert. Dazu ein Lassi und alles war perfekt. Kostete umgerechnet ein paar Euros.

Die Food Courts fand ich auch immer klasse. Hier sitzen einfach viele Menschen zusammen an Plastiktischen, umzingelt von vielen guten kleinen Foodständen, und feiern das Essen. Viele Menschen auch viel enger zusammen als bei uns im Westen üblich. In Asien natürlich kein Thema. Ob authentische Food Courts, die alten auf den Straßen oder auch moderne in den großen Malls: Sie haben mich total begeistert und sehr gern gesellte ich mich zur Menschenmenge zum gemeinsamen Essen.

Ein besonderes Gefühl war für mich die mit den Wochen und Monaten nach der Ankunft wachsende Erkenntnis, dass dieser neue Ort, so weit weg von meiner eigentlichen Heimat, mir Tag für Tag vertrauter und heimlicher werden würde. Mit jedem Tag, mit jedem neuen positiven Erlebnis würde ich merken, dass ich auch hier zuhause war, an diesem anfangs so fremden Ort. Auch hier gab es viele sympathische Menschen und tolle Erfahrungen, die auf einen warteten. Allein für längere Zeit in eine fremde Umgebung zu gehen verändert einen sehr. Man nimmt mehr auf und ist gezwungen, allem offen gegenüber zu stehen. Ein interessantes Selbstexperiment. Das Gefühl, weit weg von zuhause eine weitere kleine Heimat, wenn auch anders als die ursprüngliche Heimat, zu haben, ist einzigartig. Das Gefühl zu haben, mit einem fremden Ort tief verbunden zu sein, auch noch nach vielen Jahren, ist was sehr Besonderes und ich habe es so erfahren und liebe dieses Gefühl immer noch.

In Singapur werden offiziell die Religionen Christentum, Islam, Buddhismus und Hinduismus anerkannt und die Menschen dürfen diese frei ausüben und ausleben. Das ist sehr besonders an diesem Ort und sicherlich auch ein Erfolgsaspekt des Landes. Jeder Religion sind zwei offizielle Feiertage für die ganze Bevölkerung gewidmet. Natürlich neben den weiteren nationalen Feiertagen. Kirchen, Moscheen, Buddhatempel und Hindutempel sind überall auf der kleinen Insel (so groß wie Hamburg) anzutreffen, und dass diese auch wie scheinbar wild durcheinandergewürfelt überall aufzufinden sind, ist hier nichts Besonderes.

Zum Beispiel stehen in Chinatown unten an der Pagoda Street der indische Sri Mariamman Tempel, die Masjid

Jamae Moschee und der buddhistische Buddha Tooth Relic Tempel sehr nahe zusammen. Das ist ganz normal. Wenn man zu Fuß an solchen Ecken vorbeikommt ist es besonders faszinierend, kurz immer wieder in eine neue, völlig andere Welt einzutauchen. Ich glaube, dass das Menschen schon auch sehr offen und tolerant machen kann. In Zeiten der großen Diskussion um die Flüchtlingskrise 2015 dachte ich mir manchmal, es wäre gut, jeden deutschen Bürger mal für ein internationales Toleranz-Praktikum für ein paar Wochen nach Singapur zu schicken. Viele Hautfarben und Religionen und Sprachen auf einem kleinen Fleck Erde. Und es kann funktionieren. Inwieweit die Kulturen miteinander oder eher nebeneinander leben, kann man sicherlich diskutieren.

Natürlich werden auch regelmäßig entsprechende Feste der verschiedenen Kulturen und Religionen offiziell gefeiert. Zum Beispiel Chinese New Year ist das chinesische Neujahr meistens im Februar. Vor allem Chinatown steht dann Kopf und wird noch bunter geschmückt als es normalerweise schon ist. Deepavali ist so etwas wie das indische Weihnachten. Das schon recht farbenfrohe Little India wird ebenfalls noch bunter. Weihnachten wird natürlich auch zelebriert, fällt aber schon extrem kitschig aus mit mitunter pinken Plastikweihnachtsbäumen in den Malls oder auch mal einem Outdoor-Weihnachtsmarkt bei 30 Grad. Das Ende der Fastenzeit der Muslime wird mit einem riesigen Foodfestival in Geylang gefeiert.

Für mich war die speziellste der kulturellen Feierlichkeiten in Singapur definitiv das indische Thaipusam. Hier ziehen Gläubige knallbunt geschmückte Wagen wohl mit Opfergaben für die Götter durch die Straßen Singapurs. Dabei haben sie sich Haken, an denen die Seile zum Ziehen der Wagen befestigt sind, durch die Haut gebohrt. Auch sonst bohren sich die opferwilligen und schmerzresistenten indischen Teilnehmer Spieße durch die Haut, wie zum Beispiel die Zunge, die Wange oder sonst irgendwelche Körperteile. Manche laufen auf Schuhen, die nur aus nach oben zeigenden Nägeln bestehen. Man fügt sich also Schmerz als Opfer für die Götter zu. Thaipusam wird in dieser Form anscheinend aus Hygienegründen nur noch an sehr wenigen Orten auf der Welt so lebhaft durchgeführt. Einer davon ist die Löwenstadt. Wir kamen beim Betrachten der Parade aus dem Staunen nicht mehr heraus. Ich machte hunderte von Fotos.

Faszinierend war für mich auch immer, mit dem ständigen Einfluss mehrerer Sprachen in Kontakt zu sein. In Singapur gibt es vier offiziell anerkannte Sprachen. Zunächst mal redet jeder Englisch, was für einen Expat, wie schon erwähnt, sehr angenehm ist. Dann sind eben noch Chinesisch, die Bahasa Malay und Tamil, eine Art Südindisch, in offiziellem Gebrauch. Auf offiziellen Schildern, wie zum Beispiel in der Straßenbahn, sind deshalb alle Schriftzüge auf allen Sprachen aufgeführt. Es hatte mich immer sehr fasziniert, so viel geschriebene Sprache auf den Schildern und im alltäglichen Leben nicht lesen zu können und trotzdem zu wissen – wegen der englischen Übersetzung – was es bedeutet. Diese vier-sprachigen Schilder kamen mir manchmal – auch wenn supersteril gehalten – wie kleine Kunstwerke vor. Marc schenkte mir zum Abschied aus Singapur eines dieser Schilder mit der Aufschrift »Danger. Keep Out«.

Diese vier komplett unterschiedlichen Schriften waren für mich ein weiteres starkes Zeichen für die wunderbare Vielfalt der Kulturen, die wir doch auf diesem Planeten haben und aufrechterhalten sollten.

Auch machte es mir Spaß, zu versuchen, die Sprachen wenigstens ein kleines bisschen zu lernen. Chinesisch zu lernen versuchte ich ein kleines bisschen für ein paar Wochen an der Volkshochschule noch in Deutschland und dann zuhause über PONS. Für ein paar Basics reichte es schon.

Auch ein paar Vokabeln in Bahasa hatte ich später in Singapur immer drauf. Eigentlich eine sehr leichte Sprache, da alles so gesprochen wird, wie es geschrieben ist. Ich will nicht behaupten, dass ich viele der anderen Sprachen regelmäßig benutzte, denn eine gewisse Sprachbarriere gibt es immer, wenn man sich besonders der Aussprache sehr unsicher ist. Aber ich machte stets auf Reisen gute Erfahrungen damit, mich zum Beispiel in Restaurants mal auf Chinesisch oder Bahasa zu bedanken. Kam meistens gut an und zeigte immer Respekt der anderen Kultur gegenüber. Kann ich nur weiterempfehlen.

Als Schüler wollte ich eine Zeit lang mal professionell was mit Sprachen machen. Ich hatte in der Schule Englisch, Französisch und Spanisch gelernt und das hatte mir auch immer irgendwie Spaß gemacht. Es gibt nichts Tolleres als fremde Sprachen zu beherrschen und ich habe vor Menschen, die das können, größten Respekt. Ihnen liegt wahrlich die Welt zu Füßen.

Viele Menschen, zum Beispiel auch ein paar unserer Gäste aus Deutschland, beschwerten sich über das schwüle tropische Klima. Man schwitzt eben mehr. Unser europäischer Körper ist hierfür wohl nicht designt. Ich mochte es eigentlich immer. Auch ich kam regelmäßig tagsüber ins Schwitzen, vor allem in Arbeitsklamotten, wenn wir mittags zum Lunch vom Office zu den Open-Air-Food-Courts gingen. Hier musste man einfach schwitzen. Abends hingegen war es immer toll. So circa 25 Grad und weniger Feuchtigkeit. Eigentlich war es abends immer genau perfekt. Ein ewiger Sommer. Ich liebte es, zum Abendessen einfach in Shorts, Flip Flops und Muscle Shirt (in Deutschland eher assi, in den Tropen halt ganz normal) zu gehen. Das promotete meine ständig anhaltende Urlaubsstimmung. So gern schlenderten wir leichtbekleidet durch die abendlichen Straßen von Katong.

Auch genoss ich die immer und überall anzutreffende tropische, immergrüne Flora. Die großen Singapur-Bäume im Park, die Elefantenpflanzen, die Orchideen, die man überall sah, und vieles mehr. Einzigartig und toll gepflegt ist der Botanische Garten. Dieses lässige Tropengefühl zeigte sich immer in Gegenwart der tropischen Pflanzen, also quasi überall, da der Stadtstaat sehr grün angelegt ist. Man nennt sich auch die »Garden City« dort. Ein tolles Detail sind auch die begrünten Brückenpfeiler und generell die Möglichkeit, Pflanzen in die Gebäudearchitektur zu integrieren. Green Buildings. Man muss sich hierfür lediglich Bilder vom Park Royal Hotel in der Pickering Street anschauen. Wunderschön. Auch viele andere Beispiele zeigen, dass man Pflanzen gut in die Architektur mit aufnehmen kann.

Das Meer. Nichts ist doch schöner, als auf einer Insel zu leben. Die Gegenwart des Meeres hatte mich immer angezogen, obwohl ich überhaupt kein Strandtyp bin, der im Urlaub am Beach rumhängt. Das Meer bedeutet für mich viel mehr. Klar, die große Freiheit, das Offene, die Weite der Welt. Aber auch ein Symbol der Ruhe und des Friedens. Etwas, was alle auf der Erdkugel verbindet. Das Unbekannte. Ein Element, das uns Menschen anzieht, das für uns aber auch immer in gewisser Art unbekannt und verborgen bleiben wird.

Ich hatte mich sehr bewusst dafür entschieden, in Singapur in die Nähe des Meeres zu ziehen. Das war mir sehr viel wichtiger als nah am Arbeitsplatz zu wohnen. Meine Ecke war Katong am East Coast Park. Das hatte ich nie bereut. Nach drei Jahren dort fiel es mir sehr schwer zu gehen, das kann ich sagen. Ich liebte es, abends im Park joggen zu gehen. Es hatte irgendetwas Meditatives, in der warmen Dunkelheit zu laufen und immer wieder das Meer zu hören, zu riechen und zu sehen. Auch ging ich gern mal (muss gestehen nicht so oft) früh am Samstagmorgen um sechs Uhr in den Park zum Joggen. Hier traf man auf Thai Chi Gruppen, die man auch wirklich nur früh morgens dort sah, weil nur zu dieser Zeit diese besondere Ruhe herrschte. Sehr gern schaute ich den meist alten Menschen beim Thai Chi zu.

Ein weiteres Hobby war das Windsurfen im East Coast Park, was wir sonntags des Öfteren übten. Der Windsurfspot, den wir wählten, befand sich direkt unter der Einflugschneise des Changi Airport, also weit im Osten der Insel. Das war einfach unglaublich. Während man also in Ruhe seine Moves und Turns auf dem Surf Board übte, bretterten die Jets, auch viele A380er in nicht allzu großer Höhe über unsere Köpfe hinweg. Es machte mir unglaublich viel Spaß. Inklusive leichtem Sonnenbrand und Tiger-Beer danach.

Eine andere Alternative zum Windsurfen war Kajakfahren. Das hatten wir auch ein paar Mal über eine Art lokale Volkshochschule, die Community Clubs, im Pasir Ris Park gemacht. Machte auch sehr viel Spaß und war sehr viel anstrengender als gedacht.

Noch viel mehr als Surfen und Kajakfahren liebte ich das Tauchen, also Scuba-Diving. Ich hatte meinen ersten Tauchschein 2005 in Thailand auf Koh Tao gemacht und ihn dann später eher weniger genutzt. Während unserer Zeit in Singapur hingegen nutzte ich ihn fast überall, wo wir hinreisten, weil man einfach fast überall in Südostasien hervorragend tauchen kann. Auch machte ich gleich meinen zweiten »advanced« Tauchschein auf der Insel Tioman in Malaysia. Es ist für mich sinnlos, die Erlebnisse und den Zauber des Tauchens für Nicht-Taucher zu beschreiben. Man muss es erleben und dann kann es einen süchtig machen. Ich bin todtraurig, wenn ich daran denke, wie viel ich dort tauchte und dass ich es in Deutschland einfach nicht mehr machen kann.

Eine weitere große Faszination des Meeres übte das Seafood auf mich aus. Was gibt es besseres als frisches Seafood? In Südostasien natürlich überall in bester Qualität zu haben. Ich bin superhappy, dass ich drei Jahre lang so intensiv am und mit dem Meer leben durfte. Eine ganz besondere Lebensqualität.

In unseren drei Jahren in den Tropen sah ich auf den Märkten und Ständen ständig Früchte, die mir bisher unbekannt waren. Gerade auf den Reisen musste ich immer wieder staunen, dass ich keine Ahnung davon hatte, welche Vielfalt es an Tropenfrüchten gibt und vor allem welche neuen Geschmäcker außer Apfel und Banane es denn noch so gibt. Es ist unglaublich toll, einen bisher unbekannten Geschmack zu erleben, wie eine Art neue Farbe zu entdecken. Durian, Jackfruit, Dragonfruit, Jambu, Calamansi, Guava, Rambutan, Longan und Schlangenfrucht sind nur ein paar Beispiele hierfür. Man sieht auch hier mal wieder, dass diese Welt mehr zu bieten hat als das, was wir von zuhause aus kennen.

Schon eigentlich Kult in vielen Teilen Südostasiens ist die Durian-Frucht. In Deutschland kaum bekannt. Wird auch von manchen die Stinkefrucht genannt. Man darf sie in Singapur beispielsweise nicht mit in die Straßenbahn nehmen, wegen ihres intensiven und von vielen als unangenehm empfundenen Geruchs. Ja, man kann wirklich sagen, dass Durians stinken. Sehen eigentlich gar nicht so schlimm aus. Die Größe einer Melone. Grün und mit Stacheln. Das Fruchtfleisch gelb. Viele Locals dort lieben diese Frucht. Aber sie polarisiert definitiv. Viele vergöttern sie und zahlen hohe Preise für wenig Frucht und die anderen hassen sie.

Ich selbst bin ein sehr offener und toleranter Typ auch Nahrungsmitteln gegenüber und probiere auch gern alles mal. Aber mit der Durian bin ich nie klargekommen. Das Fruchtfleisch schmeckte irgendwie nach verschiedensten Dingen, die für mich nicht zusammenpassten. Tropisch süß, aber auch irgendwie nach Zwiebeln oder fleischig. Sahnige Konsistenz. Aber der Geruch in der Nase dazu war mir zu extrem. Es gab dann auch überall Durians in verschiedenster

Form zu kaufen. Frisch oder getrocknet. Als Saft oder in Schokolade. Die legendäre Durian und ich wurden aber irgendwie keine Freunde.

Bevor wir nach Südostasien zogen hörte ich von ein paar Leuten, dass Singapur sehr brav sei. Dann war Alkohol dort sehr teuer. Ein Bier beim Ausgehen in der Bar rund zehn Euro. Ich dachte anfangs also, dass man hier dann wahrscheinlich nicht so viel Party machen würde. Pustekuchen. Es gab viele rauschende Feste. Trotz der hohen Alkoholpreise wurde viel gefeiert. Fast jedes Wochenende. Wir hatten ja noch keinen Nachwuchs. Es kam schon vor, dass ich am Sonntagmorgen mal erst nach dem Sonnenaufgang zuhause war.

Von jüngeren Praktikanten, mit denen wir auch öfters mal auf der Piste waren, hörte man auch wilde Geschichten. Einer war mal in der höchsten Rooftop-Bar in der Herrentoilette eingeschlafen und wurde morgens vom überraschten Putzdienst geweckt und rausgeschmissen. Ein anderer erzählte mir mal, dass er nach dem Feiern irgendwann morgens in einer Einkaufsmall aufgewacht war.

Es gab dann auch noch ein paar Ecken und Bars in der Stadt, wo man sich von den vielen hübschen asiatischen Frauen am besten fernhielt, weil man sie sonst nicht mehr loskriegen konnte. Naja, auf jeden Fall wurde viel dort gefeiert. Mein Junggesellenabschied Ende 2017 war auch nicht gerade übel gewesen. Zweimal habe ich auch mal in der Nacht an ein öffentliches Gebäude gepinkelt. Geht gar nicht in Singapur und da wäre eine ordentliche Strafe darauf gewesen. Glück gehabt.

Ein süßes kleines Detail ist, dass man in Singapur alle etwas älteren Herren »Uncle« und alle etwas älteren Damen »Auntie« nennen darf. Wirklich jeder darf das und es wird von jedem akzeptiert. Den Taxifahrer durfte man also immer mit »Hey Uncle« anreden und die Bedienung im Food Court mit »Hey Auntie«. Wie als würden wir hier in Deutschland unsere etwas älteren Mitmenschen, auch wenn es fremde sind, mit Onkelchen und Tantchen anreden. Ich fand das immer süß.

Ich kann mich noch gut an ein spezielles Meeting bei der Arbeit erinnern, welches ich nie vergessen werde. Ich weiß nicht mehr, wann es war und um was es überhaupt ging. Das ist auch nicht relevant. Was ich noch weiß und was mich nachhaltig faszinierte war, dass alle Meeting-Teilnehmer – ich schätze es waren acht – ursprünglich aus verschiedenen Ländern kamen. Das hatte ich einfach irgendwann im Meeting bemerkt und fand das einfach nur toll. Sicher bin ich mir nicht mehr, aber ich meine folgende Nationalitäten waren dabei: Deutsch, Indisch, Singapurisch, Italienisch, Polnisch und weitere. Das hat mich einfach spontan ziemlich fasziniert. In unserer Gruppe bei der Arbeit waren generell Kollegen aus folgenden Ländern vertreten: Singapur, China, Malaysia, Indonesien, Indien, Bangladesch, Iran, Deutschland, Frankreich, Italien, Australien und Korea (vielleicht sogar noch weitere). Gelebte Vielfalt. Es war sehr bereichernd für mich. Jeden Tag.

Gern habe ich auch immer noch in Erinnerung, wie man sich jeden Montagabend zum Kicken im Cage beim National Stadium traf. Lauter verschiedene Leute, verschiedener Herkunft und unterschiedlichen Alters. Singapurer, Deutsche, Franzosen, Italiener, Engländer und viele weitere Personen unterschiedlicher Nationen. Mit Competition, aber just for fun. Und alle liefen auch hier lediglich einem Ball hinterher.

Was Besonderes waren auch meine kleinen nächtlichen Longboard-Touren durch Joo Chiat. Gern schnappte ich mir um 23 Uhr noch kurz mein Longboard und cruiste durch die ruhigen Straßen des Wohngebietes. Es war wie immer warm und zu dieser Zeit waren fast nie Autos unterwegs. Einfach nur entspannt mit dem Board durch die Straßen gleiten. So was hatte ich in Deutschland nie gemacht.

Das sind nur ein paar Beispiele von Sachen, die mich wirklich beeindruckt und geprägt haben und an die ich mich so gern zurückerinnere. Kleine, feine, aber bedeutsame Details. Farben, Geräusche und Gesichter. Begegnungen. Unbekannte Schriftzeichen. Nicht das Blingbling der Lichtershows in der Stadt, sondern die Begegnungen mit verschiedenen Kulturen und Menschen. Nicht die riesigen Einkaufsmalls voller Luxus, sondern einfach nur das Essen oder die tropischen Pflanzen. Nicht die größten und tollsten Rooftopbars und schicksten Gebäude, sondern die vielen Sprachen, Feierlichkeiten und alle anderen Elemente dieser wunderbaren Vielfalt.

Die Welt ist schön und sie sollte bunt und vielfältig bleiben.

UNGUTE VERÄNDERUNG

Oktober 2019 – Februar 2020

Alles ändert sich. Immer. Alles muss sich auch immer ändern. Die Entropie nimmt immer zu. Die Natur kennt an sich nur den Zustand der Veränderung. In der Natur bewegt sich alles in Kreisläufen. In winzig kleinen, fast unsichtbaren und gigantisch großen, ebenfalls unsichtbaren Kreisläufen ohne Unterbrechung. Zum Beispiel das Wasser. Es bewegt sich in gigantischen Zyklen. Meer. Seen. Verdunstung. Wolken. Regen. Flüsse. Durchgeht dabei Zustandsänderungen. Mal flüssig als Wasser und mal gasförmig als Wasserdampf. Das lernen wir alle schon als kleine Kids in der Schule.

Noch globaler gesehen: der überall mal mehr und mal weniger kontrovers diskutierte Klimawandel. Es ändert sich einfach immer. Das hat es schon immer getan. Wir diskutieren gerade, ob und wie viel der Mensch darauf Einfluss nimmt. Nur eins ist ganz sicher: Es ändert sich halt. Veränderung ist das natürlichste, was es gibt.

Gilt auch für den Menschen an sich und seinen Körper. Er verändert sich vom Tage null bis zum Tage X. Von der Wiege bis zum Grabe. Man muss dies akzeptieren. Es ist in unserer innersten Software vorprogrammiert. Das ist Natur. Angetrieben von Mächten und Kräften, die weit über uns stehen und mit denen wir uns nicht messen können. Alle Menschen werden jung geboren und sterben alt. Nur Benjamin Button wurde alt geboren und starb jung. Wohl eine krasse Ausnahme. Natürlich gibt es leider auch Menschen, die jung geboren werden und jung sterben.

Nicht selten hören und sehen wir von Menschen, die dem Alter und der körperlichen Veränderung trotzen wollen.

Forever young. Auch gern mal chirurgisch ein bisschen nachhelfen. Modern Technology macht es möglich. Liftings, Botox, Implantate scheinen in bestimmten Kulturkreisen ja sogar eher ein Muss zu sein. Wer nur ein klein bisschen Verstand hat, kann davon nichts halten. Für mich eigentlich nur ein Zeichen dafür, dass ein Mensch einfach nur Angst vor dem Gang des Lebens und der Biologie hat und nicht zu sich steht.

Vielleicht ist es aber ja doch in einem gewissen Maße verständlich, dass der Mensch Angst vor körperlicher Veränderung hat, eben weil es uns daran erinnert, das der Tag X, eben der letzte eines Menschenlebens, mit jedem Sekundenschlag immer näher kommt. Und zwar ganz schön unaufhaltsam. Jeder war mal jung. Und der Traum von der ewigen Jugend ist ja schließlich ein ewiger Klassiker in Kunst und Geschichte. Der Mythos vom Jungbrunnen soll ja ruhig weiterleben.

Etwas in der Tat beängstigendes in Bezug auf das Thema der körperlichen Veränderung habe ich nun selbst erfahren müssen. Es ist unschön. Und zwar die Veränderung des eigenen Körpers in kürzester Zeit, ohne bewusst dazu etwas beizutragen. Angetrieben zwar auch sicherlich durch Mutter Natur, aber eben hauptsächlich durch die Krankheit.

Im Oktober 2019 machte ich noch einen allgemeinen Body-Gesundheitscheck bei der Krankenkasse. Kein Belastungstest, eher so was mit Elektrodenmessung. Ergebnis: 80 von 100 Punkten. Ein paar Kilos zuviel drauf und Muskelmasse im Brust- und Armbereich könnte man noch aufbauen, beziehungsweise sich antrainieren. Sonst fit und gesund. Damit kann man ja leben. Ein weiterer Cardio-Test bescheinigte mir eine gesunde Pumpe. Passt. Spiele jede Woche Fußball, immer ordentlich am knipsen. Geiler Typ! Dachte ich mir …

Eigentlich fing alles ganz zart und unauffällig nur mit einer Art Reizhusten an. So im November. Meistens kam er abends. Mein Gott, nichts schlimmes. Gibt es immer mal. Da geht man als Mann ja nicht gleich zum Arzt. Irgendwas im Rachen ist halt etwas gereizt. Wahrscheinlich nur die trockene, winterliche Heizungsluft. Pipikram. Lächerlich.

Schon etwas »origineller« war dann folgender Effekt. So jedes dritte Mal, wenn ich ein Bierchen trank, oder mal einen Genuss-Whisky-Schlückchen nahm, merkte ich ein seltsames Ziehen mittig in meiner Brust. Nicht schmerzhaft, aber komisch und keinem bisher bekanntem Phänomen zuzuordnen. Passierte jetzt auch nicht so oft. Kein Ding. Dann etwas später bei Alkoholgenuss merkte ich das leichte Ziehen ein paar Mal im seitlichen Halsbereich. Auch hier nicht schmerzhaft, nur ungewohnt. Man konnte am Hals dann auch etwas ertasten. Ich führte es aber eher auf generelle Verspannung im Nackenbereich zurück. Kennt jeder, gerade die Bürohengste unter uns. Das Ganze passierte dann öfters auch wieder nicht mehr. Ich trank also mal ein Bierchen und merkte wiederum keinen Effekt. Wieso sich also Gedanken machen?

Ja, den Husten wurde ich auch in der Weihnachtszeit 2019 nicht so richtig los. Viele, denen ich davon erzählte, meinten, dass sie so was auch schon mal hatten. Reizhusten kann echt hartnäckig sein.

Aber eben in der Weihnachtszeit bemerkte ich etwas, was mich schon langsam etwas nachdenklich machte. Nachtschweiß. Kennt man ja auch mal von der klassischen Erkältung oder bei Fieber. Okay, als das Schwitzen unter der Bettdecke auch bei definitiv nicht zu hohen Schlafzimmertemperatur aber dann zum nächtlichen Klassiker wurde, gestand ich mir langsam ein, dass da irgendwas nicht ganz okay sein konnte. Es passierte, dass ich mich morgens schon fast in einer Pfütze von kaltem Schweiß wiederfand. Wie als hätte man einfach einen Eimer Wasser hingegossen. T-Shirt und Boxershorts auch komplett nass. Ekelhaftes Gefühl, so morgens in den Tag starten zu müssen. Oft wachte ich auch mitten in der Nacht auf, um festzustellen, dass Wasser aus meinem Körper lief. Manchmal wechselte ich die Shirts mitten in der Nacht.

An den nicht endenden Reizhusten hatte ich mich bis dato schon gewöhnt. Fiel mir oft gar nicht mehr auf.

Auch der Arzt attestierte mir dann im Januar, dass etwas nicht ganz okay sein konnte. Könnte aber auch eine Allergie sein. Vieles, meinte er, war eher unauffällig. Also versuchten wir erst mal über ein leichtes Cortisonspray den Husten wegzubekommen. Nach zwei Wochen ohne Erfolg. Hm … schon komisch. Vielleicht doch irgendeine winterliche Infektion eingefangen? Könnte sein. Sollte aber für einen gesunden jungen Mann wie mich mit gutem Immunsystem keinen großen Gegner darstellen. Das weiß man ja.

Doch dann gab es einen weiteren Faktor, der beim lustigen Rätselraten um den nervigen Reizhusten ins Spiel kam und der mir dann auch wirklich langsam – es war wohl Anfang Februar 2020 – Sorgen bereitete. Meine Waage zeigte mir dann irgendwie urplötzlich (natürlich nicht wirklich) an, dass ich über die paar wenigen Wintermonate so sechs bis sieben Kilo abgenommen hatte. Ich hatte mich um Weihnachten zwar darum bemüht, nicht allzu viel von den kalorischen kleinen Leckerlies zu konsumieren. Aber selbst ich musste mir eingestehen, dass mein Gewichtsverlust auf keinen Fall auf meine gesteigerte Naschdisziplin und den Kalorienverzicht zurückzuführen sein konnte. Nun kippte die Stimmung etwas und selbst so einer lockeren Socke wie mir wurde langsam klar, dass da irgendwas war in meinem Körper, das arbeitete … eine ungute Veränderung.

Viele von uns fürchten den Gang zur Waage, weil sie meistens eher ein bisschen mehr angibt als wir sehen wollen. Was allerdings wirklich beängstigend ist, ist, wenn man auf dem kleinen Kasten am Boden dann täglich sieht, dass es einen klaren Trend nach unten gibt, nicht nach oben. Wenn man quasi hilflos zusehen muss, wie der eigene Körper an Masse abbaut, ohne dass man sich es erklären könnte. Ja, auch ich hatte jetzt erkannt, dass es blöderweise ja auch was Unschöneres als nur eine kleine Infektion sein könnte.

Mein treuer Buddy, der abendliche Reizhusten, hatte mich wenigstens nicht im Stich gelassen und begleitete mich weiterhin durch die Wochen … genauso wie der Nachtschweiß. Ich merkte auch dann irgendwie, dass mein Urin sich im Geruch veränderte. So wie wenn man Spargel gegessen hatte, nur anders und irgendwie roch es noch eigenartiger.

Der Prozess der körperlichen Veränderung wurde langsam ein tagtäglicher kleiner Horror für mich. So was war bisher nie geschehen. So was passiert einem »Sportler« wie mir nicht. Die Waage, die mir bisher immer milde gestimmt war und mir eine Zahl meist ein paar Kilos über dem Idealgewicht entgegenlächelte, grinste mich nun jeden Tag mit einer bösen Fratze an. Tatsächlich war die Waage nun mein Feind geworden und nicht mehr auf meiner Seite.

Ab Februar merkte ich dann auch langsam immer mal wieder einen leichten Druck mitten in der Brust. Und zwar vor allem, wenn ich lag. Irgendwas war wohl mit der Lunge. Auf der rechten Seite liegen konnte ich gar nicht, weil das in einer Hustenattacke endete. Selbst auf dem Rücken liegen verstärkte den Druck leicht im Vergleich zum Sitzen und Gehen. Deswegen schlief ich dann nur noch auf meiner linken Seite. So was hatte ich auch noch nie gehabt. Es war nie sehr schmerzhaft, aber irgendwie schon recht unangenehm. Der Verdacht fiel langsam auf eine leichte Lungenentzündung.

Was aber nun wirklich los war wusste bisher niemand. Eine Infektion? Lungenentzündung? Man hatte nach Weihnachten was von einem komischen Virus gehört. Irgendwo in China. Würde bestimmt bald wieder aus den News sein. Auf jeden Fall hatte ich einen neuen Arzttermin ausgemacht. Mal schauen, was das für neue Ergebnisse bringen würde.

Ende Januar musste ich zum Bürgerbüro um meinen Reisepass zu verlängern, da er abgelaufen war. Ich hatte ein älteres Lichtbild dabei, aber die nette, etwas biedere Dame hinter dem Schalter wollte es nicht akzeptieren, da sie irgendwelche irregulären Abdrücke darauf erkannte. So machte ich ein neues Bild direkt vor Ort in der Photobox. Es dauerte ein bisschen, bis ein Bild saß. Ich fand schon gleich, dass ich irgendwie fertig darauf aussah.

Nicht ganz frisch. Wie ein Knasti. Mehr war mir dazu aber nicht eingefallen. Ist ja irgendwie normal auf solchen Bildern. Wenn ich mir das Bild auf meinem neuen Reisepass aber jetzt mit etwas Distanz zu allem anschaue, sehe ich ganz klar einen kranken Mann.

DIE ERDE WEHRT SICH

März 2020

So richtig ging es dann Anfang März 2020 los. Davor hatte man zwar schon in den Nachrichten etwas von einem neuartigen Virus gehört, den man in China entdeckt hatte, aber niemand bei uns hatte das bisher so ernst genommen und niemand hätte im Januar oder Februar gedacht, dass die Welt etwas später tatsächlich einmal stillstehen würde und zwar genau aus diesem Grund. Ich selbst hatte auch nicht gedacht, dass das ein großes Thema werden würde. So ein Virus halt irgendwo in China, das man aber bestimmt unter Kontrolle bekommen würde. Das Thema war erst mal sehr weit weg. In China war quasi erst mal ein Sack Reis umgefallen.

Krisen von globaler Bedeutung, die durch Viren ausgelöst wurden, gab es ja schon öfters in den letzten Dekaden. Ich kann mich noch schwach an SARS oder die Vogelgrippe erinnern. Das waren schon weltweite Phänomene. So was gab es schon immer wieder mal. Aber was da im Frühling 2020 auf die Welt zurollen würde, war anfangs wirklich nicht klar. Es kam langsam und schlug dann mit geballter Faust zu. Und es würde uns alle hart treffen.

Corona, oder wissenschaftlich korrekter Covid-19, würde die Welt erstarren lassen und das Leben aller Menschen auf dem Planeten beeinflussen. Es würde auch viele Menschenleben kosten. Viel zu viele. Leider. Viele Tote hätte man bestimmt verhindern können durch entschlosseneres und seriöseres Handeln. Viele Politiker, wie zum Beispiel Donald Trump oder Bolsonaro in Brasilien (ich halte beide für untauglich, oder sagen wir mal Idioten), weigerten sich, das Thema ernst zu nehmen. Auch im Sommer, als es klar war, womit wir es zu tun hatten. Bolsonaro sagte zu dieser Zeit, ihm würde das Virus nichts ausmachen, weil er ja in der Vergangenheit ein sportlicher Soldat gewesen war. Ich würde diese Herren verantwortlich machen für die vielen Toten in ihren Ländern. Es würde aber auch viele Leben tiefgreifend verändern ohne zu töten. Ganz vorbei ging das Virus wohl an niemandem.

Für mich persönlich richtig spürbar wurde das Thema Corona Ende Februar. Ich musste ja in die Notaufnahme im Krankenhaus wegen meiner schlechten Blutwerte. Hier begegnete ich dann aber auf einmal so richtig dem Thema in ganzer Härte. Als ich das zweite Mal im Krankenhaus zur Besprechung der Röntgenaufnahmen meiner Lunge erschien, meldete sich ein paar Meter neben mir ein Mann mit selbstdiagnostiziertem Verdacht auf Corona. Das war irgendwie spannend, lustig und auch gruselig zugleich.

Zu dieser Zeit – Ende Februar – hatten die Leute normalerweise noch keine Masken oder Mundschutz auf. Dieser Mann hatte es allerdings schon. Für mich war es das erste Mal, dass ich eine Schutzmaske bewusst wahrnahm. Ich bekam nämlich gleich auch eine verpasst von den Krankenhausangestellten in der Notaufnahme und wurde ja dann auch gleich mit Verdacht auf Tuberkulose isoliert. Ich fragte gleich einen Arzt, ob Corona ein Thema war, aber in meinem Fall gab es diesen Verdacht eigentlich nicht. Ich hatte zu dieser Zeit eigentlich auch nie Angst vor Corona gehabt. Aber man musste irgendwie erst mal abwarten, was sich noch alles so entwickeln würde.

Das zweite Mal, dass Corona dann noch mal richtig ein Thema für mich wurde, war am Freitag, den 13. (!) Februar 2020. Ich war wieder zum Staging im Krankenhaus und an diesem Tag wurde in den Krankenhäusern dann offiziell ein Besucherstopp ausgerufen. Es durfte niemand mehr rein. So war irgendwie schon klar, dass das etwas Größeres werden würde mit Corona. Und dann ging alles auch sehr schnell. Es würde für mich und wahrscheinlich viele andere die speziellste, komischste und eigenartigste Zeit überhaupt werden.

Italien war nach China das Land, wo das Virus wohl im größten Stile in Umlauf kam. In kürzester Zeit stieg die Zahl der Coronatoten in Italien dramatisch an. Krankenhäuser und das Gesundheitssystem allgemein waren in kürzester Zeit total überlastet. Auch Länder wie Spanien traf es früh sehr hart und allgemeine Ausgangssperren wurden schnell ausgerufen. Das waren erste krasse Einschränkungen des öffentlichen Lebens. Während dieses Lockdowns durften die Spanier nur noch für wichtige Vorhaben (Einkaufen, Apotheke und so weiter) vor die Haustür.

Die nationale und regionale Politik in Deutschland begann im März dann auch langsam mit dem großen Corona-Lockdown. Es war klar, dass man das Corona-Virus nur mit harten Maßnahmen stoppen konnte. Stoppen ja eigentlich nicht. Man musste lediglich versuchen, die Ansteckungsraten moderat zu halten, sodass unsere deutschen Krankenhäuser stets genug Intensivbetten für die harten Fälle hätten bereitstellen können. Zuerst Besucherstopps in Krankenhäusern und Altenheimen. Dann das Schließen von Schulen und Kindergärten, Restaurants und anderen öffentlichen Einrichtungen.

Auf einmal wurden harte, bittere Maßnahmen beschlossen, die extreme Auswirkungen auf unser soziales Leben hatten. Immer wieder die Aufforderungen, zuhause zu bleiben. Es ging dann ganz schnell los mit dem großen Isolieren, dem Social Distancing. Abstand von mindestens eineinhalb Metern halten und Schutzmasken tragen war angesagt. Politiker, aber auch Promis in den Medien riefen alle dazu auf, zuhause zu bleiben. Unternehmen stellten schnell auf Home-Office-Betrieb um, wenn sie nicht gleich für eine bestimmte

Zeit schlossen. Es gab viel Kurzarbeit. Großinvestitionen wurden in dieser Zeit verschoben. Alles war aus wirtschaftlicher Sicht zu ungewiss. Natürlich wurde die gesamte weltweite Wirtschaft in kürzester Zeit »tiefgefroren«. Sämtliches wirtschaftliches Handeln erstarrte. Eine Art Weltwirtschaftskrise.

Unser Jogi (ich meine den Bundestrainer der deutschen Fußball-Nationalmannschaft Joachim Löw) meinte in ungewohnt emotionaler Art, dass die Welt sich nun gegen die Menschen wehren würde. Ein gar nicht so uninteressanter Gedanke. Diese Theorien hat es, glaube ich, schon öfters gegeben. Zu dieser Zeit war die Meinung eines Fußballtrainers ehrlich gesagt fast irrelevant, aber es war recht interessant zu hören, dass sich eben jeder so seine Gedanken machte.

Ich musste auch öfters mal an den Roman »Der Schwarm« von Frank Schätzing denken, den ich mal vor langer Zeit gelesen hatte. Auch hier wehrte sich eine andere Macht in Form von sich eigenartig verhaltenden Tieren, ich glaube es waren Meerestiere, gegen den Menschen. Vielleicht war Corona ja nur eine ganz natürliche Maßnahme, um die Welt mal wieder etwas von zu vielen Menschen, die zu viel der Weltressourcen verbrauchten, zu befreien? Eine Art Regulierungsmaßnahme der Natur, um mal wieder richtig durchatmen zu können? Selbst Bill Gates wurde von Verschwörungstheoretikern beschuldigt, Corona erfunden zu haben, um die Weltbevölkerung etwas zu reduzieren.

Auf einmal waren es dann eine Handvoll anerkannter Virologen wie Drosten oder Streeck, die die deutsche Bundesregierung zu den Corona-Maßnahmen berieten und somit maßgeblich die Politik und das gesamte Leben unserer Nation bestimmten. Davor hatten sicherlich nur sehr wenige sie gekannt. Sie wurden aber schnell aufgrund ihrer Expertise zu mächtigen Einflussnehmern, oder sagen wir Influencern.

Jeden Tag diskutierten sie dann auch noch bei Maischberger, Illner oder Lanz zur aktuellen Corona-Lage. Sie wurden zu Pop-Stars und mir gingen die poppigen Corona-Talkshows irgendwann dann langsam auf die Nerven. Jeden Tag informierte das Robert-Koch-Institut über die aktuelle Lage der Neu-Infektionen und nach den Tagesthemen kam stets ein Brennpunkt zu Corona. Ich konnte es ehrlich gesagt irgendwann nicht mehr sehen.

Man kann zusammenfassen, dass das Coronavirus im Jahr 2020 eine weltweite Krise, möglicherweise die größte seit dem Zweiten Weltkrieg, auslöste. Viele Menschen starben. Existenzen wurden vernichtet. Die Weltwirtschaft wurde nachhaltig geschädigt. Alles erstarrte. Die Welt drehte sich auf einmal langsam bis gar nicht mehr. Menschen mussten sich isolieren. Auch die, die menschliche Nähe so gebraucht hätten. Alte. Kranke. Das ganze Leben wurde auf einmal auf ziemlich harte Weise entschleunigt. Diese Art der Entschleunigung hatte sich jedoch niemand gewünscht. Die Angst, an dem Coronavirus zu erkranken und sicherlich auch zu sterben, war allgegenwärtig. Und anfangs, so im März 2020, war ja überhaupt nicht klar, wie krass sich das Virus ausbreiten würde und wie viele Menschenleben es kosten würde. Es war eine spannende Zeit. Es war wie im Film. Spannend, aber nicht unbedingt im positiven Sinne.

Ich wusste nun auch, dass ich an Krebs erkrankt war. Und fast gleichzeitig ging es los mit der Ausbreitung von Corona und ziemlich schnell starben viele Menschen daran. Viele alte Menschen, aber auch junge. Es wurde schnell klar, dass für mich oberstes Gebot war, mich nicht damit zu infizieren. Während der Chemotherapie würde mein Immunsystem derart runterfahren, dass es sich in keinster Weise gegen solch einen Virus wehren könnte. So wie ich das verstanden hatte, würde ich bei einer Infektion möglicherweise auf der Intensivstation landen. Ausgang ungewiss.

So musste ich mich hart isolieren. Nur meine kleine Familie, Molly und Amelie, durfte bei mir sein. Sie mussten sich auch gegen den Rest der Welt isolieren und fernhalten von allem. Molly durfte als Lehrerin nicht mehr in die Schule und Amelie nicht mehr in die Kita. Zu groß war die Gefahr der Ansteckung für mich als Risikopatient. Die eigenen Liebsten hätten einem sprichwörtlich den Tod mit nach Hause bringen können. Wirklich krasser Gedanke. Schulen und Kindergärten wurden dann ja auch sowieso, ich glaube im April, geschlossen. Wir drei bildeten nun ein enges Team. Wir würden sehr viel Zeit in den nächsten Monaten zusammen in unserer Wohnung verbringen. Isoliert. Abgekappt vom Rest der Welt. Wir gegen Corona. Irgendwie ging es um die Gesundheit und in meinem Fall ging es einfach nur noch ums Überleben, so krass das auch klingt. Der Kampf gegen Corona und gegen den Krebs war eingeläutet. Ich war ein Matador, der sich aber gegen zwei Stiere gleichzeitig zur Wehr setzen musste. Die einzigartige Operation »Survivor« hatte nun begonnen.

KWAY TEOW

Irgendwann 2016

Wenn man mich nach meinem Lieblingsgericht fragen würde, dann hätte ich eine Antwort. Diese Frage ist ja gar nicht so einfach, wie ich finde. Als kleiner Bub hätte ich mit Pfannkuchen geantwortet. Inzwischen habe ich aber wesentlich mehr probieren können. Gerichte aus der ganzen Welt. Das Allerbeste ist doch die Vielfalt.

Ich könnte an sich nicht sagen, welche Küche generell mein Favorit wäre. Naja, ein guter schwäbischer Zwiebelrostbraten ist ja schon fast nicht zu toppen. Ein richtig guter Döner ebenfalls. Generell liebe ich die indische Küche besonders. Ich kann mich auch noch dran erinnern, dass ich als Kind früher mit meinen Eltern Urlaub im Bayerischen Wald machte. Da liebte ich die süßen böhmischen Knödel auch dermaßen. Austern habe ich nur einmal in Knysna in Südafrika probiert. Schon okay, aber muss da nicht unbedingt viel Geld für ausgeben. Frittierte Grillen in Thailand waren eher ein Spaß als ein wirklicher Genuss. In China in Tsingtao wurde ich mal auf ein Geschäftsessen eingeladen. In einem Restaurant der Nordchinesischen (fast schon mongolischen) Küche. Es war ebenfalls traumhaft gut. Ich könnte hier viel mehr erwähnen.

Aber wenn man mich fragen und auf eine Antwort festnageln würde, würde ich sagen, mein Lieblingsessen ist Kway Teow (oder auch Char Kway Teow).

Dieses Nudelgericht ist in Südostasien sehr beliebt, besonders in Malaysia, Singapur, Indonesien und in Brunei. Es wurde zu einem meiner absoluten Lieblingsgerichte im Food-Paradise Singapur. Ich hätte es jeden Tag essen können.

Habe es auch öfters mal tagelang hintereinander gegessen. Ursprünglich war Kway Teow ein Essen für die armen Leute und wurde hauptsächlich von Arbeitern, Bauern und Fischern gegessen.

Doch das hat sich in den letzten Jahrzehnten geändert. Heute ist Kway Teow eines der berühmtesten und der angesagtesten Street-Food-Nudelgerichte der Straßen Singapurs oder Malaysias. Quasi an jeder Ecke findet man einen Food Court oder Hawker Center, der lokale Speisen wie eben auch Kway Teow zubereitet. Es ist, wenn alle Zutaten vorliegen, von einem Profi in knapp zwei Minuten im Wok zubereitet.

Ein Tiger-Bier oder ein Sugar Cane Juice dazu und mein Tag war gerettet! Das Essen machte mich immer happy.

So wird es zubereitet:

Zutaten

- 500 Gramm frische flache Reisnudeln oder 250 Gramm getrocknete Reisnudeln
- 2 Esslöffel Pflanzenöl oder Schmalz
- 1 Esslöffel Pflanzenöl extra
- 250 Gramm mittelgroße Garnelen, alternativ klein geschnittenes Hühnerfleisch
- 2 Knoblauchzehen, fein gehackt
- 1 Chinesische Wurst Lup Cheong in Scheiben geschnitten
- 120 Gramm gebratene Fischfrikadellen in Scheiben geschnitten
- 100 Gramm Chinesischer Schnittlauch in grobe Stücke geschnitten, alternativ grüne Halme von Frühlingszwiebeln
- 170 Gramm Sojasprossen
- 2 Eier
- 1 Esslöffel Chilipaste oder -flocken

- 5 Teelöffel Dunkle Sojasauce
- 4 Teelöffel Helle leichte Sojasauce
- 2 Teelöffel Garnelenpaste oder Shrimps-Sauce (optional)

Zubereitung

- Die dunkle und die helle Sojasauce, sowie die Garnelensauce oder -paste miteinander vermischen. Falls Chilipaste verwendet wird, kann diese auch gleich untergemischt werden.
- Werden frische Nudeln verwendet, müssen diese vorher erwärmt werden. Am besten die Nudeln im Sieb unter warmes Leitungswasser halten. Sie können aber auch in der Mikrowelle erwärmt werden.
- Werden trockene Reisnudeln verwendet, müssen diese vorher, wie auf der Packung beschrieben, gekocht werden. Danach die Nudeln abtropfen lassen und mit etwas Öl vermengen (verhindert, dass sie aneinander festkleben).
- Das Schmalz oder Öl in einem Wok oder einer sehr großen Pfanne auf höchster Temperatur erhitzen.
- Wenn das Schmalz, beziehungsweise das Öl, im Wok zu rauchen beginnt, die Garnelen hinzufügen und 30 Sekunden lange anbraten. Immer wieder wenden.
- Den gehackten Knoblauch hinzufügen und zehn Sekunden lang rühren.
- Nudeln hinzufügen und den Wok schwenken oder mit zwei Kochlöffeln vorsichtig vermengen, bis sie mit Öl bedeckt sind.
- Die in Scheiben geschnittene chinesische Wurst und die ebenfalls in Scheiben geschnittenen Fischfrikadellen hinzufügen und unterheben.
- Die Sojasprossen hinzufügen und das Ganze vermengen.

- Nun muss alles im Wok zur Seite geschoben werden und das restliche Öl (1 Esslöffel) wird in den Wok geben. Danach die Eier auf der freien Seite des Woks verteilen und ständig mit dem Kochlöffel rühren. Wenn sie fest werden, müssen sie noch in kleine Stücke zerteilt werden.
- Dann die Sauce über den Nudeln verteilen und alles miteinander vermengen. (Leicht verkohlte Nudeln geben diesem Gericht den typischen »Char Kway Teow«-Geschmack).
- Zuletzt den chinesischen Schnittlauch (oder die Alternative) hinzufügen und vermengen.
- Vom Herd nehmen und sofort servieren.

ICH BIN DER FALSCHE

März 2020

Ausgeschlossen. Es macht einfach keinen Sinn. Das passt vorne und hinten nicht. Ich bin doch immer kerngesund und super aktiv gewesen. Immer in Bewegung. Hatte nie was. Nicht als kleiner Junge und nicht als erwachsener Mann. Die Gehirnerschütterung mit fünf Jahren, nachdem ich mit meinem kleinen Dreirad ausgebüxt war und auf der Straße steil runter nach Heselwangen zum »Einkaufen« – Geld hatte ich gar nicht dabei – vom Bordstein runterglitt und verunglückte, war die einzige Ausnahme. Da landete ich dann einmal im Krankenhaus. Hab das aber eigentlich gut in Erinnerung. Ständig kam Besuch und brachte mir Playmobil. Krankenhäuser kannte ich sonst immer nur von außen. Nicht meine Welt. Es waren eher die anderen, von denen ich da Stories hörte und auf deren Gips ich in der Schule unterschrieb.

Und jetzt auf einmal sagen sie mir, dass das leider nicht so erfreulich aussieht.

Als Schuljunge war ich nach dem Erledigen der Hausaufgaben jeden Tag auf dem Bolzplatz zu finden. Den ganzen Tag. Ich wollte ja mal so werden wie meine Gladbacher Idole. Den ganzen Tag bolzen. Solang bis die Sommer-Dunkelheit uns junge Bengel in alle Richtungen zu Mama nach Hause schickte.

Geraucht habe ich nur kurz und nie intensiv. Es gab da halt so eine Zeit, als wir noch etwas jünger waren, da half das Rauchen den Status gegenüber anderen zu erhöhen. Ich will nicht sagen, dass Rauchen cool war. Aber alle Coolen rauchten halt.

Sportlich. Vor dem Abi habe ich drei Mal in der Woche trainiert. Leichtathletik war mein Ding. Und wettkampfmäßig war ich eigentlich recht erfolgreich. Auf jeden Fall bei uns im Landkreis. Und auch bei den Württembergischen Meisterschaften waren wir öfters mal dabei. Generell war ich eher so der Läufer und Springer. Eine »Gazelle«, hatte der Trainer von »Jugend trainiert für Olympia« mal gesagt. Eigentlich war ich mega der Allrounder. Nur im Kugelstoßen war ich richtig schlecht. Und beim Speerwerfen schaffte ich es nie, dass das Wurfgerät gerade flog.

Kreismeister, Bezirksmeister im Einzel und mit der Mannschaft. Logo, kein Thema. Mein größter Erfolg war der Bezirksmeister Einzel im Zehnkampf! Decathlon. Eine edle klassische Disziplin, die auch bei den alten Griechen nur was für die krassesten und geilsten Typen war. Solche wie mich halt.

Und jetzt auf einmal rufen sie mich extra abends nach 19 Uhr auf meiner privaten Nummer an und sagen, dass meine Blutwerte sehr auffällig sind. Sehr hohe Entzündungswerte. CRP-Wert schießt durch die Decke. Jetzt schicken sie mich auf einmal ins nächste Krankenhaus in die Notaufnahme.

Seit ich vor knapp acht Jahren ins professionelle Berufsleben eingestiegen bin, habe ich es auf sage und schreibe null Tage Krankheit gebracht. Ich war immer da. Fit. Klar, manchmal erkältet und schnupfend, aber ich war immer da. Man konnte auf mich zählen. Bodo war nie krank. Ein richtiger Kerl halt.

Gekickt habe ich auch als Erwachsener fast immer. Während der Schulzeit. Klar. Das ein oder andere Mal während des Studiums. Auch während des ersten Jobs ab und zu mal. In Singapur über eine Gruppe, die sich montags im Cage am National Stadium traf. Ich war immer dabei. Die kleinen FußballCourts waren nicht klimatisiert. Es gab nur einen großen Ventilator an der Decke. Im Endeffekt ein Witz.

Natürlich eine Multikulti-Runde von Hobby-Kickern mit unterschiedlichem Background. Helle und dunkle Gesichter. Junge Praktikanten und auch ältere Semester. Egal. Saucool. Hat immer Spaß gemacht. Ich war zu meiner Zeit montagabends immer da. Ich brauchte das. Austoben, bis der ganze Körper nass und die Rübe neu formatiert war. Im Cage bei circa 30 Grad und 80 Prozent Feuchtigkeit dauerte das nicht so lang. Ich war immer happy vor Erschöpfung als es vorbei war. Genau mein Ding.

Auch die letzten zwei Jahre habe ich fast jede Woche Fußball in der Hall of Soccer, die einer guten Freundin gehört, gespielt. Hier trifft sich eine Runde organisiert über die Arbeit. Es gibt leider wenig Stammspieler, die immer da sind. Sehr viel Fluktuation. Immer wieder neue Gesichter. Auf mich konnte man jedoch setzen. Ich war meistens da. Ich hatte mir auch als frischgebackener Papa einer kleinen Tochter einfach diesen Slot am Donnerstagabend reserviert. Ich war da.

Leider habe ich nie Fußball im Verein gespielt. Habe mich halt auf Leichtathletik konzentriert. Eine feine Technik konnte ich beim Fußball wohl nie entwickeln oder Spieleffizienz oder Ähnliches. Eher so der dreckige Street-Soccer kam von mir. Ich werde auch sicherlich nicht über meine eigenen Fußball-Skills urteilen. Doch zwei Sachen kann ich mit Sicherheit sagen: Erstens gibt es immer Wenige, die mehr Tore schießen als ich. Zweitens gibt es immer Wenige, die mehr Kilometer auf dem Platz zurücklegen als ich …

Und jetzt auf einmal schauen sie auf meine Röntgen- und CT-Aufnahmen der Lunge und isolieren mich sofort im Krankenhaus, weil das leider wie eine hochansteckende offene Tuberkulose aussieht.

Ernährt haben wir uns – ich sage wir, weil das für mich und meine Familie zutrifft – immer ganz okay. Nie ungesund. Wir haben nicht extrem auf irgendwas geachtet, aber ungesund haben wir uns nie ernährt. Ich war nie ein Abhänger, eine Couch-Potato, ein Gamer (habe nie tagelang Computerspiele gezockt oder Playstation). Nicht mein Ding.

Ich hasse seit langer Zeit Rauchen, vor allem Rauchen in Autos oder sogar geschlossenen Räumen. Ich bin zwar großer Bier- und Whisky-Enthusiast (ich braue mein Bier mittlerweile selbst) und genehmige mir gern mal ein Mini-Gläschen Whisssssy, aber ich habe gerade in letzter Zeit darauf geachtet, nicht zu viel Alkohol zu trinken. Nur Genusstrinken in Maßen. Wie ein schottischer Gentleman mit Kilt.

Und jetzt auf einmal sagen sie mir, dass ich Wasser am Herz habe und der Lymphknoten mitten in der Brust auffällig groß ist. Achso, ganz nebenbei soll ich noch eine Lungenentzündung haben. Sonst noch was?

Wenn ich – und das machen wir auch als gestandene Familienväter noch ab und zu – mal in die City losziehe, dann bin ich immer bis zum Schluss mit dabei. Ich liebe laute Musik und auch Dancefloors. Nicht weil ich so geil tanzen kann, sondern weil ich die Bewegung der Leute mag. Everything moves. Jeder hat Spaß und bewegt sich anders. Cool. Das ist doch Leben, oder? La pura vida.

Hier hatte ich auch immer beste Ausdauer. Es ging dann manchmal auch bis in die Morgenstunden. Ein guter Kumpel hatte mir mal erzählt, dass er einmal seiner Frau ankündigte, dass er mit mir ein bisschen um die Häuser ziehen würde. Ihre Reaktion war: »Ohje, das geht wieder lang …!«

Ich bin immer da gewesen. Always on the run. Nie am Chillen. Ich hatte immer ein Projekt am Start. Tausend Hobbys … Too much to do.

Ich hatte nie ein besonderes Verhältnis zu Gott, aber ich hab ihm bestimmt auch nie etwas getan.

Auch habe ich Gottes Geschöpfen niemals Leid zugefügt. Zumindest nie bewusst. Zu meinen Mitmenschen war ich doch immer korrekt und freundlich. Meine Haustiere habe ich auch nie gequält. Meerschweinchen, Hamster oder Fische. Doch, meinen Hamster habe ich einmal tagsüber geweckt. Dann hat er mir auch folgerichtig und absolut zu Recht in den Finger gebissen.

Und natürlich last but not least: Ich habe eine wundervolle Frau und eine bezaubernde kleine Tochter. Sie ist zwei. Sie braucht mich. Beide brauchen mich. Ich brauche sie. Gerade jetzt.

Und jetzt sagen sie mir auf einmal, dass ich Krebs habe. Das passt doch überhaupt nicht zusammen. Das bin ich nicht. Das passt nicht zu mir. Das steht mir nicht. Nicht jetzt und nicht morgen und nicht irgendwann. Antrag abgelehnt. Macht keinen Sinn.

Vielleicht hat man sich einfach in der Diagnose vertan. Das passiert doch bestimmt immer mal wieder. Falsches Zettelchen auf den Bluttest geklebt. Falscher Name. Auf dem Röntgenbild sieht man ja eh nicht so viel. Da kann man sich ja auch mal täuschen. Gerade in Corona-Zeiten, wo alle Mediziner extra-gestresst sind, passiert das bestimmt öfters mal.

Leute. Ich glaub das nicht. Das passt hinten und vorne nicht. Bullshit. Ich war immer da und jetzt ist auf einmal alles kaputt? Ich mach mir da jetzt mal keinen Kopf.

Nee. Ich bin der Falsche. Ihr sucht einen anderen. Nicht mich.

LITTLE RED DOT

2015–2017

Ich denke, ich kann sagen, dass ich schon viel von der Welt gesehen habe. Zwar noch nicht alle Ecken, aber dennoch bin ich bisher gut rumgekommen auf diesem schönen Planeten. Südostasien im Allgemeinen hat eigentlich die größte Faszination in nachhaltiger Weise bei mir hinterlassen. Auch hatten mich meine längeren Aufenthalte im südlichen Afrika und Brasilien schwer beeindruckt und ich fühle mich zum Beispiel mit Kapstadt immer noch tief verbunden. Auch in Europa haben mich viele Stellen begeistert. Korsika oder Kroatien. Auch viele Regionen und Städte Deutschlands sind wunderschön. Aber keine Ecke der Welt hatte mich so fasziniert, und tut es auch heute noch, wie Südostasien.

Innerhalb von Südostasien ist Singapur (bei den Locals auch liebevoll »Little Red Dot« genannt) möglicherweise eine der angenehmsten und bequemsten Städte zum Leben, gerade für Ang Mos, also Europäer. Extrem hoher Lebensstandard, eine saubere, sichere und englischsprachige Umgebung und generell ein Platz wo viel Spannendes passiert. Asien, schon klar. Aber eben etwas westlicher. Angenehm westlicher. Organisiert, nicht so chaotisch und dreckig wie andere asiatische Großstädte. Nicht umsonst errichten Weltfirmen und Organisationen aller Art ihr Südostasien-Hauptquartier oft in Singapur. Manche nennen es zu Recht »Asia light«. Das passt tatsächlich ganz gut. Asien, aber in einer leichten Art. Nicht so anstrengend und wild wie andere Länder in der Region. Die allgemeine Lebensqualität in Singapur ist schon bemerkenswert.

Rückblickend bin ich unendlich happy darüber, dass wir hier drei Jahre unseres Lebens verbringen und ein Teil dieser Welt sein durften. Vielleicht (oder eher wahrscheinlich) war das die spannendste, bunteste und ereignisreichste Zeit unseres Lebens (das klingt komisch so etwas zu sagen, aber es stimmt wahrscheinlich). Allein dort zu leben war ein Traum. Was es allerdings noch besser machte, waren die ausgezeichneten Reisemöglichkeiten ausgehend von dieser kleinen Insel inmitten von Südostasien. Die Kombination vom Leben in Singapur und der Möglichkeit, schnell und einfach ins wilde Südostasien zu reisen und dort den liebenswerten und chaotischen Charme von Indonesien, Malaysia, Vietnam und vielen anderen Ländern zu erleben.

Singapur liegt mittendrin. Ein kleiner »Red Dot« inmitten einer großen Auswahl von Urlaubsparadiesen. Vom besten Airport der Welt aus kann man sämtliche Traumdestinationen des südlichen Asiens schnell und bequem erreichen. Ein paar Beispiele:

Eine Stunde nach Kuala Lumpur, Ipoh oder Medan
Zwei Stunden nach Penang oder Langkawi
Zweieinhalb Stunden nach Phuket
Zweieinhalb Stunden nach Bali oder Lombok
Drei Stunden nach Angkor Wat
Dreieinhalb Stunden nach Hongkong
Vier Stunden nach Taiwan oder die Philippinen
Vier Stunden nach Perth
Immer noch sieben Stunden nach Sydney

Wir wohnten nur circa zehn Autominuten vom Changi Airport entfernt. Wirklich nur zehn Minuten Taxifahrt über den East Coast Highway. Rechts immer das Meer und der lange East Coast Park. Was für ein Luxus, wenn man es mit der üblichen langen Anreise für die meisten Leute zum nächsten Flughafen vergleicht. Und das nutzten wir natürlich aus. Manchmal hatte man das Gefühl, man stieg in der Amber

Road zuhause ins Taxi und 20 Minuten später saß man dann schon im Flieger. Das ist natürlich übertrieben. Aber der Changi Flughafen fiel schon durch seinen sehr entspannten und reibungslosen Betrieb positiv auf.

Ich vergesse nie die unzähligen Flüge in die tropische Umgebung. Oft einfach mal kurz so am Wochenende. Manchmal bildete ich mir ein, die typischen Wolkenformationen über dem Archipel von Riau schon zu kennen. Eben weil man so oft hier vorbeiflog. Vor allem auch die Landungen in Singapur sind mir in guter Erinnerung. Gerade abends oder nachts ist es einfach teilweise wunderschön, die Stadt in dieser gleitenden Ruhe des Anfliegens mit ihren vielen Lichtern von oben zu bestaunen. Auch nach drei Jahren klebte ich bei den Landungen immer am Fenster des Flugzeugs. Ich kann mich aber auch an einen sehr holprigen Anflug bei Blitz und Donner erinnern. Wenn es in dieser Region mal kracht, dann ordentlich. Das liegt an den hohen Temperaturen in Kombination mit der hohen Luftfeuchtigkeit. Wetterdynamisch geht da einiges in der Region.

Ich fühlte mich immer sehr zuhause, als wir am Changi Airport von unseren Reisen ankamen. Es war wie nach Hause zu kommen. Ein Wohlfühl-Flughafen. Anders als die Touristen durften wir auch mit unserer Arbeitsgenehmigung durch die Check-Ins der Locals gehen. Fühlte sich auch immer wie ein besonderes Privileg an. Am Airport gefielen mir immer die braunen Teppiche und das tropische Design mit vielen Pflanzen. Dieses Design war irgendwie gemütlich und ich fühlte mich immer heimisch und wohl. Das ist mir bei anderen Flughäfen eigentlich noch nie passiert. Von manchen Wochenendtrips kam man erst Sonntag spät nachts in Singapur wieder an. Man hatte das Wochenende zum Reisen voll ausgenutzt. Zur Arbeit am Montag ging es dann einfach einen Tick später. War kein Problem. Machten viele so.

Auch bleiben mir unvergessen die unzähligen Male, als wir oder ich Gäste am Changi abholten. Es war immer besonders toll, Gesichter aus der alten Heimat in unserem neuen Zuhause zu empfangen. Und wir bekamen in drei Jahren sehr viel Besuch. Ich schätze, dass ich bestimmt 20 Mal Gäste dort in Empfang nahm. Immer wenn wir Besucher aus der alten Welt hatten, bestätigte sich das alte Sprichwort vom Glück, das am größten ist, wenn man es teilt. Wir waren sehr happy in Singapur. Aber vor allem unseren Besuchern diese aufregende Welt zu zeigen war besonders schön.

Um ausführlich von unseren zahlreichen Reisen berichten zu können, müsste ich ein separates Buch schreiben. Deswegen nur kurz ein paar Eindrücke von unseren Trips. Viel leichter als Reiseberichte wäre natürlich einfach das Ansehen unserer Fotos. Ich machte hunderte, wahrscheinlich tausende. Südostasien ist mit seinen kleinen und großen bunten Details, Schönheiten und Verrücktheiten für Fotografen wahrlich ein Paradies.

Penang. Eine Insel vor der Westküste Malaysias. Zwei Flugstunden von Singapur entfernt, mit der Hauptstadt Georgetown. Eine unglaublich charmante Stadt voller Essensmöglichkeiten und Straßenkunst. Positiv heruntergekommen, farbenfroh und entspannt. Der historische Stadtkern sehr überschaubar, somit perfekt zum Durchschlendern zu Fuß. Für mich eine Stadt, die mich tatsächlich entschleunigte.

Eine nette Attraktion: die ins Meer gebauten Siedlungen aus Holzhäusern auf Stelzen, die Jetties. Sonstige Ziele waren hier noch der Kek Lok See Tempel mit der riesigen Buddha-Statue. Auch beeindruckt hat uns hier der holländische Friedhof mit den kolonialen Gräbern und natürlich (wie meistes bei unseren Reisen) das Essen.

Außerhalb der Stadt Georgetown besuchten wir den Tropical Spice Garden und machten eine Fahrt mit der steilen Seilbahn auf den Penang Hill und eine Fahrt in den Norden der Insel zu einem Strand. Man konnte hier aber eher schlecht Baden, wegen der vielen Quallen. In Penang sahen wir auch ein Tsunami-Denkmal, das an die große Katastrophe von 2004 erinnerte. Es war schon bewegend daran zu denken, dass hier an diesem schönen Ort viele Menschen durch die große Welle starben. Alles in allem war Penang ein sehr charmanter Ort für uns Reisende.

Langkawi. Ähnlich wie Penang an der Westküste Malaysias gelegen. Von der Nordküste Langkawis konnte man schon Inseln Thailands erkennen. Auch zwei Flugstunden von Singapur entfernt. Wir verbrachten hier eine Woche um Silvester 2017 mit unseren Freunden Karin und Josua. Später erfuhren wir, dass sie in diesem Urlaub ihr erstes Kind gezeugt hatten. Langkawi haben wir auch als sehr entspannt wahrgenommen. Perfekt um mit dem Mietauto einfach mal rumzufahren und auf Entdeckungstour zu gehen. Highlights waren der etwas abgelegene aber sehenswerte Strand Tanjung Rhu Beach im Norden (vielleicht sogar ein Bilderbuchstrand. Hier spielt teilweise auch das Traumschiff in der Malaysiafolge) oder die Sky Bridge mit einem sagenhaften Ausblick auf die bergige Insel und die weiteren Inseln in der Umgebung.

Malakka. Diese Stadt in Malaysia kann man in circa drei Stunden von Singapur aus mit dem Bus erreichen. Man muss nicht einmal hinfliegen. Für mich eine der charmantesten und sympathischsten Städte in der ganzen Region Südostasien. Eine bunte, quirlige Stadt mit vielen Studenten und voller Kolonial-Geschichte und Kunst. Gleich drei Kolonialmächte besetzten und prägten die Stadt. Die Portugiesen, die Engländer und die Holländer. Es gibt ein schönes Künstlerviertel und natürlich auch hier unzählige Möglichkeiten, gut und günstig zu essen. Die kitschigen, quietschbunten, leuchtenden und hupenden Taxi-Roller nachts sind ein weiteres Highlight. Es gibt genug Museen,

Teehäuser, Tempel oder typische Peranakan-Häuser zu besichtigen. Tolle Stadt.

Cameron Highlands. Nach einer Flugstunde vom malaysischen Ipoh aus zu erreichen. Am besten mit dem Mietauto (zum Beispiel einem malaysischen Proton). Eine ganz andere Welt hier. Hoch gelegen, extrem grün, viel Tee- oder Erdbeerplantagen, angenehm »kühl«. Einfach super zum Durchfahren mit dem Auto, teilweise aber doch ganz schön viel los, da die Städtchen eigentlich noch recht klein und nicht für viele Besucher ausgelegt sind. Wir besuchten eine Teeplantage und machten eine tolle Wanderung durch den sattgrünen Highland-Urwald. Tolle Abwechslung zu den vielen Stränden, die wir besuchten. Habe die Cameron Highlands sehr schön in Erinnerung.

Kuala Lumpur und Batu Caves. Von der Hauptstadt Malaysias konnten wir einiges über ein langes Wochenende sehen. Nur eine Flugstunde von Singapur entfernt. Gut und bequem mit der Metro zu bereisen. Ansonsten groß und nicht unbedingt zum Durchschlendern per Fuß geeignet. Ein Highlight natürlich die legendären Petronas Towers. Besonders beeindruckend war aber auch ein Ausflug zu den Batu Caves. Hier sind Hinduheiligtümer in verschiedenen Höhlen zu bewundern. Spektakulär sind hier die Thaipusam-Umzüge, die nur noch an wenigen Orten der Welt praktiziert werden. Hier spießen sich Gläubige Haken und Metallspieße durch sämtliche Körperteile als Opfer für die Götter.

Pulau Tioman. Eine recht entspannte Insel an der Ostküste von West-Malaysia. Von Singapur aus in circa zwei Stunden Autofahrt plus eineinhalb Stunden Fähre zu erreichen. Relaxed, einfach, etwas alternativ und ein toller Spot zum Tauchen. Hier machte ich auch meinen »Adcanved Open Water« Tauchschein. Klares Wasser und viele bunte Meeresbewohner waren zu sehen.

Pulau Bintan und Batam. Die indonesischen Nachbarinseln von Singapur sind mit dem Katamaran in ungefähr

45 Minuten zu erreichen. Sehr nah und trotzdem anders als die Löwenstadt. Entspannter, einfacher und chaotischer. Ein Stück Indonesien halt vor den Toren Singapurs. Von den einfachsten Unterkünften in simplen Hütten bis Luxus-Resorts ist alles geboten. Wir kamen öfters hierher, um lange Wochenenden für einen Kurztrip von Singapur aus zu nutzen. Auf Batam feierten wir auch unsere Hochzeit.

Sumatra. Medan auf Sumatra (Indonesien) erreicht man in nur einer Flugstunde von Singapur aus. Man kann von hier aus weiter in den Norden zu Dschungeltrips und Urang-Utan-Besuchen aufbrechen oder, wie wir es machten, den riesigen Toba-See besichtigen. Mitten im See liegt die entspannte Insel Samosir. In den kleinen Siedlungen hier kann man die Kultur der Ureinwohner, der Toba-Bataks, kennenlernen. Sehr interessant waren vor allem die Häuser mit der markanten gebogenen Dacharchitektur. Erinnerte mich von der Entspanntheit teilweise an Bali. In Erinnerung bleibt mir auch die Taxifahrt vom See zurück nach Medan. Der Fahrer hörte eine Bryan-Adams CD. Bei jedem noch so kleinen Schlagloch (es gab extrem viele) sprang die CD wieder auf den Anfang zurück. Wir hörten also immer wieder »Can't stop this thing we started«. Ihn störte das nicht, uns nervte es nach einer Weile tierisch.

Java. Ich machte eine legendäre Rucksack-Tour mit meinen Homies, Freddy und Frank, quer durch Java, startend von Jakarta aus. Hier hatten wir einen Local Guide (eine ehemalige Arbeitskollegin von Felix), die sich Zeit nahm, uns die Stadt zu zeigen. Weiter ging es mit dem Zug nach Yogyakarta, von dort weiter in den Osten in Richtung der Vulkane. Wir reisten mit Zug und Bus. Das brachte einen viel näher an die Locals, als mit einem Reisebus voller Deutscher zu reisen, und hatte tierisch Spaß gemacht. Highlights neben dem Reisen selbst, den Aufeinandertreffen mit Locals, den kühlen Bierchen und einfach dem Abhängen mit den Kumpels waren die Trips zu den bekannten, sehr beeindruckenden Tempeln Prambanan und Borobudur bei Yogyakarta und das Hineinklettern in den Schwefelvulkan Ijen mitten in der tiefsten Nacht.

Jakarta. Indonesiens Hauptstadt. Ein Moloch. Groß, laut, dreckig und irgendwie unbequem zum Reisen. Man wurde von Locals angestarrt und angequatscht. Gerade für reisende Fußgänger schwierig. Meine Frau fühlte sich teilweise unwohl aufgrund der Blicke der Menschen. Aber es gab auch ruhigere Ecken und sogar schöne Strände. Auch interessante Museen. Eine der größten Moscheen der Welt. Schattenpuppenvorstellungen konnte man sich ansehen. Der Fluss mitten in der Stadt war schon fast schwarz vor Dreck. Einfach unglaublich. Zweimal besuchte ich Jakarta. Unbequem und unwirtlich, aber trotzdem faszinierend und einnehmend mit seinem besonderen Charme.

Brunei. Auch ein faszinierender Trip. Circa zweieinhalb Flugstunden von Singapur. Ein Sultanat auf der Insel Borneo/Kalimantan. Eines der reichsten Länder pro Kopf durch Ölförderung. Man sitzt dort quasi auf riesigen Erdölvorkommen. Erzkonservativ muslimisch. Nur verhüllte Frauen. Kein Alkohol zu sehen. Prunkvolle, vergoldete Moscheen und Prachtbauten konnte man bestaunen. Ich erinnere mich an eine wunderschöne Moschee. Viel konnte man zu Fuß erlaufen. Interessante Museen, gewidmet meistens dem Sultan von Brunei, oder ein Stelzendorf auf dem Meer standen auf dem Programm. Auch konnte man Ausflüge in den tropischen Regenwald von Borneo machen. Wir machten hier einen etwas anstrengenden Tauchgang (wir fuhren sehr lang mit dem Boot raus, ein paar Mitreisende mussten sich übergeben).

Ostküste Australiens. Circa acht Stunden Flug um von Singapur aus nach Cairns zu kommen. Wir machten eine dreiwöchige Reise von dort aus nach Sydney mit dem Auto die Ostküste hinunter. Ein unvergesslicher Trip mit viel

Autofahrt, aber natürlich unzähligen Highlights wie Tauchen im Great Barrier Reef, einem Helikopterflug samt Heiratsantrag über dem Heart Reef, Fraser Island, Brisbane und Golden Coast und natürlich Sydney mit seinen Sehenswürdigkeiten.

Saigon oder auch Ho-Chi-Min-Stadt. Hier waren wir ein langes Wochenende. Zwei Flugstunden von Singapur aus im Süden von Vietnam gelegen. Interessante Stadt, wo man vieles zu Fuß erkunden konnte. Viel französisches Kolonialerbe. Das vietnamesische Essen liebten wir. Frisch und leicht und selbst mitten in der Stadt sehr günstig. Interessant, aber auch verstörend und einfach nur traurig waren die Museen rund um den Vietnamkrieg, wie beispielsweise das Museum der Kriegsverbrechen. Teilweise sehr schockierend, was die Amis dort gemacht haben. Auch ein Ausflug zu alten Höhlensystemen des Vietnamkrieges außerhalb Saigons machten wir. Das alles konnte einen schon sehr nachdenklich stimmen. Man erfuhr viel über den Vietnamkrieg.

Phuket. Zweieinhalb Stunden Flug von Singapur aus. Beliebte thailändische Touristeninsel mit allem Komfort, schönen Stränden und Daytrips zu den Simalan Islands oder die Phang Nga Bay. Hier verbrachten wir ein spektakuläres Silvester 2016 mit Mona, Jessy und Felix. Unvergessen waren für mich die Hunderten von Fluglaternen, die am Strand mit vielen guten Wünschen beladen in den Nachthimmel gestartet wurden. Sie zauberten ein schwebendes Band von Lichtern über den nächtlichen Strand. Man staunte einfach nur so in den Himmel. Unten am Strand gab es dann noch ordentlich Party. Waren viele Russen da. Ach ja, auch unsere Besucher vom Bodensee trafen wir auf Phuket.

Bangkok. Ich besuchte in der Hauptstadt Thailands 2015 meinen Freund Davide, der damals dort wohnte. Ich flog Samstagmorgen hin und Sonntagabend wieder zurück. Groß, laut, chaotisch, voller Mopeds und Tuk Tuks. Abends und nachts typisch Thailand mit vielen kleinen Märkten, wo man zum Beispiel auch mal frittierte Insekten essen konnte. Charmant chaotisch. Groß, bunt und laut. Leider begegnet einem immer wieder auch der Sextourismus. Ist leider in Thailand so. Das Highlight war definitiv hinten auf Davides Roller zu sitzen und durch Bangkoks Straßen zu flitzen. Ich habe es wohl gerade so überlebt.

Macao. Von Hongkong aus mit der Fähre in einer Stunde zu erreichen. Man traf auf Asien mit portugiesischem Kolonialerbe. Krass waren die riesigen Casinozentren. Hier ließen Leute aus der ganzen Welt anscheinend mächtig viel Geld liegen.

Qingdao (Tsingtao). Nach Qingdao in China kam ich beruflich. Eine von deutschem Einfluss geprägte Küstenstadt Chinas. Hier wird das berühmte Tsingtao-Bier gebraut. Die Küstenpromenade hat mir sehr gut gefallen. Für mich war es die Stadt in China, in der ich noch am ehesten leben würde. Viel entspannter als Shanghai oder Peking. Wir hatten einen chinesischen Gastgeber, der uns alles zeigte. Auch hier war das Essen ein besonderes Highlight. Chinesisch war nie mein liebstes Asienessen, aber ich muss schon sagen, wir speisten hier königlich.

Taiwan. Ein tolles Land zum Reisen. Mit viel chinesischem Einfluss, aber wesentlich entspannter als China. Grandiose Natur. Viel Grün. Gerade an der Ostküste. Zum Beispiel die Taroko-Schlucht. Viele schöne Strände. Nette Menschen. Die Ostküste recht entspannt mit dem Auto zu bereisen. Man musste nur darauf achten, nicht in der Taifunzeit hier zu sein. Dann könnte es ungemütlich werden. Spannende Städte wie Taipeh oder Tainan. Bevor ich hier herkam, dachte ich eigentlich bei Taiwan nur an Fabriken á la »Made in Taiwan«. Jetzt denke ich an grandiose Natur, schöne Städte voller taiwanesischer Kultur und einen tollen Roadtrip mit dem Auto.

Philippinen. Der Flug von Singapur nach Cebu dauerte vier Stunden. In Cebu City konnte man einiges sehen. Zum Beispiel das Magellan-Kreuz. Von hier aus hatte man den Katholizismus auf die Philippinen gebracht. Zweite Station war die Insel Bohol, unter anderem zum Tauchen. Sehr freundliche Menschen, spanischer Einfluss, entspannte Küstenörtchen und etwas deftigeres Essen habe ich noch gut in Erinnerung. Sie spielten dort im Oktober in tropischer Hitze Weihnachtslieder im Radio.

Ich muss sagen, gerade ohne Kind war das Reisen einfacher und unkomplizierter und einfach spannender. Das ist schon klar. Wir haben die Jahre vor der Geburt unsere Tochter reisetechnisch voll ausgenutzt. In dieser kurzen Zeit so viele Ziele zu bereisen, so viele Orte zu sehen, Kulturen zu begegnen – und das gefühlt einfach so nebenbei – war außergewöhnlich.

Von Singapur aus zu Reisen fühlte sich für mich immer an wie Urlaub im Urlaub zu machen. Ein großes Glück, was wir hier in Südostasien in nur drei Jahren erleben durften. Was bleibt sind tausende von tollen Bildern und zauberhafte Erinnerungen aus einer tollen Zeit. Keine Sorgen, nur Abenteuer. Wie man so schön sagt: das kann einem keiner mehr nehmen.

WENN ICH GEHEN MÜSSTE

März 2020

Eigentlich hat sich diese Frage doch nie gestellt, oder? Dafür bin ich immer viel zu positiv und zu zuversichtlich gewesen. Es machte doch eigentlich gar keinen Sinn, diese Frage überhaupt aufkommen zu lassen. Es passte auch überhaupt nicht zu mir. Zu meinem Charakter und meiner Einstellung. Und trotzdem war sie irgendwie mal da. Irgendwo in der allerhintersten, dunkelsten Ecke des Gehirns. Ganz weit hinten versteckt. Da wo sonst niemand jemals hinkommt.

Was wäre, wenn ich es nicht schaffen würde?

Die Heilungschancen bei dem Hodgkin-Lymphom im frühen Stadium liegen bei über 90 Prozent. Das ist schon sehr gut. Neun von zehn werden wieder geheilt. Einer aber nicht. Im fortgeschrittenen Stadium sinkt die Heilungschance allerdings auf eher 70 bis 80 Prozent. Auch noch gut für einen Krebs, aber keine Garantie auf Heilung, stimmt's?

Was wäre also, wenn ich einer von diesen wäre, die es nicht schaffen? Einer von denen, die Pech haben. Wo die Therapie nicht anspricht. Wo es halt einfach nicht klappt. Wo am Schluss der Krebs gewinnt.

Was wäre also, wenn ich mit 35 sterben würde?

Das klingt absurd und abwegig. Aber ganz unberechtigt war die Frage halt doch nicht. Das Thema war irgendwie auf dem Tisch. Obwohl ich es nie zulassen wollte, war es leider da.

Und so stellte ich mir dann halt doch diese schreckliche Frage: Was wäre, wenn ich es nicht schaffen würde? Zunächst einmal wäre es sehr tragisch und todtraurig, eine liebenswerte Frau und eine zuckersüße kleine Tochter zu hinterlassen. Mama und Papa. Meine Schwester mit Kindern. Eigentlich alle Freunde und Bekannte. Etwas Schlimmeres hätte es doch gar nicht geben können. Es wäre einfach nur traurig und schlimm gewesen. Mit Mitte 30 hätte mich die Natur sterben lassen. Grausam und hart. Natur halt. Mein Opa darf fast 100 werden, ich nur 35? Für alle wäre es schlimm. Familie, Freunde und Bekannte. Einen Menschen mit Mitte 30 gewaltsam aus dem Leben zu reißen. Also wirklich mittendrin. Noch so viele Sachen auf der To-Do-Liste. Eigentlich eher so was wie Halbzeit. Nicht mal. Noch davor. 35 ist doch wirklich kein Alter. Das ist eigentlich noch viel zu jung.

Und dann fing ich an, diese irre Frage mal durchzuspielen. Okay, es wäre traurig und schlimm für meine kleine Familie. Eine Tragödie. Es würde mir auf schlimmste Weise das Herz brechen, meine kleine Familie zu verlassen und zu hinterlassen. Ich habe meine kleine Tochter vom Tage Null an aufwachsen sehen. Das Allergrößte. Ja, es würde mir das Herz brechen, das ist doch klar.

Dann aber fiel mir bei genauerem Nachdenken auf, dass ich bis hierher im Leben doch alles gemacht habe, was ich je machen wollte. Ich habe in meinen »jungen Jahren« so viel erlebt wie ein anderer in dreifacher Lebenszeit vielleicht nicht erleben darf. Das meine ich ernst. Es gäbe da nichts, aber auch gar nichts, was ich bereuen würde oder was ich verpasst hätte. Ein »Mensch, das hättest du eigentlich mal machen müssen. Wieso hast du nie …« gab es bei mir nie.

Und dann kam ich auf diesen großen, mächtigen Gedanken: Wenn ich alles noch mal von vorne machen dürfte, wenn ich also mein Leben noch mal von vorne leben dürfte und alles anders machen oder an ausgewählten Stellen ändern dürfte, was würde ich machen? Wenn ich noch mal den göttlichen Reset-Button drücken dürfte oder ein galaktisches

»Gehe-zurück-zu-Start« durchführen könnte, was würde ich tun?

Meine ehrliche Antwort: Ich würde überhaupt nichts ändern. Nichts. Ich würde alles wieder so machen. Alles war gut so.

Und dies war dann doch eine sehr befriedigende Feststellung. Ich stellte also fest, dass ich mit meinem Leben zu 100 Prozent zufrieden und glücklich war. Das muss man mir erst mal nachmachen. Ich war einfach happy mit allem, was bisher in meinem Leben passiert ist. Wenn ich nun auf der Stelle gehen müsste, würde ich total im Reinen und mit allem und jedem in Frieden gehen. Zu 100 Prozent in mir ruhend und in Harmonie mit meiner Umgebung. Keine offenen Rechnungen und keine verfehlten Ziele und nichts, was ich vergessen habe zu tun.

Ich hatte eine tolle, behütete Kindheit in einer tollen Umgebung. Ich durfte wahrlich noch ein Kind sein. Ohne Druck. Durfte mit Natur, Liebe und Freiheit, und vor allem vielen echten Freunden aufwachsen. Ich hatte eine tolle Schulzeit. Viele meiner Kumpels meiner Kindheit habe ich heute noch. Nach der Schule und nach den Hausaufgaben trafen wir uns auf dem Bolzplatz und kickten einfach los. Dann ging es zum Edeka und wir kauften uns Süßigkeiten und das Yps-Heft und gingen erst heim, wenn es dunkel war. Wir hatten die Möglichkeit, auch einfach unsere Räder zu schnappen und sofort in der Natur zu sein. Im Wald. Es gab keine Handys und Facebook und auch kein Cybermobbing. Es war alles viel einfacher und purer. Wir konnten wirklich noch Kinder sein. Ich konnte meine beiden Omas und beide Opas kennenlernen.

Mit großer Begeisterung durfte ich meinen Lieblingssport machen, die Leichtathletik. Meine besten Freunde waren auch dabei. Wir trainierten drei oder vier Mal pro Woche. Sind im Sommer fast jedes Wochenende auf Wettkämpfen gewesen. Ich gehörte zum Team. Und ganz gut war ich auch. Es hat mir immer sehr viel Spaß gemacht.

Das Teenager-Alter, die Pubertät, haben wir auch gut überstanden. Wir hatten mit 13 wohl schon mit dem ersten Bier angefangen. Ein 16-jähriger Kumpel hatte es uns gekauft. Und geraucht hatten wir auch früh. Ab 16 haben wir viel gefeiert und viel Blödsinn gemacht. Im Endeffekt haben wir alles unbeschadet überstanden. Mit 16 sind Markus, Hugo und ich mit dem Inter-Rail-Ticket nach Frankreich gefahren und haben dort drei Wochen lang gecampt bis uns dann der Mistral verjagte. Bei uns in der Gegend gab es noch im Sommer Outdoor-Partys, also im Freien. Wie cool.

Mädels waren bei mir erst etwas später ein Thema. Irgendwie hatte die elektrische Gitarre bei mir einen so großen Stellenwert eingenommen, dass die Mädels nicht ganz so wichtig waren. Aber klar, in die ein oder andere war ich schon mal verknallt.

Wir brachen nachts, mit schlechtem Dosenbier von der Tanke bewaffnet, ins Freibad ein und sprangen in der Dunkelheit vom Drei-Meter-Sprungbrett ins schwarze Wasser. Einmal kam ein Auto und wir mussten schnell fliehen. Auch als Teenies waren wir immer mit den Bikes unterwegs. Schlimme Drogen haben wir eigentlich nicht genommen, Gott sei Dank. Nach dem Abi haben wir gefeiert, als wären wir die Allergrößten. Ich spielte Gitarre in unserer Abi-Band. Freitags ging es mit der ganzen Mannschaft in den Irish Pub, es gab ab 23 Uhr Tequila für einen Euro. Es waren Mords-Partys. Betrunken, aber glückselig taumelten wir dann immer in der Nacht nach Hause und sangen dabei. Alte und neue Sachen. Beatles und Blink 182. Wir gingen in Clubs und bouncten die Nächte durch. Wir haben schon sehr viel gefeiert, mit allen Finessen. Nach dem Abi ging es dann für ein paar Wochen mit Anni und DK und dem Rucksack nach Thailand.

Ich durfte in einer Rockband spielen für viele Jahre, was immer mein größter Traum gewesen war. Ich war der Lead-Gitarrist, der die Solos spielte. Wir schrieben unsere eigene Musik. Es war eine großartige, talentierte Gruppe. Ein cooler Haufen. Zu dieser Zeit eine zweite Familie für mich. Wir fingen ganz klein an, aber sehr laut. Es wurde dann alles über die Jahre etwas reifer und ein klein bisschen größer. Ich verbrachte unglaublich viel Zeit mit meiner elektrischen Gitarre und den Jungs im Proberaum und auf Bühnen. Wir waren unsterblich und hofften auf den großen Durchbruch. Wir waren auch echt ganz gut.

Ich erinnere mich an Auftritte in lauen Sommernächten in einer Art Rausch auf der Bühne. Es machte mir so viel Spaß. Wir brachten es dann so weit, dass wir direkt vor Die Happy oder Clawfinger, und auf den gleichen Festivals wie Uriah Heep oder Twisted Sister spielen durften und die Bühnen immer größer wurden. Ich erinnere mich an einen Auftritt bei einem Festival im Sommer. Wir durften ganz am Anfang spielen auf dieser Riesen-Bühne mit diesen Riesen-Verstärkern und allem Rock 'n' Roll Drum und Dran. Wir waren morgens um zehn Uhr an der Reihe, da war natürlich noch nicht so viel los. Nach dem Auftritt fragte mich ein Roadie voller Begeisterung nach meinem Plec. Das ist dieses kleine Blättchen der Gitarristen. Die Rock-Stars schmeißen die immer in die Menge. Zunächst dachte ich, er würde mich verarschen. Aber er hatte es ernst gemeint. Ich war superhappy, als ich ihm mein Plec überreichte. Er auch.

Abends spielte Twisted Sister. »I Wanna Rock« war früher eine unserer Party-Hymnen. Und nun stand ich da als VIP/Artist (whatever) seitlich auf der Bühne und schaute mir die großen Twisted Sister aus der Nähe an. Ich hätte locker hinrennen und die ganze Band umarmen können. Direkt neben mir stand der Gitarrist von Gotthard. Ich war wie er. Ich kam mir vor wie ein wahrhaftiger Rockstar. Es war ein Traum für mich und ich möchte nichts von dieser Zeit missen. Wer darf denn so was schon so nebenbei erleben? Dann lösten wir uns irgendwann auf und alles war auf einmal vorbei.

Dann gab es noch die Studienzeit. Die war auch cool. Ich habe gern studiert. Die Noten waren meistens gut. Die Partys auch. Ich erinnere mich zum Beispiel an ein rauschendes Fest an einem Mittwoch im Uni-Club bis in die frühen Morgenstunden. Dann am nächsten Tag noch restalkoholisiert in der Höhere-Mathematik-Vorlesung gewesen und nichts gecheckt. Die erste »große Liebe« dabei kennengelernt. Der erste Urlaub mit der Freundin auf Korsika. Wahre Freiheit. Das Studenten-Dasein habe ich geliebt. Und alle damit verbundenen Freiheiten und neuen Abenteuer. Und ich habe auch noch einen guten Abschluss gemacht.

2010 traf ich dann meine große Liebe, meine jetzige Frau Molly, bei einer Party. Es war eine Grillparty und wir fünf Jungs schafften es nicht, die Kohle zum Glühen zu bringen (sie war nass). Bis heute ist Molly das Beste, was mir je passieren konnte. Im selben Jahr durfte ich sechs Monate in Südafrika leben. Als Praktikant. Eher so nebenbei mitgenommen. Eine großartige und spannende Zeit. Ein Riesen-Abenteuer war das. Genauso wie die drei Monate Praktikum in Brasilien 2011.

Ich fing dann aber auch mit 27 gern an, als Ingenieur bei einem Anlagenbau-Unternehmen zu arbeiten. Machte mir eigentlich immer Spaß, obwohl doch spätestens hier der sprichwörtliche »Ernst des Lebens« wahrlich begann. Aber endlich mal auf eigenen Beinen zu stehen und das eigene Geld zu verdienen war auch was Tolles. Eigentlich fühlte ich mich erst zu dieser Zeit als Erwachsener. Dann die erste richtige gemeinsame Wohnung.

Wir reisten immer viel und gern. Haben viele Ecken dieser Welt gesehen und viel erlebt. Wir standen auf der Copa Cabana genauso wie im Palast des Dalai Lama in Tibet. Wir übernachteten in der Wüste Namibias unter freiem Himmel genauso wie im Okavango-Delta. Waren schon 30 Meter unter dem Meeresspiegel genauso wie fast 5000 Meter darüber. Eigentlich ging es uns immer gut. Viele meiner alten guten Freundschaften haben sich all die Jahre gehalten. Das ist auch nicht selbstverständlich und hat mich auch immer sehr glücklich gemacht.

Ich durfte zwischen Fischschwärmen und Korallenriffs des Great Barrier Reefs tauchen und lernte, wie ich mir mein eigenes Bier braute. Kölsch, Brown Ale, Weizen oder Porter.

Das wahrscheinlich größte Abenteuer bis hierher waren dann schon die drei Jahre in Singapur mit all den Erlebnissen und Begegnungen. Wohl die größte Bereicherung in meinem Leben. Bis dann 2018 meine kleine Tochter Amelie auf die Welt kam. Das größte Erlebnis schlechthin und durch nichts zu toppen.

Das ist mal so was mir spontan einfällt. Vieles habe ich bestimmt vergessen. Aber eins kann ich sagen: Wenn ich nun mit 35 Jahren gehen müsste, ich wäre komplett im Reinen mit mir und mit der Welt. Ich habe alles, was mir wichtig war, erleben dürfen. Und noch viel mehr. Immer an den entscheidenden Stellen habe ich doch viel Glück gehabt. Bin immer gesegnet gewesen.

Wenn ich nun gehen müsste, wäre es okay. Ich habe gefühlt doch alles im Leben gemacht und erlebt, was ich mir je hätte wünschen können. Es klingt komisch, aber selbst wenn ich gerade an den Tod denke, habe ich ein kleines Lächeln im Gesicht.

Ich habe so viel Glück gehabt.

GÖTTER UND DÄMONEN

August 2016

Thailand, Malaysia, Indonesien, Vietnam, Taiwan und noch viele weitere. Das sind alles faszinierende Traumziele für Reisende. Südostasien ist eine spannende exotische Welt, die anders ist als Europa. In vielerlei Hinsicht. So viel ist sicher. Viele Ecken von diesem schönen Teil der Erde durften wir erleben und fast von allen Ländern bleiben tolle Erinnerungen. Aber von all den Trips in Südostasien ist mir ein Ziel in besonderer Erinnerung geblieben. Und es ist keinesfalls ein Geheimtipp. Ganz im Gegenteil, eher ein prominentes Reiseziel.

Bali, die Insel der Götter und Dämonen. Eine wirklich einzigartige Insel Indonesiens. Eine Insel mit verschiedenen Gesichtern, ja sogar Extremen. Schon als kleiner Junge kannte ich das Wort »Bali«. Wusste früher nie genau, wo das war, aber irgendwie klang es immer nach dem Paradies auf Erden. Erst viel später lernte ich dann, wo Bali eigentlich ist. Viele Europäer nehmen jedes Jahr den langen Flug von über zwölf Stunden in Kauf, um auf das sagenhafte Bali zu gelangen. Schon der Name erweckt bei uns Sehnsüchte.

Leider hat auf Bali der Massentourismus schon seit langem Einzug gehalten. Zum Glück wohl eher nur im Süden der Insel in der Region rund um Kuta. Hier kommen wohl die Australier oder Neuseeländer gerne zum Saufen hin. Es ist eine Ecke, die dann doch eher dem unschönen Trink- und Partytourismus Mallorcas gleicht. Der Ballermann Indonesiens. Ich selber machte auch die Erfahrung, dass es teurer wurde, je näher man in den Süden kam, und dass auch beispielsweise Taxifahrer Richtung Süden eher dreister wurden. Die touristischen Ecken Balis hatten wir aber von Anfang an gemieden. Hier hatten wir nichts zu suchen. Man kam zwar mit dem Flieger weit unten in Denpasar an, konnte aber dann schnell dem plumpen Tourismus entfliehen, wenn man Richtung Osten oder Norden loszog. Schon auf dem Flughafen wurde man von den großen Dämonenstatuen begrüßt.

Den Süden dann zu verlassen machte man entweder mit einem gemieteten Roller (was ich für gar nicht so ungefährlich hielt, da ich öfters mal Situationen beobachtete, die fast zu Unfällen geführt hatten) oder halt mit dem immer noch günstigen Taxi. Unglaublich viele der hellblauen Blue Bird Taxis konnte man überall auf der Insel sehen. Es war weniger üblich, sich selbst ein Auto dort zu mieten. Viel einfacher war es, ein Taxi zu organisieren. Fahrdienstleister wie Uber waren zu dieser Zeit auf der Insel verboten. Die Fahrten auf Bali durch die Dörfer waren spannender als jeder Kinofilm. Ich konnte stundenlang einfach nur im Auto sitzen und einfach nur rausschauen und staunen. Was war das, was Bali für mich so besonders machte?

Zunächst mal diese Entspanntheit der Einheimischen. Klar passiert alles draußen auf der Straße. Und niemand hat hier irgendwas eilig. Alles läuft viel langsamer ab und ohne Hektik. Und eben draußen. Das ist aber in vielen Ecken Asiens so. Es ist warm und man ist eben mehr draußen als drinnen. Dann diese unzähligen balinesischen Tempelanlagen. Auf Bali hat sich eine spezielle Form des Hinduismus durchgesetzt, während der Rest Indonesiens muslimisch ist. Ich verstand nicht viel von der balinesischen Religion, aber es war ein leichtes Spiel zu erkennen, dass die Religion und die Kultur auf Bali einzigartig sind. Sehr viele der kleinen Wohnhäuser der normalen Menschen besitzen kleine Tempelchen. So als würden wir Christen in Deutschland in unseren Vorgärten kleine Kapellen errichten. Es schien mir immer, als wäre der Tempel selbst wichtiger für die Leute als das Wohnhaus an sich. Ich bin mir sicher, dass die Balinesen einen nicht unerheblichen Teil ihres Vermögens für die Errichtung und Pflege der Tempel ausgeben. Ich denke, je reicher die Leute, desto größer ihre Tempel. Die Religion nimmt wohl einen hohen Stellenwert auf Bali ein.

Ganz besonders waren die unzähligen bunten Opfergaben, die die Balinesen mehrmals am Tag liebevoll in Detailarbeit zubereiteten und damit die Tempel schmückten, um wohl ihren Göttern zu huldigen. Es waren schöne kleine Pakete mit Reis, Früchten, Blüten und vielem mehr. Wunderschön anzusehen. Kleine Kunstwerke. Und in aller Ruhe beobachtete ich Menschen bei der Bereitstellung der Opfergaben und dem dazugehörigen Gebet. Es schien mir, als würden die Balinesen sehr viel mehr Zeit des Tages für religiöse Rituale bereithalten. Es schien, als wäre der Tag eher von den Ritualen als von irgendeiner Arbeit geprägt. Die Religion und die Rituale schienen hier auf Bali den Alltag der Menschen zu bestimmen und den großen Takt anzugeben, weniger die Arbeit oder etwas Anderes. Die Opfergaben wurden an den Tempeln gemacht, an Statuen, vor den Häusern, an Stränden. Gefühlt überall.

Ich las einmal, dass die Balinesen ihre Siedlungen nicht dem Meer, sondern eher dem Berg zugewandt errichteten. Grund hierfür ist, dass für die Balinesen im Meer die schrecklichen Dämonen und Geister leben, denen man lieber nicht zu nahekommen will. In den Bergen leben dann eher die Götter, die man anbetet. Es überrascht dann auch nicht, dass das kulturelle Zentrum Balis, die Stadt Ubud, nicht am Meer, sondern weit im Inselinneren liegt. Ich empfand Ubud auch als ein kleines Paradies. Ein kleines Örtchen mit vielen Tempeln und bunt geschmückten Statuen, vielen Restaurants und mit sehr vielen Künstlern. Überall roch es nach Räucherstäbchen und der Klang der Gamelan-Musik war an jedem Ort zu hören. Niemand in Ubud schien es eilig zu haben. Besonders schön war der Tempel Pura Taman Kemude Saraswati, an einem Lotusteich gebaut und abends stimmungsvoll beleuchtet.

Sehr beeindruckend waren die offiziellen, großen Tempelanlagen auf Bali. Sie sind teilweise riesig und sehr liebevoll im Detail angelegt. Meistens aus schwarzem Gestein. Wahrscheinlich dem vulkanischen Basalt. Zum Beispiel der Pura Besakih, der Muttertempel Richtung Norden der Insel. Typisch sind die aufeinandergestapelten Dächer. Nur der wichtigste Tempel darf die maximale Anzahl an Dachetagen besitzen. Auch sehr typisch die schwarzen Tore, die wie mit einem riesigen Messer exakt in zwei Teile geschnitten wurden. Westliche Touristen dürfen die Tempel generell nur mit Sari, einem Tuch über dem unteren Körper, beziehungsweise den Beinen, betreten. Die Anlagen wieder voller wunderbarer Details und voller besonderer, geheimnisvoller Gestalten. Statuen von Figuren, Dämonen, Monstern wie es einem Ang Mo scheint. Manchen Gestalten wie dem Barong (einem »guten« Monster) begegnete man immer wieder. Viele verschiedene Formen von Gesichtern, teilweise ganz fürchterliche und angsterregende Wesen. Teilweise milde lächelnde Hündchen oder Drachen. Eine unglaublich faszinierende Welt von fremden Wesen und Gesichtern. Gute und böse. Alles voller rätselhafter Bedeutung. Geschmückt, in bunte Tücher eingehüllt. Von den Locals gefürchtet und verehrt. Eine Welt, die man als Europäer so an sich nicht verstehen kann, die mich aber unglaublich faszinierte. Auch konnte man oft spezielle Stätten für Hühnerkämpfe (die für mich in krassem Kontrast zu den friedfertigen Balinesen standen) in den Tempelanlagen vorfinden. Es war nicht schwer zu erkennen, auch ohne besondere Kenntnisse der balinesischen Religion, dass hier eine ganz besondere Kultur der Menschheit erhalten geblieben ist.

Für besondere Feste wurden sogar Autos und Motorroller mit den bunten Opferpäckchen geschmückt, genauso wie die Straßenlaternen. Farben überall.

Die Natur Balis ist traumhaft. Eine Vulkaninsel mit hohen Vulkanen, wie dem majestätischen Gunung Agung. Unglaublich grün. Viele Plantagen, die zum Beispiel mit Reis bepflanzt sind. Traumhafte Strände. Richtung Norden schöne Seen mit Tempelanlagen darin errichtet, wie der See-Tempel Pura Ulun Danu Bratan am Bratansee. Ich muss gestehen, dass wir auch nur ein paar Teile Balis bereisten und auch nicht alles sehen konnten. So viel jedoch, um einen guten Eindruck zu bekommen. Die nördlichen Seen erlebten wir allerdings nur im Nebel und bei recht niedrigen Temperaturen.

Toll auch einfach die einfachen und entspannten Bars, Hostels und Restaurants. Wirklich tolle ruhige Ferienanlagen, selbst in der kulturellen Hauptstadt Ubud, teilweise super ruhig gelegen und mit jeglichem Komfort. Natürlich auch viele schicke Anlagen mit Infinity Pools ins saftige Grün. Die balinesische Architektur ist auch international beachtet. Auf mich machte sie einen sehr geschmackvollen und eleganten Eindruck.

Und fast überall hörte man die super entspannte Gamelan-Musik, die schon fast etwas meditatives hatte und einen einfach richtig runterkommen ließ. Obwohl diese Musik auf die Dauer etwas monoton erscheinen mochte, hörte ich sie immer gern.

Natürlich gab es viele weitere touristische Highlights, wie den Tanah Lot Tempel, der auf einem Felsen im Meer errichtet wurde, oder den Meerestempel Uluwatu, der auf hohen Klippen thront. Hier war man dann aber meistens auch nicht ganz allein, sondern unter vielen anderen internationalen Touristen.

Unsere guten Freunde Tina und Karl aus Berlin heirateten dann auch irgendwann zu dieser Zeit bei Candi Dasa an der Ostküste in einer traumhaften Unterkunft am Meer und wir durften noch mal als Gäste auf die Insel kommen.

Natürlich nutzte ich auch unsere zwei Bali-Aufenthalte zum Tauchen. Leider konnte ich nie den sagenhaften Mola-Mola Fisch sehen, der sich zu bestimmten Zeiten der Saison an der Insel Nusa Penida aufhält. Schon ein Grund wiederzukommen. Aber trotzdem war die balinesische Unterwasserwelt sehenswert. Auch machten wir einen Mehrtagestrip zu den noch entspannteren und noch entschleunigteren Gili-Islands, die bei Lombok liegen. Alles zusammen einfach eine traumhafte, tropische Welt.

So bleibt mir das wundervolle Bali in besonderer Erinnerung, als ein einzigartiger Ort voller Ruhe, entspannter Menschen, Rituale, geheimnisvoller Wesen, Dämonen und Götter. Entspannt, bunt und gesegnet mit herrlichen Landschaften. In der Tat ein Sehnsuchtsziel.

… MAY DEATH NEVER STOP YOU

März 2020

Als ich ein Teenager war, starb ein Mann im erweiterten Kreise meiner Familie. Ich habe ihn leider nie kennengelernt. Nie getroffen. In diesem Moment kann ich nicht sagen, wie sein Name war oder wie er aussah. Ich weiß nichts über ihn und sein Leben. Auch, an was er im Endeffekt starb, ist mir nicht wirklich bekannt. Was ich weiß ist, dass er nicht alt wurde, vielleicht 45 oder 55. Das hat meine Mutter mir so erzählt. Seine Mutter allerdings überlebte ihn bei Weitem. Das muss schlimm sein. Keine Eltern sollten ihr Kind zu Grabe tragen.

Meine Eltern besuchten die Beerdigung damals. An mir, einem vielleicht 14 oder 15 Jahre jungen Bengel, ging das alles vorbei. In diesem Alter interessiert man sich nicht so sehr für die Verwandtschaft, geschweige denn für Beerdigungen. Man interessiert sich im besten Fall für Kicken oder Mädels oder Rockbands oder im blödesten Falle (wie auch bei uns) für billiges Dosenbier von der Tanke.

Was mir meine Mama allerdings von der Beerdigung erzählte, hat mich bis heute tief berührt und auch nie losgelassen. Der Mann, der gestorben war, hatte sich gewünscht, dass bei der Beerdigung Musik gespielt wird. Das ist zunächst mal nichts Außergewöhnliches. Klassische Stücke wie das »Ave Maria« werden wohl oft bei solch traurigen Anlässen gespielt.

Auf dieser Beerdigung wurde jedoch ein anderes Musikstück gespielt. Etwas, was mir sehr viel näher war als die typischen Beerdigungswerke der großen klassischen Komponisten. Ein komplett anderes Genre von nicht weniger

Genius und Virtuosität. Gespielt wurde Pink Floyd. Die Band hatte ich tatsächlich in dieser Zeit mal ins Visier genommen. Die Musik war für mich als Teenager weit zu komplex, um sie irgendwie richtig verstehen zu können. Die Lieder gingen teilweise 20 oder 30 Minuten und waren mit langen abgefahrenen Geräuschen durchtränkt. Die allererste Maxi-CD, die ich mir ein paar Jahre zuvor von NSYNC gekauft hatte, war nicht so komplex. Hier war alles easy zu hören und Lieder gingen höchstens drei oder maximal vier Minuten. Musik wie Kaugummi halt. Pink Floyd war kein Kaugummi, eher so was wie ein komplexer rauchig-holziger 30-jähriger Highland Whisky.

Diese alten Männer von Pink Floyd übten in der Tat eine große Faszination auf mich aus. Ich bin mir sicher, dass sie neben den komplett anders klingenden, mich tiefgreifend beeinflussenden Gentlemen von Metallica auch einer der Hauptgründe für mich waren, im Alter von 16 Jahren viel Zeit mit elektrischen Gitarren zu verbringen und danach zu streben, mal ein richtiger Rocker zu werden.

Dann gab es auch noch Musikvideos von Pink Floyd ab und zu bei MTV oder VIVA zu sehen, die mindestens genauso komplex und strange waren wie die Musik. Allein das große Konzeptalbum mit der Mauer und den marschierenden Hammern war für mich ein faszinierender, aber auch schwer zu verdauender Klotz.

Zurück zur Beerdigung. Meine Mutter erzählte mir danach, ohne genaueres Fachwissen über Pink Floyd, dass das Lied »High Hopes« gespielt wurde. Zu dieser Zeit konnte man, nachdem man sich mit einem glucksenden Internetmodem wie Boris Becker ins Internet eingewählt hatte, auf Napster oder hunderten von anderen Musikplattformen – ob legal oder illegal hab ich nie ganz verstanden – Musik runterladen. Für einen Song brauchte ich oft so zehn Minuten. Es war ein feierlicher, heiliger Moment, wenn der Song dann da war und man ihn abspielen konnte. Natürlich lud ich mir auch »High Hopes« runter.

Heute höre ich mir dieses Lied bestimmt ein- oder zweimal im Jahr an. Am besten laut, was meistens nur geht, wenn ich allein zuhause bin. Wenn ich meine persönliche Pink Floyd-Tribute Feier zuhause mache. Und bis zum heutigen Tage bekomme ich eine Gänsehaut und versinke in eine zutiefst noble und sakrale Stimmung, vor allem wenn sich das göttliche Gitarrensolo von David Gilmour am Ende in die Höhen des Musikhimmels aufschwingt. Niemand, nicht mal die anderen besten Gitarristen der Welt, könnten es so spielen wie er. Es scheint nicht enden zu wollen und es sollte auch nicht enden. Es ist für die Ewigkeit gemacht.

Den Text habe ich mir eigentlich nie so richtig zu Gemüte geführt. Damals meinte ich nur, dass es um so was wie Vergänglichkeit geht. Ich bildete mir immer ein, dass ich allein durch das Hören der Musik verstehen würde, von was das Lied handelt. Also achtete ich nie so sehr auf die Texte. Mehr auf den Sound.

Dann stellte ich mir vor und tue es auch heute immer noch, wie es wohl gewesen war, als dieses Lied auf der Beerdigung gespielt wurde. Gänsehaut.

»… the water flowing.
The endless river.
For ever and always.«

Gänsehaut pur.

Der Gedanke ist absurd. Ich will ihn nicht zulassen. Das passt nicht zu mir. Ich bin viel zu positiv. Ich kann den Gedanken einfach nicht zulassen. Aber es geschieht.

Im Falle des Falles: Welches Lied würde ich mir aussuchen, wenn … naja ihr wisst schon?

Welches sollten die Klänge sein, die Familie und Freunde hören würden, wenn …

Ein absurdes und furchtbares Gedankenspiel. Traurig. Aber nach ein paar Denk-Durchgängen kann ich mich auf die eigentliche Frage konzentrieren: Welches Lied, welches Musikstück wäre es bei mir?

Was Klassisches? Hab früher so Sachen wie »Air« von Bach auf der klassischen Gitarre gespielt. Nein, passt nicht ganz. Bin ich nicht. Auch wenn es so schön ist. Da würden mir schon noch andere tolle Sachen einfallen, aber es würde vielleicht nicht 100 Prozent zu mir passen.

Pink Floyd — obwohl ich die Band sehr mag — wäre es wohl auch nicht. Es sind nicht die Helden meiner jungen, guten Jahre. Da gibt es andere.

Vielleicht aber Folgendes: Als ich vor ein paar Jahren zweimal im Jahr, um von meiner neuen in meine alte Heimat zu kommen und wieder zurück, in einem Langstreckenflug von circa 13 Stunden saß, hörte ich mir die neusten Musik-Playlists der Airlines an. Neue Alben, Klassiker oder halt nach Genres geordnet. Kennt ja jeder. Ich meine, zum Beispiel die Emirates oder Etihad haben da echt eine tolle Auswahl an Musik. Und bei einem Langstreckenflug hat man ja viel Zeit dafür.

So hörte ich auf den Flügen immer viel Musik. Natürlich checkte ich das Rock-Angebot und stieß schnell auf eine meiner absoluten Lieblingsbands, My Chemical Romance, und zwar mit ihrem Best-Of-Album »… May Death Never Stop you«. Möge der Tod dich niemals aufhalten. Wow.

Schon immer liebte ich den unverwechselbaren Sound von MCR. Offiziell Emo, aber sicherlich sehr viel mehr. Eine junge Band zu der Zeit, als ich selber jung war. Das erste Mal sah ich das Video von »Helena« auf MTV. Packte mich irgendwie gleich. Liebe. Tod. Drama. Keine Happy Ends. Dieser leichenblasse Sänger Gerard Way, der aussieht wie ein bildhübsches, aber krankes junges Mädchen. Sogar bisschen tuntig vielleicht? Und dieser Wahnsinn und dieses Drama in der Musik. Immer am Rande der Verzweiflung. Bitter und süß. Eine Band für die Außenseiter, die Schwachen und die Gebrochenen. Aber mit viel, unglaublich viel Power, Gitarren und Tempo. Sicherlich Helden meiner jungen Jahre ohne Sorgen.

Ich saß also in diesem 13 Stunden Non-Stop-Flug von Amsterdam nach Singapur. So ein langer Nachtflug ist ja schon eine Parallelwelt für sich. Eigentlich kannte ich die Lieder von MCR auf dem Best-Of-Album ja schon seit Jahren. Aber ich entdeckte trotzdem etwas Neues. Es waren die Songs des Albums »Welcome to the Black Parade«. Das Album hatte ich mir schon einmal vor vielen Jahren, wahrscheinlich illegal, heruntergeladen. Ich hatte allerdings nie Zugang dazu gefunden. Ich hatte es mir früher sicherlich zwei- oder dreimal angehört, aber ich hatte es wohl nicht sonderlich gemocht. Hatte irgendwie nicht ganz gepasst.

Nun, im schläfrigen, bläulich-blassen Licht der großen Kabine des Airbus 380 während der Nachtruhe irgendwo über Indien mit dieser unwirklichen Soundkulisse eines Flugzeuges, war etwas anders. Die Lieder der »Black Parade« packten mich mit großer Intensität. Ich hörte sie mir immer und immer wieder mit meinen recht guten Noise-Cancelling-Headphones an. Und sie wurden mit jedem Mal intensiver und besser. Ich hatte sie früher schon mal angehört, doch erst jetzt erlebte ich sie wirklich. Eigenartig. Thematisch dreht es sich bei diesem Album anscheinend um Krankheit und Tod. Zähes Thema, aber egal. Mucke ist geil.

»Welcome to the Black Parade«. Eine Hymne. Ein Hauch von Queen, aber natürlich eigen. Ein dramatischer Plot. Aber dreckig und naughty, wie ein Punk- oder Emo-Song halt mal so ist. Eine unaufhaltsame Parade. Und ein traurig-emotionaler Ohrwurm mit viel Bombast.

»... and though you're dead and gone believe me, your memory will carry on«. Geil.

Bringt mir nun in dieser schweren Zeit schon beim Hören die eine oder andere Träne in die Augen. Gebe ich zu. Aber für meine Beerdigung zu laut und zu viel Räubermusik. Originell wäre es schon … aber eben nicht besinnlich. Was würden gerade die Älteren denken?

»Cancer«. Hat mich – sage ich ganz offen — oft zu Tränen gerührt in der Zeit kurz nach der Diagnose. Naja, klar, es geht um einen jungen Mann, der an Krebs stirbt. Und musikalisch ein Meisterwerk, eine Hymne perfekt komponiert und gesungen. Todtraurig. Bittersüße Klänge eines Sterbenden. Ohne Happy End. MCR halt. Und plötzlich könnte es mein ganz persönlicher Hit werden … oje, das ist schon traurig. Hätte ich nie gedacht. Es gibt wenig Musik, die mir wirklich so viel bedeutet. Dieses Lied aber tut es.

Eigentlich zu traurig für meine Beerdigung. Weil es irgendwie so wunderschön traurig ist, dass es keinerlei Hoffnung hinterlässt. Das bin ich ja eigentlich auch nicht …

Die anderen Lieder von My Chemical Romance wären nicht beerdigungstauglich, da zu viel Drecksau und Drama. Also vielleicht andere Bands?

Dann gäbe es noch andere Favoriten. »One More Light« von Linkin Park. Auch meine Generation. Als wir als 15-jährige die Jahrtausendwende bei Hugo feierten (wo wir zu zehnt nur mit Boxershorts bekleidet nachts durch unsere ruhige Nachbarschaft rannten), war Linkin Park ziemlich angesagt. New Metal. War aber komischerweise nie ganz so mein Ding. Viele meiner Freunde fanden die mega gut. Ich selbst fand sie schon auch gut, stand zu dieser Zeit aber mehr auf die etwas oldschooligeren Metallica. Kaufte mir sämtliche Gitarrennoten-Hefte und versuchte, alles nachzuspielen. Aber Linkin Park wandelte sich später dann definitiv zu einer der größten Rockbands dieser Zeit. Anfangs viel härter, wurden sie dann auch immer reifer und auch ruhiger. Als ich 2017 vom Selbstmord von Chester hörte, war ich schon auch sehr betroffen.

So was trifft einen schon auch. War nie meine Lieblingsband, aber waren schon Große. Als ich »One More Light« das erste Mal hörte, war das schon krass. Und wenn man sich das heute anhört und an die Story von Chester Bastington denkt, muss das einen schon tief berühren. Ich bin mir sicher, dass das Lied auch schon auf vielen Beerdigungen lief.

Eine andere Gruppe, die ich spät, aber dann intensiv für mich entdeckte — etwa zur Abi-Zeit 2004 — sind die Killers. Okay, klar, jeder kennt »Mr. Brightside« oder »Somebody told me« oder »Human« aus dem Radio und kann es nicht mehr hören. Aber dann hört es für den Normalo schon auf. Es wird wohl besser sein, wenn ich nichts über ihre Musik sage, denn meine stümperhaften Musikkritiken sind dieser Band definitiv unwürdig.

Es gab niemals eine Band, die so klang und es wird sie auch nie geben. Punkt. Vor allem Brandon Flowers Sound ist einmalig und unverwechselbar.

Auf ihrem späten, sehr poppigen Album »Day & Age« gibt es ein bemerkenswertes Lied und zwar das letzte. »Goodnight, Travel Well«. Klingt schon mal nach viel Pathos. Es beginnt langsam und etwas düster. Die Vocals erscheinen hoffnungslos. Dunkel. Es scheint auch hier um Abschied und den Tod zu gehen.

Am Ende des Songs ändert sich die Stimmung jedoch. Der etwas düstere Unterton geht über in einen, bei dem sich sämtliche Himmel vor einem öffnen. Ein Sound von sakraler Weite. So was muss doch erklingen, wenn man im Himmel ankommt. Wow. Ich denke mir, die Götter selbst würden solche Lieder schreiben, wenn einer von ihnen sterben würde. Klänge aus einer anderen, größeren Welt. So als würden sich alle Horizonte um einen herum um hunderttausend Millionen Kilometer nach hinten schieben. Ein Sound der Unendlichkeit. Echt geil. Könnte auch was für meinen Fall sein. Ein heißer Kandidat.

Oder vielleicht was Deutsches? Da fällt mir jetzt spontan »Glück auf« von Joris ein. Eher was Neues. Hab ich das erste Mal im Auto im Radio gehört, als ich an einem stinknormalen Tag von der Arbeit kam. Schönes Lied. Echt schön. Alle die sagen, dass es keine guten, jungen deutschen Musiker mehr gibt, sollten da mal reinhören.

»Du erinnerst mich an Liebe« von Ich & Ich. Ich kenne wenige deutsche Lieder, die mehr Schönheit im Sound haben. Mal live gesehen vor vielen Jahren in Berlin. Glaube, da war Gänsehaut im Spiel.

Schöne Lieder auf Deutsch. Herbert Grönemeyer »Glück«. Muss ja nicht immer traurig sein.

Kein großer Fan von Udo Lindenberg gewesen. Irgendwie stranger Typ. Okay, schon cool. Nicht meine Zeit. Aber vielleicht der Hammer auf einer Beerdigung. »Der Astronaut«.

Ein anderes Lied, das mich zutiefst packt ist »Dear Future Historians« von Enter Shikari. Kennt kaum jemand. Ich kann mir nicht vorstellen, dass diese Gruppe aus England jemals auf einer Beerdigung gespielt wurde. Englische Jungs. Grob, laut und rüpelhaft. Aber sicherlich nicht doof. Und schon eine Art von Pionierarbeit, die sie leisteten. Was hier alles musikalisch gemischt wird, kann ich trotz meiner Musikexpertise gar nicht genau sagen. Rock, Hip Hop, Dubstep, Hardcore, Drum N Base und noch viel mehr so Zeug. Fast undefinierbar, aber halt geil. So speziell, dass sie es wohl nie schaffen werden, ganz groß zu sein.

Ich bin mir nicht ganz sicher, was der Text bedeutet. So was wie »… ich hab nie die Sachen gemacht, die ihr gemacht habt. Das normale Zeug. Ich habe meine eigenen Entdeckungen gemacht und das bereue ich nicht …« Würde eigentlich schon gut zu mir passen.

Das Lied selbst ist einfach und schön. Und so unglaublich reduziert aufs Wesentliche. Zumindest am Anfang. Nur Piano und die Stimme. Und gut Singen kann der Schreihals auch. Wer hätte das gedacht bei dem ganzen wüsten Geschrei der anderen Lieder. Keine Schnörkel. Einfach nur echt und schön. Hat er richtig gut gemacht, der Junge. Verdammt gut. Ein weiterer guter Kandidat. Vor allem, weil wahrscheinlich niemand es kennen würde. Überraschungseffekt.

Früher wäre mein Favorit die Elevator-Version von »Nothing Else Matters« gewesen. Die ist etwas zarter und mit mehr weichen Violinen als das rauere Original.

Es könnte aber auch was ganz anderes, auch älteres sein. »Perfect Day« von Lou Reed oder so was.

Schluss jetzt mit diesen Gedanken. Ich kann es grad nicht fassen, über was ich nachdenke.

Verdammt noch mal. Lass dich jetzt nicht hängen, Junge!

TROPENHOCHZEIT

Januar 2017

Unsere Hochzeit im Januar 2017 war klein und bescheiden. Doch sie war bestimmt in vielerlei Hinsicht sehr besonders. Januar klingt nach Winter. Doch es war prächtiger, tropischer Sommer. Natürlich wurde es für uns der schönste Tag überhaupt und wir werden ihn nie vergessen.

Es war ein Freitag, das weiß ich noch, und wir hatten natürlich beide frei genommen. Molly war morgens noch beim Friseur mit Nicky, ihrer Freundin. Die Frisur der Braut ist natürlich immer sehr wichtig. Wir würden uns dann später zur Trauung direkt um 13 Uhr am Standesamt von Singapur treffen. Genau genommen dem Registry of Marriages (ROM) in der 7 Canning Rise. Am Fuße des Fort Canning Parks. Den ganzen Morgen waren die Frauen schon beschäftigt mit den typischen Vorbereitungen rund um die Braut. Ich selbst stand auch früh auf und hatte als Bräutigam weitaus weniger zu tun und es war erst mal recht entspannt. Eigentlich musste ich mich ja nur schick machen und in den Anzug jumpen. Die Frisur würde ich ja grad noch selber hinbekommen. Doch irgendwie kam auch ich dann gegen Mittag in eine Art von Stress und ich kam dann ziemlich auf den Punkt um 13 Uhr fertig gedresst am Standesamt mit dem Taxi an. Das hatte ich also schon mal hinbekommen. Guter Junge.

Molly sah einfach nur super toll aus. Ein schlichtes, aber elegantes Kleid im Stile einer griechischen Göttin. Ein toller Anblick. Mit einem schönen kleinen Strauß in den Farben lila, rosa, weiß und grün. Eine tolle und hübsche Braut. Ich war sehr stolz. Ich selbst im eher sportlichen hell-grauen Anzug mit schlanker Krawatte und Anstecker in den Straußfarben.

Auch ich sah top aus. Nur war das Problem, dass eigentlich im Singapurklima draußen niemand so was tragen würde. Ich ging natürlich ziemlich ein in dieser Montur. Aber es musste halt sein. An diesem besonderen Tag musste man einfach etwas leiden, um gut auszuschauen.

Langsam trudelten auch unsere Gäste ein. Es waren nur so 15 Leute. Unsere besten Freunde in Singapur. Wir hatten uns dafür entschieden, einfach mal in kleiner lokaler Runde zu heiraten. Wir wollten das gar nicht so groß machen. Um uns herum waren Brautpaare verschiedenster Kulturen. Ein indisches Paar. Dann ein Paar, das in traditioneller malaiischer Tracht gekleidet war. So sah ich das zumindest. Auch hier mischten sich sämtliche Kulturen, auch beim Heiraten. Natürlich waren auch Ang Mos, Chinesen und weitere Menschen zu sehen. Ein bunter Mix. Und wir eben. Geheiratet wurde hier in mehreren kleinen Sälen. Deswegen waren auch mehrere Paare gleichzeitig dran und es ging schon recht straff und effizient zur Sache. Es war ganz schön was los dort auf dem Standesamt.

Dann ging es los. Es wurde langsam etwas aufregend. Wir wurden in einen der kleinen Säle gebeten. Die Hochzeitsgäste setzten sich und wir begaben uns nach vorne zur Standesbeamtin an den Tisch, flankiert von unseren Trauzeugen Tina und Karl. Es war natürlich sehr spannend für uns. Vor allem auch, weil die gute Frau Beamtin weniger in Oxford-Englisch sprach, sondern richtig heftig Singlisch. Das ist die lokale Art Englisch zu reden. Man könnte sagen, es ist ein etwas dreckiges, aber sehr sympathisches Englisch, mit einem Satzbau, der schwer vom Chinesischen geprägt ist. Und so verstanden wir dann bei der Ansprache auch nur teilweise, was die Frau sagte. Sinngemäß war schon alles klar, es ging wohl um uns, aber die Details der Trauung gingen teilweise im Singapur-Slang, den wir hier auf dem Amt eigentlich nicht erwarteten, unter.

Blöd war das vor allem an der Stelle, an der wir beide die Trausprüche nachsprechen mussten. »Repeat after me«, sagte die Frau Standesbeamtin, und das versuchten wir dann auch. Wir waren aber nicht vorbereitet. Hatten die Trautexte nie vorab bekommen. Es war schon sehr schwierig und an paar Stellen haspelten wir irgendwas, obwohl wir es nicht ganz verstanden hatten. Das brachte einen gewissen Fun-Faktor in die Runde und machte die Trauung kurzweilig und eigentlich eher lustig, als feierlich und ernst. Diese ging dann sowieso nur ein paar Minuten und dann waren wir schon ein Ehepaar.

Auf der anderen Seite der Eingangstür öffnete sich dann die Tür nach außen und wir begaben uns für Weiteres in den schönen Außenbereich am Fuße des Fort Canning Parks. Es war sehr schön, aber super heiß, wie immer. Es war ja Mittagszeit. Vor allem ich litt etwas in meinem Anzug, zugeknöpft und mit Krawatte. Meine Arbeitskollegen überraschten uns dann auch noch, was echt super und witzig war. Wir wurden draußen im Park reichlich beglückwünscht und machten viele schöne Fotos. Wir genossen das sehr. Ungewohnt, so extrem im Mittelpunkt zu stehen, aber wir genossen es sehr. Dann war der offizielle Teil der Feier im Standesamt vorbei.

Es sollte der zweite Teil folgen. Das Feiern auf Batam im KTM-Resort. Uns holte nach der Trauzeremonie im Standesamt ein kleiner Bus ab und wir fuhren mit der ganzen Bande zum Ferry Terminal in der Vivo City, um mit der Fähre auf die indonesische Nachbarinsel Batam überzusetzen. Hier wollten wir mit unseren Gästen feiern. Schick im Hochzeitsdress checkten wir dann im Gewimmel der asiatischen Menschen, viele darunter Indonesier von Batam, auf der Fähre ein. Wir hatten vor dem Einchecken, glaube ich, sogar eine Runde Dosenbier zusammen getrunken.

Wir verließen den heimischen Hafen und fuhren gegen Nachmittag also los Richtung Indonesien. An der Vivo City vorbei. An Sentosa vorbei. Der Kapitän hatte unsere Hochzeitsgesellschaft bemerkt und ließ uns netterweise komplett unaufgefordert auf das geräumige Fährendeck. Nur uns allein. Wir hatten den ganzen Platz oben auf dem Schiff nur für uns. Und das war ein großes Highlight. Nur wir waren oben auf dem Deck des Schiffs und nutzten das natürlich für unsere Brautpaarfotos.

Wir setzten nach Batam über und es war dann schon später Nachmittag. Die Sonne neigte sich schon langsam Richtung Horizont. Es war eine unbeschreibliche Stimmung. Wir auf dem Deck. Auf dem Meer. Auf der Straße von Singapur. Um uns herum andere Schiffe, das Wasser und der Wind. Die abendliche, tropische Stimmung. Das Wetter war perfekt und ruhig. Schön warm. Die Farben der wunderschönen Abenddämmerung leuchteten über der Silhouette Singapurs, die wir von etwas Entfernung genossen. Wir und unsere Freunde. Am Fotos-Machen, Rumspaßen und am Genießen. Wir hatten den Aufenthalt auf dem Deck zum Sonnenuntergang so nicht geplant, es passierte einfach. Es war spontan. Und vielleicht wurde es auch deswegen das kleine Highlight unseres Hochzeitstages. Der perfekte Moment, wo alles stimmte. Alles gut war. Wo nichts hätte besser sein können.

Auf Batam angekommen, wurde die kleine Hochzeitsgesellschaft mit Vans dann ins Resort gebracht. Es wurde schon dunkel. Aber das Wetter war sehr ruhig. Nach dem Einchecken trafen wir uns dann zum Essen etwas später auf der Terrasse über dem Meer, mit Blick auf das entfernte Singapur. Es gab ein schönes und feines Abendessen. Mit all den feinen Sea-Food-Delikatessen, die wir dort schon kannten und schon ein paar Mal probiert hatten. Und ich hielt natürlich eine kurze Ansprache an meine Braut und die Hochzeitsgesellschaft. Und natürlich gab es Geschenke für uns. Es gab dann auch noch eine kleine, süße Hochzeitstorte. Und natürlich viel Bier und Cocktails.

Nach dem Essen gingen wir natürlich noch in die kleine Open-Air-Bar auf der großen Terrasse mit den vielen Sofas. Hier verbrachten wir noch den restlichen Abend mit vielen Drinks, guter Musik und Blick hinaus aufs Meer, Richtung Singapur. Über uns die Flieger, die Changi anvisierten. Alles war perfekt so. Wir blieben dort so bis um drei Uhr morgens. Dann ging es für alle Richtung Bett. Heia.

Den nächsten Tag genossen wir noch zusammen am Pool des Resorts. Sonne, Wasser, Cocktails, Bier und Snacks. Bis die meisten Gäste dann langsam abreisten. Wir und ein paar der Gäste blieben noch einen weiteren Tag, bevor wir nach Singapur zurückreisten.

So verging unser Hochzeitstag schnell. Klar, war es dann schon etwas komisch, diesen großen Tag ohne unsere Familien und engen Freunde aus Deutschland zu feiern. Aber diese Hochzeit war eben genau so, wie es gerade am besten passte. Wir wissen, dass unsere Eltern das eigentlich gern miterlebt hätten. Mama und Papa. Die Geschwister. Und natürlich auch unsere alten Freunde von zuhause. Und sicher tat es uns auch etwas leid, dass wir die Hochzeit so in lokaler Runde weit weg von der alten Heimat durchgezogen hatten. Aber es passte einfach so perfekt für uns. Es fühlte sich richtig an.

Unsere Hochzeit war klein, unkompliziert, entspannt und etwas spontan. So empfanden wir das auf jeden Fall für uns. Wir hatten geringen Planungsaufwand reinstecken müssen. Es war echt ziemlich entspannt. Es passte einfach zu uns. So waren wir einfach. Es war ein Tag ohne große Show, angespannter Planung, Stress und Prunk. Wir hatten keine Zehntausende von Euros reingesteckt. Und nicht alles mit Frank, dem Wedding-Planer, monatelang durchgeplant. Unser Event war einfach, aber mit vielen perfekten Momenten wie dem Sonnenuntergang über Singapur auf Deck der Fähre, dem Feiern und Chillen in der Bar am Meer und natürlich auch der eher lustigen Singlisch-Trauung. Es war perfekt, so wie es war. Weit weg in der Fremde und doch irgendwie zuhause.

Unsere kleine, aber feine Hochzeit unter der tropischen Sonne und dem tropischen Mond. Der schönste Tag.

DAS JAHR DER RATTE

März 2020

Ratte, Büffel, Tiger, Hase, Drache, Schlange, Pferd, Schaf, Affe, Hahn, Hund, Schwein.

Es hätte definitiv mein großes Jahr werden sollen. Das große Jahr 2020. Zumindest mal aus Sicht der chinesischen Sternzeichen. Da bin ich nämlich eine Ratte und das Jahr der Ratte hatte nun begonnen. Alle 60 Jahre werden dann im chinesischen Glauben, wie auch im Jahr 1984, die Holzratten geboren. Ich bin also eine Holzratte in China. Man kann in der Literatur nachlesen, dass Holzratten viele Talente haben, wie zum Beispiel einen starken Willen und die Fähigkeit, immer alles fertigzubringen, was sie anfangen. Ich muss schon einsehen, dass das tatsächlich zu mir passt. Alle zwölf Jahre wiederholen sich die Tierkreise der chinesischen Sternzeichen wieder und beginnen wieder von vorn. In meinem 36. Lebensjahr ist dann eben wieder die Ratte an der Reihe. Und das Jahr der Ratte ist sogar das allererste in den sich ständigen wiederholenden Zeitkreisen des chinesischen Horoskops. Die Ratte gewann nämlich der Legende nach das kaiserliche Wettrennen und kam als erstes der Tiere ins Ziel … Ein Gewinner-Typ also. Interessant, weil in der westlichen Kultur Ratten eher als Ungeziefer und Krankheitsüberträger gelten, also einen eher schlechten Ruf haben. Sie brachten uns im Mittelalter die Pest, sagt man.

Ich glaube eher nicht an das Horoskop und die galaktische Fügung, gesteuert durch irgendwelche größeren Mächte. Aber die chinesischen Sternzeichen, die uns in unserer Zeit in Singapur, gerade an Neujahr, eigentlich überall auf der Insel begegneten, sind uns einfach nur vertraut geworden. Die

Geschichte rund um die Chinesischen Sternzeichen ist recht unterhaltsam und das Feiern und Symbolisieren der Tiere macht wirklich Spaß.

In Singapur, vor allem in Chinatown, werden am Chinese New Year riesige Tiere des jeweiligen Jahres auf den Straßen aufgestellt. In allen möglichen Formen. Sie sind wirklich überall anzutreffen. Natürlich knallbunt. Durch meine Zeit in Asien ist mir die chinesische Kultur generell etwas verständlicher geworden, als sie es davor war. Sie scheint uns Europäern jedoch immer noch sehr fremd und eigenartig zu sein.

Manchmal habe ich das Gefühl, die meisten Menschen des Westens halten die Asiaten generell für komische Leute. Wohlbemerkt ohne viel von den Anderen verstehen zu wollen. Vielleicht gilt das ja auch andersrum. Es ist eine recht komfortable Einstellung, immer alle anderen für komisch zu halten und nur sich selbst für normal. Ich glaube jedoch mittlerweile, dass es trotz unserer offensichtlichen kulturellen und religiösen Unterschiede eher viele Gemeinsamkeiten zwischen Menschen verschiedener Kultur-Kreise gibt und wir alle im Kern unseres Inneren uns viel ähnlicher sind, als wir es vermuten.

Ich erinnere mich von meinen Indonesienreisen daran, dass die jungen indonesischen Mädels eigentlich den deutschen Teeniegirls vom Verhalten her sehr ähnlich waren. Vielleicht bis auf die Kopftücher. Aussehen und Mode war ihnen auch sehr wichtig, genau wie das Handy. Und auch sie kicherten zusammen in Gruppen, wenn so blonde Kerle wie ich vorbeikamen und mal rüber lächelten. Im Endeffekt sind wir alle uns viel ähnlicher, als wir immer glauben.

2020. Das klingt ja eigentlich auch gut. Viel besser als 2019 eigentlich. Klingt nach einem guten und erfolgreichen Jahr. An Silvester hat man sich ja natürlich einmal mehr ein gesundes und frohes Neues Jahr gewünscht. Gesundheit wünscht man sich als noch »jüngerer« Mensch ja eher nur sprichwörtlich, ohne etwas mit der Bedeutung anfangen zu können. Es ist eher eine leere Worthülse. Man sagt es halt so. Aber Gesundheit muss man sich ja eigentlich nicht wünschen, denn man hat sie ja. Man ist ja eigentlich, bis auf kleine Ausnahmen, meistens gesund als junger Mensch. Ich selbst werde in Zukunft wohl für immer anders denken, wenn ich am 1. Januar wieder meinen Freunden und der Familie ein gutes, gesundes neues Jahr wünsche. Nun weiß ich ja, wie es ist, wenn man alles andere als gesund ist.

Auch umso ironischer, dass meine Krankheit eigentlich genau zum Chinesischen Neujahr, also Anfang Februar, begann, wild um sich zu schlagen und zum alles beherrschenden Thema, zumindest in meiner Welt, wurde. Mein großes Jahr, das sich wirklich nur alle zwölf Jahre wiederholt, war also von Beginn an eine einzige Katastrophe. Das Jahr der Ratte 2020 war vom ersten Tag an ein schlechtes. Vor allem, wenn man jetzt noch die weltweite Coronakrise mit dazu nahm. Ein absolutes Katastrophenjahr von historischem Ausmaß. Ein schlechtes Jahr für so ziemlich alle Menschen, für Wirtschaften, für Existenzen, für Beziehungen, gerade für Alte und Kranke. Und es war ein unwirkliches und eigenartig schlechtes Jahr speziell für mich.

Mal schauen, was so im nächsten Jahr der Ratte ansteht, also in 2032 … unvorstellbar.

SCHWARZE NACHT

08. Februar 2017

Die Nacht ist schwarz. Pechschwarz. Es ist Februar. Und trotzdem ist die Luft voller Wärme.

Ich liege auf einer Bank im Park am Meer. Ich bin nass vor Schweiß. Jeder Quadratmillimeter meines Körpers ist von Schweiß gebadet. Ich bin vom großen Zeh bis in die Haarspitzen komplett nassgeschwitzt. Ich liege auf der Bank und schließe meine Augen. Mein Atem geht schnell. Die Pumpe geht noch ordentlich. Ich atme tief aus in die Nacht und atme sie wieder ein. Immer wieder. Langsam beruhigt sich mein Atem. Die Luft, die ich einatme, ist warm und riecht nach Meer.

Ich höre das wohlige Rauschen des Meeres. In unregelmäßiger Regelmäßigkeit branden kleine Wellen am Strand. Wunderschön. Ein unendliches Geräusch voller Leben. Immer weiter, ohne Pause. In den Blättern der großen Tropenbäume über mir rauscht es ebenfalls wunderschön. Da ich liege, kann ich die Bäume und die Blätter von unten aus beobachten, wie sie sich in voller Eleganz im Wind bewegen. Vogelgezwitscher ist auch immer noch zu hören, obwohl es so dunkel ist. Es klingt allerdings nicht wie der süße Sommerabendgesang der Amsel von zuhause. Und sehen kann ich die Vögel auch nicht wirklich. Mittlerweile ist mir das Tropengezwitscher wohl vertrauter geworden als die Abendgesänge der guten alten Amsel. Auch die Zikade ist zu hören. Die sieht man ja sowieso nie, erst recht nicht in der Dunkelheit.

Der Wind weht leicht, aber beständig. Selbstverständlich. Ich bin am Meer. Ich bin schweißgebadet von meinem

Zehn-Kilometer-Lauf durch den East Coast Park. Erstmals habe ich ihn in unter einer Stunde geschafft. Das macht mich sehr glücklich. Ich habe keine Angst, mich zu erkälten, wie es zuhause der Fall wäre im Februar. Der Wind hier ist warm und lieblich und trocknet den Schweiß auf meiner Haut wie ein Föhn. Mit seiner warmen Umarmung lässt er mich jeden Winkel meiner Haut angenehm spüren.

Meinen Blick etwas von den wehenden Blättern abwendend sehe ich Wolken am Himmel. Die Nacht ist pechschwarz. Doch die bunten Lichter des Stadtzentrums, die von ein paar Kilometern her in den Tropenhimmel strahlen, verleihen den Wolken einen Hauch von blasser Farbe in der Dunkelheit. So haben manche einen blassen Gelbstich, andere erscheinen mir leicht bläulich. Sie ziehen langsam ihren Weg. Weiter ins unbekannte Schwarz. Als wüssten sie ganz genau, wo es noch hingeht.

Ruhe, Frieden und Wärme. Einfach nur mal daliegen und die Sinne spüren. An gar nichts denken. Ich habe das Gefühl dafür verloren, wie lange ich schon auf der Parkbank aus Stein liege. Ich habe mich selbst verloren in einer einfachen Art der Glückseligkeit, die ich auf einer solch dicht besiedelten und quirligen Insel niemals erwartet hätte. Nicht hier.

Ich setze mich langsam hin und schaue raus aufs Meer. Es hat denselben Schwarzton wie der Nachthimmel. Somit kann ich die sonst erkennbare Trennlinie zwischen Wasser und Meer jetzt nicht mehr ausmachen. Ich sehe unzählige orangefarbene Lichter. Hunderte. Vielleicht Tausende? Manche kann ich einfach zuordnen, weil sie von Schiffen stammen, die in der Straße von Singapur liegen und auf ihre Einfahrt in den Hafen warten. Andere weiter hinten könnten von Schiffen sein, aber auch vom Festland von Batam, der indonesischen Nachbarinsel. Es ist mir eigentlich egal, woher die Lichter kommen. Wichtig ist, dass dort etwas ist. Irgendetwas. Menschen. Leben. Auch sie werden bestimmt von ihrer Seite zu uns rüber schauen und sich über die vielen bunten Lichter auf unserer Seite freuen und sich fragen, was genau das wohl ist.

Ganz links in meinem Blickfeld sehe ich weitere kleine Lichter im Himmel, die sich etwas schneller bewegen und langsam an Höhe verlieren. Es sind Flugzeuge Richtung Changi Airport. Eins nach dem anderen. Ununterbrochen. Wie an einer unsichtbaren Perlenschnur aufgereiht landen sie auf unserer Insel. Sie kommen von allen Himmelsrichtungen, aus allen möglichen Regionen des Erdballs. Sie kommen alle zu uns.

Langsam wird es dann doch Zeit zu gehen. Zuhause wartet meine Frau auf mich. Ich muss lediglich vier bis fünf Minuten nach Hause gehen. Dort werde ich mich, wie jeden Abend, kurz vor dem Schlafen auf den Balkon stellen und nochmals rüber schauen. Zum Park. Zum Meer mit all den kleinen Lichtpunkten. Rüber nach Indonesien, da wo auch der weiße Buddha steht, den man nachts allerdings nicht sehen kann. Der aber sicherlich da ist.

Ich mache mich also auf den Heimweg. Es ist wahrscheinlich halb elf oder so. Ich fühle mich gut. Topfit. Selten war ich körperlich so fit wie jetzt. Ich schwitze immer noch gehörig nach, obwohl der warme Wind mich trocknet. Mein Körper versucht mich immer noch runterzukühlen. Es ist einfach zu warm.

Ich bin glücklich hier zu sein. Beschwipst von der tropischen Schwüle. Benebelt vom Rauschen von Wind und Meer. High von den vielen kleinen Lichtern. Ich bin frei. Habe die Freiheit, an diesem Ort auf der anderen Seite der Welt zu leben und einfach nur mein Glück zu finden. Meine Heimat am Rande der schwäbischen Alb habe ich nie vergessen und ich weiß, dass ich in meinem Leben immer wieder nach Hause zurückkehren werde. Aber nun bin ich hier und bin Teil dieser anderen, fremden und exotischen Welt.

Eigentlich wollte ich doch nur eine Stunde im Park joggen gehen. Jetzt schlendere ich berauscht, wie im Traum, voller Glück, langsam nach Hause.

Die Nacht ist schwarz. Pechschwarz.

Aber sie ist warm und wunderschön. Das Meer. Der Wind. Die Bäume. Die Lichter. Jedes Molekül lebt. Alles lebt. Jede einzelne Sekunde ist voller unzähliger Highlights.

Und ich bin mittendrin.

NARBE

März 2020

Rückblickend kann ich schon sagen, dass ich bereits im Januar 2020 merkte, dass man auf der linken Seite am Hals irgendeine leichte Veränderung ertasten konnte. Man merkte irgendwie, dass hier kleinere Verhärtungen mit den Fingern spürbar waren. Ich machte mir zu dieser Zeit natürlich keine weiteren Gedanken hierüber. Auch kann ich sagen, dass ich schon Ende 2019 den für das Hodgkin-Lymphom typischen Alkoholschmerz an dieser Stelle bemerkte. Ich verspürte nach dem Genuss nur eines Gläschens meines selbstgebrauten Bieres (seit März 2019 braue ich selbst) ein leichtes Ziehen eben genau an dieser Stelle. Manchmal aber auch zentral in der Brust. Eigentlich nicht unbedingt schmerzhaft, nur komisch und ungewohnt. Auch hier machte ich mir zunächst natürlich keine Gedanken.

Fakt ist wohl, dass der Tumor sich Ende 2019 und klar dann auch Anfang 2020 schon ausgebreitet hatte. Nicht nur an einer oder zwei Stellen, sondern an mehreren, was die späteren Staging-Untersuchungen im Krankenhaus dann ergeben sollten. Zunächst hoffte man nur auf Stadium Zwei, aber man musste es nach den genaueren Untersuchungen auf mindestens Stadium Drei korrigieren. Wohlgemerkt von insgesamt vier Stadien. Was mir dann etwas später auch auffiel, war, dass ich Mitte oder Ende Januar 2020 noch mal Fußballspielen und Joggen gewesen war. Eigentlich hatte ich da noch nicht viel körperliche Schwächung bemerkt. Nach der Weihnachtspause ist man ja nie so richtig fit. Aber Fakt ist schon, dass ich noch Kicken ging, obwohl ich schon (möglicherweise einen fortgeschrittenen) Krebs hatte.

Auch hatte ich mich irgendwann im Januar noch mal mit Freunden in der Stadt auf ein gutes Abendessen getroffen. Ich kann mich erinnern, dass mich Sheereen fragte, ob ich abgenommen hätte. Ich sagte ja und verwies darauf, dass ich abends einfach weniger Süßigkeiten essen würde. Ich war tatsächlich davon überzeugt, dass mein Gewichtsverlust von mehreren Kilos darauf zurückzuführen war. Wie hätte ich denn an Krebs denken sollen?

Unter den behandelnden Ärzten gab es bei den Voruntersuchungen Anfang März wohl mehrfach Diskussionen, ob man einfach am Hals punktieren sollte, also einfach von außen mit einer kleinen Stanze eine Gewebeprobe von den befallenen Lymphknoten am Hals entnehmen sollte, oder ob man quasi am Hals operieren musste, um Tumorgewebe entnehmen zu können. Letzteres ist dann geschehen. Diese Operation war notwendig, um eine Probe des Tumorgewebes zu extrahieren und eine genauere Diagnose zu stellen, um natürlich dann mit der richtigen Therapie fortzufahren. Man entschied also, mir den Hals aufzuschneiden und zwei Lymphknoten zu entfernen, um diese dann genau untersuchen zu können.

In dem obligatorischen Vorgespräch eines solchen Eingriffs lernte ich dann alles Mögliche über das Procedere und die möglichen Risiken. Die Ärzte mussten sicherlich, allein aus rechtlichen Gründen, darüber aufklären. Man erklärte mir alles schön, dass es einen circa fünf Zentimeter langen Cut auf der rechten Halsseite geben würde und man schon sehr vorsichtig sein müsste, weil an dieser Stelle schon sehr wichtige Gefäße verliefen. Die Ärztin meinte aber auch, dass auch im Ernstfall nichts passieren könnte. Man würde dann einfach einen Luftröhrenschnitt machen. Das beruhigte mich dann gleich mal sehr.

Der Hals-Operation selbst fieberte ich dann schon mit mehr Aufregung als Angst entgegen. Irgendwie hatte ich schon die ganze Krankenzeit über großes Vertrauen in die Ärzte und Behandlungen und machte mir echt wenig Gedanken über die Eingriffe. Bei der Hals-OP hatte ich ja sowieso eine größere Narkose bekommen. Am Tag des Eingriffs holte man mich dann liegend im Bett ab und fuhr mich zehn Minuten lang durch das Krankenhaus zum Operationssaal. Dort wurde ich von meinem Bett in eine Art OP-Trage gehievt. Der Arzt, oder eher Helfer, war sehr nett und redete mit mir. Wenn Leute dich kurz vor einer Hals-OP fragen, was man so beruflich macht und ob es einem gefällt, dann dient das wohl eher der Ablenkung des Patienten, als einem wirklichen gegenseitigen Kennenlernen. Verständlicherweise.

Dann schob man mich in den OP und ich kann mich noch gut daran erinnern, dass auf der OP-Tür ein Schild war, an dessen Inhalt ich mich komischerweise aber erst später wieder erinnerte. Auf dem Papierschild stand so etwas wie »COVID-Verdacht«. Da bin ich mir sicher. Heute weiß ich, dass es zu dieser Zeit selbst auf der Onkologie-Station, wo ich auch untergebracht war, tragischerweise Corona-Infektionen gab. Ich kam also tatsächlich bei der Operation in der Kategorie »COVID-Verdacht« unter. Schon krass, wenn man danach darüber nachdenkt.

Vor der OP wurde ich entsprechend am Tisch arretiert und die Ärzte stellten sich vor. Dann kam die nette Frau Anästhesistin. Es dauerte dann vielleicht drei Sekunden nach Aktivierung des Schlafmittels und ich schlief tief und fest. Drei, zwei, eins, weg. Als ich wieder aufwachte, war alles vorbei und alles war noch etwas dämmerig und unklar. Aber denken und reden konnte ich gut. Dann ging es bald schon wieder zurück auf meine Station. Auch hier kann ich mich daran erinnern, dass der Pfleger, der mich zurückschob, irgendwie zögerte, die Station zu betreten. Eben wegen der Coronafälle. Das war eine komische Situation.

Ich muss sagen, einen leichten Schrecken bekam ich dann schon, als ich zum ersten Mal meinen Hals im Spiegel betrachtete. Der Schnitt war deutlich größer ausgefallen, als es besprochen war. Eher 15 Zentimeter. In Bogenform und schön getackert mit großen Klammern. Sah schon ein bisschen wüst aus, mit vielen kleinen, blutigen Serpentinen rund um die Klammern. Etwas wie Frankenstein. Und man hatte eine Art Drainageschlauch in den Hals eingeführt, sodass Flüssigkeit ablaufen konnte. Ich hatte also einige Tage einen Schlauch mit einem Mix aus Blut, Wundflüssigkeit und Wasser im Hals und trug die dazugehörige Plastikflasche immer mit mir herum.

Große Schmerzen bereitete das eigentlich nicht. Ich nahm nur lediglich eine Schonhaltung mit schrägem Kopf ein und verspannte mich in kürzester Zeit ziemlich wüst im Nackenbereich. Die Nächte waren recht schlecht, weil ich im Bett liegend meinen Kopf nicht richtig bewegen konnte und eben der Nacken sehr schmerzte. Sehr unangenehm, aber ich überstand es natürlich.

Nach ein paar Tagen zog mir ein HNO-Arzt endlich mit recht viel Kraftaufwand den Schlauch aus dem Hals. Möglicherweise war das das merkwürdigste Gefühl am Körper, das ich bisher erlebt hatte. Er musste schon ganz schön dran ziehen und man fühlte einfach, dass da am Hals unter der Haut ein Wiederstand war, der sich mit dem Ziehen dann löste. Eigentlich nicht unbedingt schmerzhaft, aber eben sehr komisch und unangenehm.

Die OP selbst verlief gut und die Wunde verheilte auch nach ein paar Wochen schon ordentlich. Natürlich hatte ich die Bilder der Wunde frisch nach der OP an Family und Kumpels verschickt. Bei meiner Homies-Whatsapp-Gruppe erntete ich natürlich ordentlichen Respekt. Männer sind so. Ich wurde kurzerhand zum »Derbsten« in der Gruppe ernannt. Sandro hat zwar seit der Kindheit eine lange Narbe auf dem Unterarm, weil er durch eine Glastür gesprungen war, aber ich hatte ihn wohl mit meiner Halsnarbe auf Platz eins abgelöst. Coole Sau.

Und so trage ich nun ein schönes Souvenir mit mir herum. Eine lange, bogenförmige Narbe am Hals. Auf meiner rechten Seite. Schon gut verheilt, aber auch noch gut sichtbar. Ich habe keinerlei Probleme damit. Mag sie schon fast ein bisschen. Bei Männern sehen Narben ja auch gut aus. Und es ist ja witzig, blöde Geschichten vom Haitreffen unter Wasser oder von der Auseinandersetzung mit dem Samurai-Ritter zu erfinden.

Ich trage die Narbe nun mit mir. Sie ist ganz klar ein Teil von mir geworden. Erinnert mich bei jedem Blick in den Spiegel an diese spezielle Geschichte im Jahr 2020. Egal, was noch passiert. Sie bleibt. Das ist schon okay so. Sie gehört nun zu mir. Wie der Rest des Körpers.

REAKTIONEN – TEIL 2

März 2020

Wenn es mal nicht so gut läuft, muss man trotzdem immer das Beste draus machen. Auch in schlechten Situationen hilft dann eine Brise Humor. Und vielleicht sogar ein bisschen Lockerheit und Coolness.

Ich habe eine WhatsApp-Gruppe mit guten alten Kumpels, die ich von früher aus meiner Heimatstadt kenne, und so haben wir eben noch viel Kontakt. Die Gruppe trägt den schlichten Namen »BIER«. Obwohl eigentlich alle Teilnehmer Akademiker sind (was einen beim Betrachten des Chats eher überrascht), ist dem Männerkreis offensichtlich nichts Originelleres zum Gruppennamen eingefallen.

Ich postete am 19. März 2020 zwei frische Bilder von meiner Halsoperation, um mir meine Props abzuholen. Die Bilder sahen schon fies aus. Ein 15 Zentimeter langer blutiger Cut am Hals mit Klammern versehen und einem Schlauch mit rotem Wundwasser angeschlossen.

Hier der Original-Chatverlauf:

Ich: »Grad ham se mir am Hals rumgeschnippelt«
– Bild 1 & Bild 2 –

Hugo: »(Emoji: Der Schrei-Smiley) Mit der Narbe steigst zum Derbsten in unserer Truppe auf (Emoji: Medaille). Sandro ist jetzt nur noch Platz zwei – weil Arm ist nicht so krass wie Hals. Sorry Sandro, aber Bo – krasses Teil! Warum so riesig? Was haben die gemacht?«

Jojo: »Hoooooly (Emoji: Affe der sich die Augen zuhält) krasses Teil. Haben sie dir da jetzt befallene Lymphknoten entfernt?

Sandro: »Krasses Ding, echt mal mega. Sieht echt krass aus. Und da bin ich zurecht Nummer zwei«

Ich: »(Emoji: Affe der sich die Augen zuhält und Zwinker-Smiley) Ja, schon krass. Vorab besprochen war maximal fünf Zentimeter Cut … ist jetzt wesentlich größer … sind da wohl mit dem Samuraischwert ran. Ja, Lymphknoten entfernt«

Jojo: »Fünf Zentimeter. Fast haha«

Sandro: »Ja fast«

Ich: »Sorry Sash (Sandro) … war nicht so geplant gewesen«

Hugo: »Was geht. Das sieht soo krass aus! Heißt das jetzt du brauchst keine weitere Therapie?«
Sandro: »Das glaube ich, dass man das nicht plant. Und wie kam es, dass die Ärzte fünf Zentimeter etwas verfehlt haben?«

Ich: »Das glaube ich kaum … um Therapie komm ich nicht herum.«

Jojo: »Therapie heißt Chemo?«

Ich: »Genau … leider«

Jojo: »Das packst du. Und alle anderen müssen ja auch daheimbleiben. Von daher verpasst du eh nix (Emoji: Lach-Smiley)«

Ich: »So schaut's aus (Emoji: Daumen hoch). Und mit euren Corona-Partys müsst ihr jetzt halt auch aufhören (Emoji: Lach-Smiley)«

Hugo: »Okay, für dich mach ich 'ne Ausnahme … you can do this Bo. Smash that shit! Wie lange bist noch im Krankenhaus?«

Jojo: »Auf Hangen war heut der Wanderweg gut besucht. Keine Corona-Party in der Kurve (Kommentar vom Autor: das ist ein Grillplatz)«

Ich: »Bin wohl noch bis Sonntag oder Montag hier, dann zwei Wochen Home-Quarantäne (wegen dem Corona-Fall hier), dann Therapie«

Sandro: »Das kommt dann auch noch dazu mit der Quarantäne, echt ein Scheiß grad. Aber du packst das«

Waldi: »Junge Bo harter Scheiß … (Emoji: Affe hält die Hand vorm Kopf). Mir wurde mal gesagt, Narben machen männlich. Stay strong (Emoji: Arm lässt Muskeln spielen). Hoffentlich hilft's. Seid ihr anderen alle auch schon in Isolation?«

Ich: »Logo (Emoji: Arm lässt Muskeln spielen)«

Hugo: »(Emoji: Arm lässt Muskeln spielen)«

Hier ein weiterer Original-Chat rund um die Hals-OP mit einem anderem Freund, einem alten Arbeitskollegen:

Basti: »Hey Bodo, wie geht's? Du hattest schon die erste Chemo, oder? War's erträglich?«

Ich: »Hey Basti … danke, alles gut … nee nee, hatte gestern OP und heute erst Röhre. Heißt, konkrete Diagnose dauert noch. Gestern ham se mir Lymphknoten rausgenommen« – Bild 1 & Bild 2 –

Ich: »Hatten hier auch schon Corona-Fälle direkt auf der Station. Therapie verschiebt sich deswegen wohl um zwei Wochen.«

Basti: »Gangsta (Emoji: lachender Smiley). Shit. Bleib sauber! (Emoji: Victory-Hände)«

Ich: »Hat mich gestern ein Samurai angefallen (Emoji: überkreuzte Schwerter)«

Basti: »Haha, ja so sieht's aus«

Und noch ein weiterer Original-Chat mit einem weiteren Kreis von guten Kumpels zum gleichen Thema:

Ich: »Grad ham se mir am Hals rumgeschnippelt«
– Bild 1 & Bild 2 –

Ich: »So ein bisschen wie Frankenstein«

Ben: »Puhhh … sieht krass aus. Sind das Metallklammern?«

Freddy: »Geschnippelt mit Hattori Hanzo Schwert?«

Ich: »Glaub, die sind da kurz mit'm Bürotacker drüber. So sieht's aus (Emoji: überkreuzte Schwerter)«

Ben: »Wollen die gegebenenfalls noch mal bei gehen?«

Ole: »Alter, haben die deinen Kopf abgenommen und danach wieder drauf gepackt?«

Ich: »Hm (Emoji: nachdenklicher Smiley) guter Punkt … ich frag morgen mal«

Ole: »Aber das waren jetzt echt nur zwei Hurensöhne? (Kommentar vom Autor: gemeint sind hier befallene Lymphknoten) Die Narbe sieht nach mehr aus«

Frank: »Ist ja noch heftiger als bei mir damals. Aber muss man so heftig machen, wegen den ganzen Nerven die da liegen. War bei mir ähnlich und da war bei mir nur ein so drei mal drei Zentimeter Ding an der Ohrspeicheldrüse«

Ich: »Konnte heute noch nicht mit den Ärzten reden … bei dem Cut waren es bestimmt mehrere (Emoji: nachdenklicher Smiley). Ja, haben die mir davor erklärt was da so nerventechnisch abgeht in der Region (Emoji: Affe der sich die Augen zuhält und entsetzter Smiley)«

Ole: »Ja, die Nerven darf man nicht verlieren (Emoji: gehobener Zeigefinger). Und was ist mit dem Corona-Fall? Bist du jetzt in Quarandööóne?«

Ich: »Coronamäßig gibt's Entwarnung. Niemand vom Personal hat sich infiziert, dann werd' ich auch nix haben … War ja übrigens vor drei Wochen schon vier Tage isoliert, wegen Verdacht auf hochansteckende offene Tuberkulose … ich nehm' alles mit grade.«

Ben: »Alter. Ist in dem Krankenhaus Besuchsverbot wegen Corona? «

Ich: »Ja. Die Bouncer (Englisch für Türsteher) hauen alle Besucher an die rein wollen«

Ben: »Ach du shyce …«

Ich: »Darf aber morgen oder so raus hier«

Ben: »Cool. Wie lang hast du Frau und Kind nicht gesehen?«

Ich: »Ich war insgesamt zwei Wochen im Krankenhaus.«

Ben: »Okay, dann hoffe ich, dass du morgen Freigang kriegst. Hast dich ja bestimmt gut benommen (Emoji: zwinkernder Smiley)«

Ich: »Logo gut benommen. Flachmann war immer unterm Kopfkissen, geraucht immer nur im Aufzug und Schlägereien mit anderen Patienten aufs nötige Minimum reduziert«

Ben: »Am besten lässt du morgen noch ein bisschen Arschpappe mitgehen. Ist sehr gefragt gerade …«

EINUNDZWANZIG

02. April 2017

Um drei Uhr morgens am 2. April klingelt tatsächlich der Wecker. So früh bin ich sicherlich noch nie in meinem Leben aufgestanden. Eigentlich war der Plan, sehr früh ins Bett zu gehen, so ab 21 Uhr vielleicht, um möglichst viel Schlaf abzubekommen. Pusteblume. Ich glaub ich war am Vortag erst kurz vor Mitternacht im Bett, wahrscheinlich wegen der Aufregung und Vorfreude.

Der Wecker klingelt also um drei Uhr morgens. Draußen ist es dunkler als stockdunkel. In den umgebenden Condominiums, wo eigentlich immer zu jeder Zeit irgendwelche Lichter in den Wohnungen hoch über dem Boden brennen, sind auch jetzt einige zu erkennen. Jedoch weitaus weniger, als wenn ich sonst so ab sechs Uhr aufstehe. Geschlafen habe ich nur etwas über drei Stunden. Zu wenig. Aber es macht nichts. Ich bin direkt nach dem Aufstehen so was von heiß auf das Event. Bin gleich wach und geil darauf, loszulegen. I am on top.

Heute ist also der große Tag, dem ich schon so lange entgegenfiebere. Heute gilt's. Abliefern. Und zwar richtig. Hatte mich ja schon ein paar Monate vorbereitet mit meinen abendlichen 10-, 15- am Schluss 17-Kilometer-Läufen im East Coast Park. Ohne anständige Vorbereitung wäre es wohl eine eher schlechte Idee, einen Halbmarathon im tropisch-schwülen Singapur anzutreten. Man würde nicht glücklich werden.

Ich fühle mich einfach extrem gut, auch um drei Uhr morgens. Topfit. Ready to go. Sofort ziehe ich meine Sportsachen an. Zum frühen Frühstück gibt es Banane und Power-

Riegel. Ich stell mich draußen auf den Balkon meiner Wohnung in der Amber Road im elften Stock und genieße, wie jeden Morgen, den grandiosen Anblick dieser tollen Ecke der Löwenstadt. Es ist recht angenehm. Ich denke 25 Grad und nicht ganz so drückend wie am Tag. Eigentlich echt angenehm für einen solchen Lauf. Wahrscheinlich sollte man allerdings vor Sonnenaufgang ins Ziel kommen, denn die drückende Tropensonne ist gleich schon nach Sonnenaufgang derart intensiv, dass sie sich eher als wenig pushender Faktor bei der körperlichen Ertüchtigung bemerkbar machen würde.

Die paar Sachen in meinen kleinen Bauchbeutel packen, Trikot und Laufschuhe an, Startnummer mitnehmen und los geht's. Ich bestelle ein Taxi, da in dieser Frühe weder Busse noch MRTs in die Innenstadt fahren. Das Taxi kostet eh nicht so viel. Ziel ist also der Startbereich des Halbmarathons neben den Esplanades an der Marina Bay. Oder halt irgendwo in der Nähe davon ankommen. Sehr zentral. Von hier aus soll also das Spektakel um halb fünf starten. Um sieben Uhr geht die Sonne auf. Ich hab also zweieinhalb Stunden Zeit für den Lauf. Hm, ob ich das packen werde?

Etwas später dann im Startbereich angekommen, verdichten sich natürlich die Menschenmassen immer mehr. Wahnsinn. Tausende von Menschen – Hobbysportler und vielleicht auch ein paar Profis – kommen hier im Zentrum von Singapur zusammen, um bei diesen widrigen Laufbedingungen die 21 Kilometer, oder sogar die ganze Strecke von 42 Kilometern, zu bewältigen. Es herrscht eine irre Stimmung, selbst in diesen frühen Morgenstunden, wo man eigentlich noch im Bettchen liegen sollte. Sehr viel Energie liegt in der Nachtluft. Man sieht es den Gesichtern der Läufer an, dass alle heiß sind. Ich bewege mich immer noch ein bisschen nach vorne durch die Massen. Ganz hinten zu starten ist ja nichts, genauso wie ganz vorne.

Außerdem muss ich Karl finden, da wir zusammen laufen werden. Er hat mich an sich zu dem Laufevent gedisst, gepusht … whatever. Ohne diesen Anreiz wäre ich vielleicht nie gestartet. Nach einer Weile whatsappen finden wir uns tatsächlich. Auch haben wir schon die Toy Story Family im Starterpulk entdeckt. Diese Verrückten gehen tatsächlich bei diesem Klima in Kostümen von Buzz Lightyear oder dem Dinosaurier ins Rennen. Hut ab. Und einfach witzig, dass es diese Leute bei diesen Läufen immer gibt. Sie erinnern vielleicht auch etwas daran, dass auch immer Spaß und Humor mitlaufen.

Dann, um Punkt halb fünf, geht's los. Der riesige Starterpulk setzt sich nach dem Startschuss langsam in Bewegung und wälzt sich in die tropische Nacht hinein, erst mal stadtauswärts Richtung Osten. Da, wo hoffentlich nicht so bald die Sonne aufgehen wird. Ich merke immer sofort, wenn ich laufen gehe, in den ersten Minuten, ob es ein guter oder ein schlechter Run wird. Es wird gleich nach dem Start klar, dass heute ein extrem guter Lauftag ist. Es fühlt sich gut an. Locker leicht. Die Temperatur ist okay. Es ist noch angenehm um halb fünf. Karl scheint auch gut drauf zu sein. Alles so, wie es sein soll. Dazu hochkonzentriert und hochmotiviert. Jetzt geht's ab. Immer wieder stehen am Rande Zuschauer, die anfeuern.

Wir rollen das uns umgebene Feld langsam auf, sind ein Tick schneller als die meisten der anderen Sportler um uns herum. Fühlt sich gut an. Sind schon bei Kilometer vier angekommen. Unter uns sind Menschen aller Altersgruppen. Einige jüngere Teenager. Bestimmt auch welche um die 60 oder älter. Auch hier Hut ab. Am Anfang spreche ich noch etwas mehr mit Karl, hierfür reicht die Puste noch locker. Meine Running-App gibt mir alle fünf Minuten die gelaufenen Kilometer und die Pace durch. Klingt alles bisher vielversprechend.

Die ersten Kilometer sind zurückgelegt und die Sportlerschlange zieht sich langsam weiter Richtung Osten, Richtung East Coast Park. Kilometer acht und alles fühlt sich noch gut an. Es läuft richtig gut. Es geht weiter Richtung Osten im Park. Immer wieder Zuschauer, die rufen und pushen. Sie stehen zwar nicht nur für uns da, aber ihre Energie nehmen wir gern mit. Kilometer elf und dann eine 180-Grad-Kehrtwende und wieder zurück, und zwar Richtung Marina Bay. Richtung Zentrum. Richtung Ziel. Langsam wird es zäher. Bis Kilometer 13 ist es echt gut, dann beginnt langsam alles etwas schwerer zu werden. Man kann das MBS und die anderen Skyscraper nun wieder sehen, da wir den Park verlassen, aber irgendwie wird jetzt schon klar, dass sich alles am Schluss extrem ziehen wird. Und dass es echt hart werden wird. Aber ich hab immer noch Bock drauf, das alles durchzuziehen.

Es wird langsam immer zäher. Ich meine auch langsam, dass die Füße schon ein bisschen schmerzen. Ich hätte eventuell doch noch neue Laufschuhe kaufen sollen. Diese habe ich jetzt schon seit über zwei Jahren und ich bin viel damit gelaufen. Bei Kilometer 16 sage ich Karl, dass er weiter sein Tempo laufen soll und sich hier unsere Wege trennen werden. Ich merke nämlich schon, dass ich für den Lauf länger brauchen werde als er. Das war sicherlich nie der Plan gewesen, aber es geht nicht mehr anders. Zunächst will er nicht, doch dann läuft er weiter, beziehungsweise ich muss mich zurückfallen lassen. An der Marina Barrage vorbei in den Gardens By The Bay. Weiter Richtung Ziel.

Normalerweise verbringt man hier schlendernd und entspannt, möglicherweise Satay-Spieße essend und Tiger-Beer trinkend seine freie Zeit. Jetzt ist es mittlerweile für mich zur Hölle geworden hier. Echt krank irgendwie. Kilometer 17 und jetzt quält man sich nur noch. Das ist der Part, wo man keinen Spaß mehr hat. Man sich fragt, was man denn hier überhaupt macht. Das Ziel eigentlich schon vor Augen und doch ist es noch so weit weg.

Die tropische Morgendämmerung hat eingesetzt und den Himmel über Singapur langsam etwas heller gezeichnet. Eigentlich eine wunderschöne, tolle Stimmung, wenn man nicht gerade sterben würde. Um mich herum kämpfen viele mit sich. Es ist der Kilometer 18, an dem ich nicht mehr joggen kann. Ich muss weitergehen. Auch das wollte ich unbedingt vermeiden, aber es geht nicht mehr anders. Wie hart am Limit muss man sein, um mit dem Gehen anzufangen bei solch einem Event. Ich bin definitiv am Limit angekommen. Die nächsten zwei Kilometer an der Bay entlang gehe ich. Es geht nicht anders. Doch am Schluss fange ich wieder extrem an zu beißen und jogge wieder. Jetzt schon tut alles echt weh. Total am Limit. Schon seit einiger Zeit. Aber das Ziel an der Formel-1-Zielgeraden naht. Es kommt näher und näher und nach zwei Stunden und 25 Minuten habe ich den Halbmarathon geschafft. Meinen ersten.

Ich weiß, dass gute Läufer im Ziel stehen, aufrecht bleiben, weiterlaufen, nachdem sie durch sind. Würde ich auch machen. Es geht aber nicht. Sie schicken einen immer weiter vom Ziel weg, sodass es zu keinen Verstopfungen kommt, aber irgendwann sinke ich einfach nur zu Boden und muss mich setzen, beziehungsweise hinlegen. Unvorstellbar, wie die Pumpe geht und ich schnaufen muss. Es dauert eine ganze Weile, bis ich wieder aufstehe und dann schnurstracks zu den Ständen mit Getränken gehe. Ich werde in der nächsten Stunde geschätzt fünf Liter trinken, ohne dass ich auf die Toilette muss. Das ist alles Wasser für den Körper, das rausgeschwitzt wurde. Es ist eiskalt und jeder Schluck tut so unendlich gut.

Es ist geschafft. Ich hab's getan. Ich bin ein 21-Kilometer-Finisher. Die Zeit von zwei Stunden und 25 Minuten ist wirklich nicht beeindruckend, aber das ist mir egal. Ich bin nicht einmal durchgelaufen und musste am Schluss Gehpausen machen. Aber das ist auch egal. Ich bin durch. Mein erster Halbmarathon und das im tropischen Singapur, so ziemlich auf dem Äquator. Geile Story. Auf die Siegermedaille bin ich tatsächlich sehr stolz.

Ich bin dermaßen kaputt und vor allem meine Füße schmerzen. Aber ich bin unendlich happy, dass ich es geschafft habe. Wirklich mal stolz auf sich selbst sein. Nach der Morgendämmerung, die den Himmel mal wieder schön rosa gefärbt hatte, ist mittlerweile irgendwann ab sieben Uhr dann mal die Sonne aufgegangen und es wird schnell wieder drückend schwül. Wie jeden Tag halt.

Ab nach Hause jetzt. Es ist Sonntagmorgen, acht Uhr. Nach Hause. Da dann den ganzen Tag rumliegen und nur zum Prawn Noodles essen und Bier trinken raus auf die Straße gehen. Und einfach diesen glorreichen und unvergesslichen Sonntag genießen. Du bist heute ein Hero, ein Finisher …

Halbmarathon. Das kann man auf der großen Liste der To-Dos im Leben nun auch abhaken …

Ich freue mich schon so auf die Prawn Noodles und das eiskalte Bier … noch nie hatte ich mir eins so sehr verdient wie heute.

EIN TEIL VON MIR

April – Mai 2020

Anfangs hatte ich mich heftig gegen die Gegenwart des Feindes gewehrt. Hatte ihn zuerst bekämpft und es einfach nicht akzeptiert. Das machte alles ja gar keinen Sinn. Wahrscheinlich ganz normal nach einer solchen Diagnose. Doch nach relativ kurzer Zeit geschah etwas Erstaunliches. Es veränderte sich was. Ich öffnete dem Feind die Tür und ließ ihn ins Haus.

Ich akzeptierte die Krankheit und nahm sie an. Der Widerstand war auf einmal weg. Es wurde alles viel leichter. Und ich nahm sie tatsächlich in meinem Leben auf und widmete ihr einen vorübergehend festen Platz. Nur vorübergehend versteht sich. Der Krebs ist sehr schnell ein fester Teil von mir geworden. Ein Kapitel in meinem ganz eigenen Buch. Ein besonderer Abschnitt meines Lebens. Ein fester Eintrag in meiner biologischen Curriculum Vitae. Es mag sehr sonderbar klingen, aber der Hodgkin ist in kürzester Zeit mein ärgster Feind, aber eben auch mein vertrauter Wegbegleiter geworden. Ich kann sagen, dass er mich für immer verändern würde.

Ich war mir immer sicher, dass ich ihn besiegen würde. Dass wir ihn zusammen mit gebündelten Kräften töten würden. Rein biologisch gesehen wollte er mich zuerst töten. Er hatte doch mit dem ganzen Scheiß angefangen. Mutter Natur hatte es aus irgendwelchen Gründen so vorgesehen und es auf mich abgesehen. Ohne medizinische Behandlung würde der Feind mich zugrunde richten. Es wäre wohl mein Schicksal gewesen, mit Mitte 30 elendig zu krepieren. Noch vor der großen Halbzeit des Lebens. Mal kurz noch vor der Halbzeit vom großen Sensenmann für immer ausgewechselt. Ich glaube an die Natur und liebe sie. Was da draußen abseits unserer menschlichen Zivilisationen vor sich geht, ist sehr faszinierend. Doch in der Tat hätte mich die Natur selbst sehr früh sterben lassen.

Bisher habe ich nie einen Gedanken daran verschwendet, wieso es ausgerechnet mich getroffen hat. Meine Überzeugung war immer, dass das Grübeln über das berühmte »Wieso ich?« nur unnötig Kraft rauben würde und einen brechen könnte. Und da wir im Jahr 2020 nun eben auch die Mittel besaßen, diesen Feind zu besiegen, entwickelte ich ein besonderes Verhältnis zu ihm. Mein tiefes Vertrauen in moderne Medizin, Wissenschaft und Technik – kommt wohl auch von der Ingenieursausbildung – gab mir immer die Zuversicht, dass ich gut durchkommen und wieder der Alte werden würde.

Ich nahm die Krankheit auf und reichte ihr die Hand. Bis zu meinem letzten Tage sollte sie nun ein Teil von meiner Geschichte werden. Obwohl ich den vertrauten Feind aus der Welt schaffen wollte, sollte er immer zu mir gehören. Es wurde meine ganz intuitive Strategie, fest daran zu glauben, dass das alles gut ausgehen würde. Dieser Glaube an das gute Ende war fest in mir verwurzelt. Es war gar nicht mehr möglich, an etwas Anderes zu denken. Alle guten Zusprüche und guten Gedanken der Familie und Freunde gaben mir hier zusätzlich Kraft und Energie. Und vor allem meine kleine Tochter. Aber die starke Überzeugung, dass das alles ein Happy End finden würde, kam immer ganz von selbst aus mir heraus.

Die ersten zwei bis drei Wochen nach Beginn der Chemotherapie hatte ich dann auch noch das Gefühl, dass ich Äußerlich noch relativ normal aussah. Die Haare waren noch alle auf dem Kopf. Vielleicht würde ich sie ja auch behalten. Sie müssen nicht unbedingt ausfallen bei einer Chemo. Zu dieser Zeit hatte ich auch immer das Gefühl, noch ganz normal zu sein. Niemand konnte mir eigentlich ansehen, was gerade Sache war. So wie immer.

Das änderte sich dann wenige Wochen nach der ersten Chemogabe. Die Haare fielen aus. Lag wohl daran, dass ich eine intensive Chemotherapie bekam. Ich wurde somit der typische Krebspatient ohne Haare. Ganz offensichtlich hatte ich auch keinen guten Teint mehr, obwohl der April 2020 uns mit unglaublich viel blauem Himmel und Sonnenschein beschenkte. Ich wurde blass. Alles andere als das blühende Leben. Aufgedunsen von der täglichen Dosis Kortison.

Zwar konnte ich mein Gewicht dann wieder stabilisieren und sogar wieder zunehmen, aber das fühlte sich auch nicht 100 Prozent gut an, weil die Zunahme nur vom vielen Essen kam und ich gleichzeitig aber gar keinen Sport mehr machen konnte. Kicken zu können oder das Joggen vermisste ich schon sehr. Ich hatte es immer gebraucht zum Austoben und Durchlüften. So wie ein Hund es braucht. Raus muss.

Eine Narbe am Hals würde mich immer an meinen ungeliebten Freund und die Zeit mit ihm erinnern, jedes Mal wenn ich in den Spiegel blicken würde. Alles ab nun ein Teil von mir.

Spätestens im Mai 2020 war ich zum ganz typischen Krebspatienten geworden. Jeder, der ein klein bisschen was im Kopf hatte, konnte mir leicht ansehen, dass ich eine Chemotherapie machte. Ich denke, man sieht das Menschen schnell an. Oft hatte ich draußen meine Baseballcap auf. Mal Schild vorne, mal hinten. Hiermit fühlte man sich einfach noch normaler. Im Sommer fiel eine Baseballcap ja eh nicht auf. Mit der Zeit begann ich aber, auch auf der Straße auf die Mütze zu verzichten. War doch egal. Konnte nun eh jeder sehen, dass ich Krebs hatte.

Aber es war eigentlich nie was Schlimmes für mich. Das war ich. Normalerweise ein fitter und gesunder junger

Mann. Jetzt eben halt ein kranker junger Mann. Aber ich war es doch immer noch. War doch immer noch der Gleiche. Es beeindruckte mich schon, dass zum Beispiel meine kleine Tochter meine körperliche Veränderung eigentlich gar nicht bemerkte oder von ihr in irgendeiner Art und Weise beeindruckt war. Ob Papa mit oder ohne Haar. Mit Teint und viel Energie oder blass und nicht mehr ganz so energetisch. Mit Kortisonbäckchen oder ohne. Für sie war ich immer der Gleiche. Papa halt.

Es war einfach nun so. Nun war die Krankheit einfach ein Teil von mir und wir gingen den weiteren Weg einfach mal zusammen. Hand in Hand. Immer Richtung neue Abenteuer.

SURVIVOR

April – Juni 2020

Niemand wusste wirklich, was auf uns zukommen würde. Um die Weihnachtszeit 2019 hörte ich das erste Mal davon. Aber auch ich beachtete es anfangs nicht wirklich. Es hatte schon immer mal größere Pandemien gegeben und es war natürlich nicht das erste Mal, dass ein Virus auf globaler Ebene für Wirbel sorgte. So was wie SARS gab es ja schon mal.

Die Corona-Pandemie von 2020 jedoch stürzte Deutschland und viele andere Länder in die größte Krise seit dem Zweiten Weltkrieg. Es entstanden ungeahnte Schäden in betriebs- und volkswirtschaftlicher, medizinischer, aber vor allem auch sozialer Hinsicht. Im Frühjahr jedoch wusste man einfach noch nicht, welcher Schaden entstehen würde und wie gefährlich das Virus für den Menschen überhaupt sein konnte.

Aus gesundheitlicher Sicht wurden schnell sogenannte Risikogruppen formuliert. Das waren die Gruppen von Menschen, die in erhöhter Gefahr waren in Hinblick auf Infektionen mit dem Virus. Also die Menschen, für die Corona am gefährlichsten war. Das waren zunächst mal die älteren Menschen, die eine Ansteckung nicht so einfach wegstecken konnten.

Eine weitere Risikogruppe waren natürlich schwangere Frauen, die man besonders schützen musste. Und Kinder natürlich. Eine spätere Studie zeigte jedoch, dass Kinder das Virus oft symptomlos verkrafteten. Man bemerkte die Symptome einer Infektion also weniger bei kleineren Kindern.

Eine weitere Risikogruppe waren die Kranken. Nicht die Menschen mit Schnupfen oder gelegentlichem Kopfweh, sondern richtig kranke Menschen mit geschwächtem Immunsystem oder Menschen mit ernsthaften Vorerkrankungen. Krebspatienten zählten definitiv dazu. Ich also auch. Für mich war es einfach unvorstellbar. Aber ich zählte tatsächlich zur Risikogruppe. So weit war es nun gekommen. Ich war nun einer von den ganz Schwachen, die es besonders zu schützen galt. In der gleichen Liga wie die alten Menschen über 80. Ich war per Definition nun sehr verwundbar. Wie ich das hasste.

Ich muss gestehen, dass es mir (und wahrscheinlich den meisten Menschen) anfangs nie wirklich klar war, wie gefährlich das Virus überhaupt war. Immer wieder gab es prominente Stimmen, die sagten, Corona wäre nicht schlimmer als eine normale Grippe. Viele Menschen meinten, sie hätten überhaupt keine Angst davor. Viele leugneten jegliche Gefahren von Corona sogar gänzlich. Es herrschte Verunsicherung. Die Zahl der Toten stieg ab März jedoch in vielen Ländern rasant an. Nach China folgten vor allem Italien und Spanien. Dann natürlich alle anderen Länder auf der ganzen Welt. Die USA und Brasilien würde es später hart treffen, da ihre Staatsoberhäupter die Gefahr runterspielten. Alle Länder würde es hart treffen. Nur Nordkorea behauptete stets, Corona-frei zu sein. Das hatte aber bestimmt ganz andere Gründe.

Viele Mediziner meinten, dass die Toten der Corona-Krise einfach nur die alten oder kranken Menschen wären, die sowieso in der nächsten Zeit gestorben wären, weil sie schwach oder angeschlagen waren. Und die Corona-Toten deswegen gar nicht an Corona, sondern eher mit Corona und an ihrer eigentlichen Krankheit gestorben wären. Sicherlich war da teilweise was dran, aber ich glaubte das nie so ganz. Es gab doch auch viele junge Opfer weltweit. So ganz harmlos konnte das dann doch nicht sein.

Aber egal, was man nun glauben wollte. Für mich, in meiner Situation im Frühjahr 2020, gab es nur eine Mission.

Klingt bescheuert, aber es ging eigentlich primär ums Überleben. Die Isolation so gut es eben ging. Sich fernhalten von allem anderen. Von jeglicher Infektionsgefahr und Virenquelle. Ich musste mich schützen und von Ansteckungsgefahren fernhalten. Meine Frau und meine Tochter auch. Schulen und Kindergärten sollten eh kurze Zeit später komplett geschlossen werden. Doch in jeder Situation war nun der (vermeintlich) absolute Schutz angesagt. Am besten einfach zuhause bleiben. #stayathome. Niemanden treffen und natürlich niemanden berühren. Abstand halten. Mindestens eineinhalb Meter. Besser zwei.

Noch lange bevor das allgemeine Maskentragen verordnet wurde, trugen Molly und ich, wenn wir uns überhaupt nur in die Nähe von anderen Menschen wagten, FFP2-Masken, also professionelle Schutzmasken, die man vor allem eher in der Medizin benutzte. Diese wurden weltweit schnell knapp, da es gar nicht so viele gab und es wurde schnell dazu aufgerufen, diese Masken nicht zu kaufen und sie den Medizinern zu überlassen. Ich als Krebspatient jedoch war selbstverständlich zum Tragen einer solchen Maske berechtigt. Das bestätigten mir auch einige Ärzte. Bei eBay wurden diese Masken, die sonst wenige Euro kosteten, für mindestens 15 Euro verkauft. Ich besorgte sie auch für uns schnell. Viel zu teuer. Aber wir mussten sie haben. Es ging jetzt nicht mehr um ein paar Euros, sondern ums eigene Leben.

Wir gingen in diesen absoluten Selbstschutz-Modus über und nahmen das schon sehr ernst mit dem Social Distancing. Wie schon erwähnt, wusste ja niemand so genau, wie schnell und aggressiv sich Corona ausbreiten würde und wie schnell man daran sterben würde. Irgendwie hörte man am Anfang immer, dass es auf die Lungen gehen würde. Meine Lungen hatten sie ja schon gecheckt gehabt und waren beunruhigt. Irgendwie nicht so gut.

Und man wusste ja auch gar nicht zu 100 Prozent, wie das Virus denn übertragen wurde. Nur über Tröpfcheninfektion und Hautkontakt? Oder auch über Gegenstände? Die Luft generell? Nur in Räumen oder auch draußen? Über Haustiere? Man wusste es nicht genau. Und niemand wollte es ausprobieren. Das allersicherste war, einfach in den eigenen vier Wänden zu bleiben.

Jetzt ging es allerdings nicht nur um ein paar Tage, sondern um zunächst unbestimmte Zeit. Wochen? Monate? Wir schalteten in den Survivor-Modus. Aus meiner Sicht ging es (so dramatisch und pathetisch das klingen mag) um nichts anderes als das Überleben. Durchkommen und nicht sterben. Die Ärzte im Krankenhaus hatten mir gesagt, dass Chemopatienten in der Regel eine Infektion bekommen und es eher ungewöhnlich ist, wenn es keine Ansteckung gibt. Meine Mission war also nun ganz klar: auf jeden Fall eine Ansteckung mit Corona zu vermeiden. Das hätte nämlich böse enden können.

Es war wie im Film. Die ganze Welt schaltete um in einen Selbstschutz-Modus, bestimmt durch zuhause bleiben, Abstand halten, Masken oder Mundschutz tragen und das komplette Runterfahren des sozialen Lebens. Manche Länder früher, manche später. Aber im Endeffekt dann alle. Jeder Flecken der Erde musste nun mal einige Gänge zurückschalten. Nur wenige Menschen, in sehr entlegenen Gebieten der Erde, würden nicht irgendwie vom Virus beeinflusst werden.

Es ging auf einmal nicht mehr um höher, schneller, weiter, sondern ums pure Durchkommen. Und dabei waren der März und der April wettermäßig wunderschön. Wochenlang war es sonnig bei blauem Himmel und angenehmen Temperaturen. Wetter wie im Bilderbuch. Doch die Straßen waren leer. Alle waren zuhause und versteckten sich vor den anderen.

Selbst nur die schüchternsten Schritte, einfach nur vor die Haustüre, trieben uns den Puls hoch. Klingt bescheuert, aber war so. Die normalsten Alltagssituationen wurden zu verrückten Abenteuern. Ich wollte Bücher verschicken und fuhr zur Packstation. Natürlich mit FFP2-Maske, obwohl weit und breit kein Mensch war. Die Straßen waren leer. Ich trug auch Handschuhe dazu. Weil ich ja nicht genau wusste, ob das Berühren des Touch-Panels auf der Packstation ein Infektionsrisiko darstellen würde.

Wenn man die Nachbarn im Treppenhaus sah, ertönten innerlich die Alarmglocken. Bloß nicht zu nahekommen. Wir bestellten viel Essen über Lieferservices. Diese gehörten bestimmt zu denen, die von der Coronakrise profitierten. Vor dem Pizzaboten vor der Haustüre hatte man irgendwie Angst. Er legte die Ware auf die Treppe, klingelte und entfernte sich wieder. Dann machte man die Tür auf, nahm die Pizza, legte etwas Trinkgeld auf die Treppe und bedankte sich. Wenn man dann die Tür selbst wieder zugemacht hatte, traute der Pizzabote sich weder aus seiner Deckung, nahm das Trinkgeld von der Treppe und ging weiter. Verrückt war das.

Gerade anfangs entstanden viele im Rückblick irrsinnige Situationen. So vermieden wir zunächst einkaufen gehen komplett. Auch Molly ging nicht. Man wusste ja nicht, wie »gefährlich« das hätte sein können. Die Supermärkte ließen anfangs dann auch nur wenige Leute rein. Aber wir hatten uns erst mal entschieden, gar nicht zu gehen. Es ging einfach darum, gar nicht erst in die Nähe von anderen Menschen zu kommen. Wie kamen wir also dann an unsere Einkäufe? Brot, Milch und alles andere. Wir ließen sie uns einige Male von Freunden oder der Familie bringen.

Ich erinnere mich an eine filmreife Szene. Meine Eltern, die eine Stunde von uns entfernt wohnten, hatten wir, weil sonst niemand konnte, damit beauftragt, für uns einzukaufen. Wir gaben ihnen unsere Einkaufsliste am Telefon durch. Ich wollte sie aber dann nicht so lange fahren lassen. Also vereinbarten wir, dass wir uns in der Mitte treffen. Das war in unserem Fall Tübingen.

Und so geschah es dann, dass sich meine kleine Familie mit meinen Eltern dort auf einem staubigen Parkplatz, in der Mittagshitze dieses trockenen Apriltages, zur Übergabe der Einkäufe traf. Als wir ankamen, standen meine Eltern schon da neben ihrem kleinen roten Golf. Es war heiß und die Sonne brutzelte gut runter. Durch unsere Ankunft mit dem Auto wurde noch mehr Staub auf dem Schotterparkplatz aufgewirbelt. Gefühlt hatte es den ganzen April nicht geregnet.

Ich stieg also aus und ging Richtung Eltern los. Es hatte irgendwie was von einem Tarantino-Film oder so. Das Ganze hatte den Flair einer heftigen Drogenübergabe inmitten der Mojave-Wüste. Meine Eltern standen da beide mit Sonnenbrillen und natürlich Mundschutz. Sie holten die Einkaufstaschen aus dem Kofferraum und legten sie auf den staubigen Parkplatzboden. Sie mir direkt zu geben, wäre ja zu »riskant« gewesen. Ich ging rüber und nahm die Einkäufe zu mir und lud sie bei mir ein. Natürlich bedankte ich mich brav bei meinen Eltern.

Als meine Mutter dann leicht auf mich zu ging – es waren sicherlich noch mindestens drei Meter Abstand – rief mein Vater »Nicht so nah rangehen, das ist gefährlich!« Meine Mutter blieb also verdutzt stehen.

Aufgrund der vorbeifahrenden Autos war es auch gar nicht so leicht, miteinander zu reden, und so rief jeder irgendetwas durch seinen Mundschutz zu den anderen rüber. Wie gern hätten wir uns einfach nur in Ruhe getroffen. Ich hatte Krebs und meine Eltern wollten doch einfach nur mal bei mir sein. Einfach mal nur da sein. Aber es war nicht möglich. Es war irgendwie hektisch und irre.

Ich hätte gern kurz mal in Ruhe mit meinen Eltern geredet, aber irgendwie waren alle aufgewühlt und verschwitzt und unsicher. Es war ja kurz nach meiner Krebsdiagnose und natürlich wussten auch meine Eltern, dass wir vorsichtig sein mussten. Trotzdem eine schreckliche Situation, dass man in der schlechtesten Zeit nicht bei seiner geliebten Familie sein durfte und sie sogar eher meiden sollte.

Nach ein paar Minuten und der ebenfalls hektischen Verabschiedung ging ich wieder zurück und stieg ins Auto. Ich glaube, ich musste lachen. Es hatte sich angefühlt, als hätte man gerade fünf Tonnen Koks auf einem staubigen Parkplatz übergeben. Eine irre Gangstermovie-Stimmung hatte die Übergabe begleitet. So als wäre hier etwas extrem Illegales passiert. Hatte echt gefehlt, dass einer noch die Knarre zieht. Dabei hatte ich lediglich die Einkäufe von Edeka und Lidl übernommen und ins Auto geladen. Auch jetzt finde ich, hatte diese Szene trotz der allgemeinen Ernsthaftigkeit was Amüsantes.

Etwas später trauten wir uns dann doch, Molly das erste Mal zum Einkaufen zu schicken. Die Operation »Penny« wurde penibel und mit großer Ernsthaftigkeit geplant. Nichts wollten wir dem Zufall überlassen. Natürlich stattete ich Molly mit einer neu gekauften FFP2-Maske aus. Ich briefte sie ausgiebig, immer auf die anderen Einkäufer zu achten. Im Notfall sollte sie ausweichen. Am besten nicht so viel anfassen (beim Einkaufen!). Einfach am besten Handschuhe benutzen. Einfach unglaublich aufpassen. Die Vorbereitung des Einkaufs glich der Planung einer Militäroperation im dichten Dschungel, wo der Gegner sich überall verschanzt hatte und auf uns lauerte. Es war irgendwie auch wieder ein kleiner Wahnsinn. Ich bewunderte Molly, mit welchem Todesmut sie dann wirklich für uns zum Einkaufen ging. Als sie dann nach eineinhalb Stunden wiederkam, war ich ganz aufgeregt und sie musste mir alles erzählen.

Generell war es ein absoluter Nervenkitzel für mich, vor die Tür zu gehen. So fühlte es sich Anfang April auf jeden Fall an. Jede noch so kleine Angelegenheit des Alltags, wie

Pizza liefern lassen oder etwas bei der Post abgeben, wurde somit im Wahnsinn der Corona-Hochzeit zu einem hochriskanten Abenteuer, dass einem das Adrenalin durch den Körper trieb. Es war eine wahnsinnige Zeit.

Aber nochmals, es ging gefühlt, gerade am Anfang, für mich irgendwie ums Überleben. Ich war als Krebskranker höchstgefährdet und wollte eine Landung auf der Intensivstation durch eine Corona-Infektion einfach nur vermeiden.

Rückblickend kann man dann doch über das alles ein bisschen lächeln. Und all diese coronabedingten Verkomplizierungen von alltäglichen Kleinigkeiten haben rückblickend gewiss ihren Charme. Im Endeffekt ist dann auch nichts passiert und ich bin komplett ohne irgendeine Infektion durch die Chemotherapie gekommen. Wir haben alles überlebt!

Mission »Survivor« accomplished!

RÜCKBLICK: EIN SOMMER AM KAP

Sommer 2010

Oft denke ich auch zurück an den zauberhaften Sommer 2010. Das Zurückerinnern an alte Zeiten ist zwar schön, aber auch eigenartig, weil es einem irgendwie verdeutlicht, dass man älter wird. Und dass die aufregendsten Zeiten vielleicht doch schon vorbei sind.

Natürlich stimmt das irgendwie und dann auch irgendwie nicht. Es wird mit den Jahren nicht schlechter oder besser, es wird einfach nur anders. Das aufregendste, was ich je erlebt habe, war nicht das Tauchen mit weißen Haien oder der Bungee-Sprung von einer 220 Meter hohen Brücke in Südafrika. Auch nicht der Fallschirmsprung über der Wüste von Namibia oder der Nachttauchgang in pechschwarzem Wasser vor der Insel Tioman in Malaysia. Auch nicht der Sonnenuntergang auf dem Zuckerhut in Rio oder das Formel-1 Rennen von Singapur vom Eternity Pool des MBS aus zu betrachten. Viel krasser und bewegender als all das zusammen war die Geburt meiner kleinen Amelie Anfang 2018.

In meinen jungen Jahren war aber in gewisser Hinsicht mein halbes Jahr in Südafrika die vielleicht aufregendste Zeit. Frei, unbeschwert, sorgenlos, mutig und abenteuerlustig war ich. Irgendwie hatte damals der Ernst des Lebens noch nicht so richtig begonnen. Alles schien irgendwie noch ein Spiel zu sein. Alles lief wie von allein. Und ich war irgendwo zwischen Junge und Mann. Ich hatte das große Glück, mit 26 ein Praktikum in Kapstadt machen zu können. In einer kleinen Solarfirma, die es heute nicht mehr gibt. Es war 2010, das Jahr der Fußballweltmeisterschaft in Südafrika. Die Welt blickte auf uns da unten. Es war ein großes, sechs Monate andauerndes Fest.

Seit dieser Zeit bin ich tief mit Kapstadt und der Kapregion im südlichen Afrika verbunden. Auch diese wundervolle Ecke der Welt war mein Zuhause für ein halbes Jahr. Grandiose Landschaften, nicht nur in der Kap-Region mit den Highlights des Kap der Guten Hoffnung, der Weinregion um Stellenbosch oder natürlich dem Tafelberg. Kapstadt selbst ist für mich eine der tollsten Städte der Welt. Laut, bunt, mit viel Geschichte und bester Ausgangspunkt für Trips in alle Richtungen. Zum Beispiel Richtung Garden Route im Süden Südafrikas.

Natürlich mit Problemen wie Kriminalität, Rassismus und Armut. Das war 2010 immer noch spürbar. Und es wird bestimmt auch in Zukunft diese Probleme weiter geben.

Ich lernte viele andere junge Menschen kennen, die dort auch den Sommer als Praktikanten verbrachten. Mit einigen habe ich heute noch Kontakt. Ich wohnte in einer WG zusammen mit drei Mädels aus Heilbronn, Karlsruhe und Horb. Witzig oder? Leon hing ständig bei uns rum. Davide aus Italien war sowieso immer dabei. Und auch mein Arbeitskollege und Freund Peter aus der Schweiz.

Ich war allein aufgebrochen in eine unbekannte Welt. Zwar in der gleichen Zeitzone, aber dann doch so weit weg von Deutschland. Nach kürzester Zeit hatte ich schon so viele Freunde dort. Und wir waren ständig unterwegs, wenn es möglich war. Richtung Kap, nach Hermanus zum Whale-Watching, zum Wine-Tasting (niemand hatte den blassesten Schimmer von Wein) in die Weinregion bei Stellenbosch, die Garden Route entlang bis zum Tsitsikama Nationalpark. Nach Muizenberg oder zum Blouberg Beach zum Surfen (das Wasser war eiskalt), oder natürlich einige Male auf den Tafelberg oder den Lions Head oder zum Botanischen Garten. Oder mal essen gehen ins Township.

Ständig feierten wir in den coolsten Bars in der Long Street am Wochenende. Montag war Kinotag und es ging für wenig Geld ins Cinema an der Waterfront. Dann natürlich die Fußball-WM. Wir schafften es sogar, Karten für Spiele zu bekommen. Ich hatte das große Glück, unsere deutsche Nationalmannschaft im Achtelfinale gegen England in Bloomfontein gewinnen zu sehen. Ich glaube, es war ein 4:2 inklusive krasser Fehlentscheidung zugunsten unserer Mannschaft. Ein paar Sitze neben mir saß bei diesem Spiel Hans Meier. Ständig waren wir auf Public-Viewing-Fußball-Partys. Mein Gott, es war grandios. Deutschland spielte echt gut und hatte auch bei anderen Menschen aus anderen Ländern viel Sympathien. Ich fieberte auch stark für die südafrikanische Mannschaft »Bafana Bafana« mit. Leider schieden sie früh aus, was eigentlich keine große Überraschung war.

Ein großes Highlight war eine dreiwöchige Tour von Kapstadt durch Südafrika, Namibia und Botswana zu den Viktoriafällen in Zimbabwe. Inklusive Etosha-Nationalpark und Okavango-Delta. Mit dem Truck und einfachen Zelten. Ohne Komfort. Aber mit viel Abenteuer. Allein über diese Tour könnte ich locker ein Buch schreiben. Die hunderte von Bildern, die wir fotografierten, sagen wohl tausendmal mehr aus. Eine fantastische Reise war das, weitab von der wirklichen Normalität in Deutschland. Als Peter und ich die Reise antraten, hatten wir sie noch nicht einmal bezahlt. Irgendwie lag ein Buchungsfehler vor. Leider merkte die Organisation das dann aber am Schluss doch noch und bat uns noch zur Kasse.

Das Praktikum war eigentlich ziemlich entspannt. Hier »arbeiteten« auch andere Praktis aus den USA, Kanada, Frankreich und der Schweiz. Eigentlich musste niemand so richtig was abliefern. Es machte schon Spaß, aber ein halbes Jahr reichte dann auch. Wir durften eher so für uns »rumforschen«. Die Solarkollektoren verbessern. Ich beschäftigte mich mit der rückseitigen Wärmedämmung der Kollektoren. Aber richtig Druck hatten wir alle nicht. Christophe, der französische Praktikant, war dermaßen entspannt, dass er von einem Tag auf den anderen nicht mehr bei der Arbeit erschien und einfach mal eine zweiwöchige Fahrradtour durch Südafrika machte.

Die Zeit nach der Arbeit war uns allen, glaube ich, sehr viel wichtiger. Es war schön für mich, bei der Arbeit farbige, südafrikanische Menschen kennenzulernen, aber auch europäisch-stämmige Locals. Da waren richtig witzige Jungs dabei. Eine tolle interkulturelle Erfahrung mit jungen Jahren.

Wir mieteten uns alte Mercedes Benz Limousinen der Baureihe W123. Die alten, großen Schlitten mit den superbequemen Riesensitzen. Sie waren tatsächlich zum gleichen Preis zu mieten wie die total abgewrackten 1er Golfs, die überall an junge Leute vermietet wurden und regelmäßig streikten. Ich hatte zuerst auch einen Golf gemietet und blieb auch öfters mal stehen. Einmal auch nach der Arbeit gegen Abend in Woodstock, was nicht unbedingt im Reiseführer empfohlen wird. Vor allem nicht abends. Es ist eine, sagen wir mal, »weniger gute Gegend«. Es ist mir zum Glück nichts passiert. Nicht nur einmal wurde ein 1er Golf direkt vor unserer Haustür gestohlen. Diese Autos waren einfach zu knacken.

Ich freute mich natürlich sehr, als mich mein Vater besuchte. Er war mit einer Reisegruppe dort unterwegs, aber ich nahm ihn natürlich für »coolere« private Trips mit dem eigenen Auto mit. Wir erlebten dort viel zusammen. Auch meine heutige Frau, damalige Freundin, besuchte mich dort. Wir waren erst im Januar 2010 zusammengekommen und ich brach dann gleich im April für 6 Monate Richtung Südafrika auf. Wer hätte gedacht, dass das alles so ausgehen würde mit uns?

Auch wenn Kapstadt von den Europäern (glaub von Engländern und Holländern) geprägt ist, begegnet man hier auch natürlich der afrikanischen Kultur. Super faszinierend. Auch das lokale Essen genoss ich sehr. Auch verfolgten wir Rugby, was in Südafrika riesengroß ist. Die Springboks, das südafrikanische Team, wurde ja sogar mal Weltmeister. Ich staunte nicht schlecht über die Rugbystadien, die so groß waren wie bei uns die Fußballstadien. Die Stimmung drin war mindestens genauso gut.

Natürlich gab es auch mal die ein oder andere brenzlige Situation. Kapstadt ist ja, wie auch andere südafrikanische Städte, für seine Kriminalität bekannt. Aber eigentlich sollte nichts passieren, wenn man sich an ein paar Regeln hält. Wenn man allerdings sechs Monate dort lebt, erlebt man natürlich schon mal etwas. Ich wurde schon ein paar Mal komisch von Leuten dort angequatscht, die auf der Long Street und den Seitenstraßen mit mir mitliefen und mich erst freundlich, dann etwas bestimmter nach Geld fragten. Da wurde es dann doch schnell etwas unangenehm. Einer drohte einmal, mich zu überfallen. Er war allerdings zwei Köpfe kleiner als ich und ich glaube, er bluffte nur. Aber war natürlich eine unangenehme Situation. Von einem anderen Deutschen erfuhr ich dann auch mal, dass er mal mit einem Messer bedroht wurde. Alles in allem ist niemandem was passiert und so schlimm wie die Kriminalität manchmal beschrieben wurde, erschien sie mir nicht.

Eine bewegende Erfahrung machte ich, als ich einmal meinen Freund Leon an seinen Praktikumsarbeitsplatz begleitete. Ein Waisenheim im Township. Hier lebten kleine Kinder, die keine Eltern mehr hatten. Viele waren dazu noch körperlich oder geistig behindert oder eingeschränkt oder hatten eine Krankheit. Ich machte Kontakt mit kleinen Jungs, die wenig Glück im Leben hatten. Von ganz klein auf ohne Eltern, ohne Schutz und ohne eine richtige Chance im

Leben. Eigentlich war es sehr traurig. Ich spielte dort zusammen mit den Jungs ein bisschen. Sie freuten sich ziemlich über jeden Besuch.

Ein kleiner Junge namens James, der irgendwie eine Muskelkrankheit hatte und dem es sehr schlecht ging, schenkte mir ein kleines selbstgemaltes Bild. Es sind einfach nur bunte Vierecke. Ich habe es bis heute. Es hängt neben meinem Schreibtisch. Es bedeutet mir bis heute irgendwie viel.

Es war ein bewegender Nachmittag. Nicht alle Menschen haben so viel Glück im Leben. Das wurde mir dort schnell klar. Diese kleinen Jungs waren für mich kleine Helden. Nach diesem Besuch kam ich mir irgendwie komisch vor. Wie ein verwöhnter, reicher kleiner Junge, der alles, was er will, geschenkt bekommt. Diese Jungs hingegen hatten nichts. Überhaupt nichts. Das sind doch die wahren Helden, dachte ich mir.

Doch natürlich war es für mich, einen 26-jährigen Studenten, eine Zeit ohne Sorgen, eigentlich nur voller Spaß und Abenteuer in einer der schönsten Ecken der Welt. Diese Zeit war ein Geschenk. Ich bin ein wahrer Glückspilz, dass ich so etwas erleben durfte. Der Sommer am Kap war ein wahrer Segen. Once in a lifetime …

Manchmal überlege ich mir, ob ich je einmal wieder überhaupt nach Cape Town zurückkehren wollte. Eigentlich will ich diesen Ort lieber genauso in meiner Erinnerung behalten, wie er im Sommer 2010 war. Und nicht anders.

BEACOPP ESKALIERT

02. April 2020

Ganz am Anfang schon, direkt nach der Diagnose, musste ich sofort daran denken. Krebs bedeutet doch meistens Chemotherapie. Die beiden gehen meistens Hand in Hand. Der Arzt hatte nur gemeint, dass es gute Therapien zur Behandlung gäbe, als er mir von meinem Krebs erzählt hatte. »Therapie« klingt eigentlich ja gut. »Chemotherapie« hingegen wirklich nicht. Kein Mensch will damit was zu tun haben.

Irgendwie ein scheußliches Wort. Klingt nach Leiden und Übelkeit. Nach Nebenwirkungen im ganzen Körper. Nach Schmerzen und Beschwerden. Nach heftigen medizinischen Substanzen, die im Inneren des menschlichen Körpers eigentlich nichts verloren haben. Klingt nach einer schlechten Zeit, die mir nun auch bevorsteht.

Als ich das Wort »Chemo« hörte, dachte ich spontan an leichenblasse, kahlköpfige Menschen, die das Schicksal arg gebeutelt hatte. An schwache, zerbrechliche Leute, denen es schlecht ging. Menschen, die das Pech hatten, einen gnadenlosen unsichtbaren Feind im eigenen Inneren zu haben und ihn mit übler Medizin bekämpfen zu müssen. Mit einer Art von gutem Gift. Ich würde mich also nun auch zu dieser Gruppe gesellen. Da hatte ich wohl keine Wahl. Man hörte ja immer wieder von Menschen mit Krebserkrankungen und von Chemotherapien. Ich habe bisher damit immer einen Zustand verbunden, der auf der Skala zwischen Leben und Tod eher Richtung letzterem tendierte. Einfach etwas sehr Ungutes. Alles, was man davor dazu gehört hatte, war eher was Schlechtes.

Als ich die Diagnose Anfang März bekam, war mein allererster rationaler Gedanke nach dem ersten Schock, oder eher meine allererste Frage in meinem Kopf: »Muss ich jetzt eine Chemo machen?« Das war die erste Frage. Alle anderen Punkte kamen dann danach. Natürlich stellte ich beim ersten Googeln nach Morbus Hodgkin fest, dass eine Chemo die zentrale Behandlungsmethode war. Es gab keine Alternativen dazu. Nicht bei meinem Krebs. Ich sollte also eine Chemotherapie machen. Punkt aus. Höchstwahrscheinlich sogar noch Bestrahlung danach, wenn ich Pech hatte.

Ein bisschen Schiss hatte ich also schon. Das gebe ich ehrlich zu. Ich hatte meine positive Grundeinstellung bis hierher nie verloren und habe von Anfang an eine gute Art entwickelt, selbst in dieser Situation mit allem gelassen umzugehen. Ich muss gerade rückblickend sagen, dass ich schon recht locker mit diesem ganzen Mist umgegangen bin. Das war und ist meine Art. Aber etwas Bammel hatte ich vor der Chemo schon. Vor allem, weil man eben so viel Schlechtes von anderen Leuten davon gehört hatte.

Aber was soll's. Let's do it!

Bei den Vorbesprechungen zur Behandlung sagten die Ärzte mir, dass meine Therapie namens »BEACOPP eskaliert« schon intensiv wäre, aber man schon sehr lange an verbesserter Verträglichkeit forschte. So gäbe es wohl keinen dieser üblen Gesellen im Reiche des Krebses, der so gut von Forschungsstudien begleitet würde wie meiner. Es war für mich auch schnell klar, dass ich an einer Forschungsstudie teilnehmen würde, die mir angeboten wurde. Bei diesen neuen Studien wird generell erforscht, wie die Chemo bei gleichbleibender Wirkung verträglicher für die Patienten werden kann. Es war mein Wille, die Krebsforschung zu unterstützen und hier einen kleinen Teil beizutragen. So wie es viele Menschen vor mir schon getan haben. Eigentlich kann ich sagen, es war mir gleich eine Ehre, die Krebsforschung selbst zu unterstützen.

Auch wurde bei den Vorbesprechungen zur Therapie von den Ärzten erwähnt, dass man Glück im Unglück hätte im Falle eines Morbus Hodgkin. Ein Arzt sagte mir mal: »Wenn man sich einen Krebs auswählen müsste, dann würde man diesen wählen«. Das klang erst mal sehr seltsam. Wer würde sich schon einen Krebs auswählen wollen? Durch die Gespräche und eigene Recherchen fand ich aber schnell heraus, dass das Hodgkin-Lymphom generell eben gut behandelt und komplett geheilt werden kann und die Chancen auf Heilung einfach recht hoch sind. Sicherlich stimmte mich diese Erkenntnis von Anfang an sehr positiv und zuversichtlich. Ja, es half viel.

Nun stehe ich also da und da ist die berühmte Frage nun mal wieder: Habe ich jetzt Glück oder Pech?

Egal. Los geht's. Auf in den Kampf.

So, darf ich vorstellen: meine neuen Freunde. Oder soll ich sagen Hassfreunde? Ich hasse und ich liebe sie zugleich.

Bleomycin, Etoposid(phosphat), Adriamycin, Cyclophosphamid, Oncovin, Procarbazin, Prednisolon.

Ich hasse sie, weil sie verdammte Dreckskerle sind. Richtig üble Gesellen.

Aber ich liebe sie, weil sie Superkräfte haben und meinen Krebs töten können. So einfach ist das. Sie können mich vielleicht retten. Ich sollte mich gut stellen mit denen. Sie sind quasi meine Power Rangers.

Sie haben eine Band gegründet und heißen »BEACOPP«. Das setzt sich zusammen aus den Anfangsbuchstaben ihrer Namen. So wie bei NSYNC auch. Und die Jungs gehen dermaßen steil ab, dass sie sich sogar »BEACOPP eskaliert« nennen können. Alle Achtung.

Ihre Namen klingen geheimnisvoll. Eher unangenehm geheimnisvoll als faszinierend geheimnisvoll. Allein ein schnelles Recherchieren bei Wikipedia, zum Beispiel nach Cyclophosphamid, lehrt einen, dass diese Substanz zu den Stickstoff-Senfgas-Verbindungen gehört. Das sind chlorierte organische schwefel- oder stickstoffhaltige Verbindungen. Wer im Chemieunterricht aufgepasst hat, weiß noch so ungefähr, dass chlorierte Verbindungen irgendwie immer problematisch und doch eher toxisch, also giftig sind. Bekanntester Vertreter dieser übergeordneten Stoffgruppe ist das klassische Senfgas, das als chemische Waffe, als Giftgas in zahlreichen Kriegen schon viele Menschen auf bestialische Art und Weise tötete. Mein Kumpel Cyclophospamid jedoch ist dann eine eher gute Anwendung dieser Stoffgruppe in der Krebstherapie. Er will eigentlich nur Gutes tun. Ich hoffe, er weiß, was er tut.

Eine bekannte Nebenwirkung meines anderen Freundes Bleomycin ist, dass jeder fünfte Patient Probleme mit der Lunge in Form der Lungenfibrose bekommt. Das sagt die Statistik auf jeden Fall. Hierbei verhärten und vernarben dann die Lungen dauerhaft. Toll. Wenn es mich treffen würde, könnte ich jemals wieder Joggen gehen oder meine geliebten Fußballmatches antreten? Das Scheißzeug kann mich vielleicht retten. Es kann mir aber vielleicht auch heftig an die Lungen gehen. Scheiß Situation.

Dann gibt es nebenbei zum lustigen Chemococktail noch zahlreiche weitere Gesellen, die mich täglich begleiten und mich wohl bei guter Laune und in bestmöglichem Zustand halten sollen. Diese sind aber hauptsächlich freundliche Kerle und sollen mir meistens eher helfen. Nichtsdestotrotz klingen auch diese nach viel künstlicher Chemie und unnatürlichem Hokuspokus. Zeug, das man einfach nicht will.

Allopurinol, Pantoprazol, Cotrim forte, Decortin, Candio Hermal. Gratuliere. Ihr seid auch mit dabei. Bei Bedarf dann optional noch MCP oder Ondansetron gegen Übelkeit und Brechreiz, Macrogol gegen Verstopfung, Novaminsulfon gegen heftige Schmerzen, Elotrans und Loperamid bei Durchfall, Zopiclon bei Schlafstörungen und vieles mehr. Ich bin echt gut ausgerüstet.

Ich habe alle Medikamente in einer Schublade im Schlafzimmer untergebracht. Ein ganzes Arsenal voller Pillen und Tabletten. Wenn ich mir den Stecker ziehen wollte, wäre es easy. Da habe ich ganz ordentliche Umdrehungen in der Schublade liegen.

Weil die Geschichte mit den möglichen Nebenwirkungen ja schon etwas unheimlich ist, habe ich hier auch gar nicht weiterrecherchiert und obwohl ich neugierig bin und alles verstehen will, habe ich aufgehört, alle Medikamente und Substanzen zu googeln. Ich denke, das Zeug kann was. Und wir konzentrieren uns jetzt nicht auf die dunklen, sondern auf die guten Zauberkräfte von BEACOPP und drücken die Daumen, dass die Orks gekillt werden und sonst nichts Wildes passiert.

Also haut sie mir rein. Gebt mir die volle Dröhnung. Lieber zu viel als zu wenig. Und lasst uns doch einfach diesen verdammten Krebs vernichten. Jetzt kann ich es nicht mehr erwarten loszulegen. BEACOPP, let's rock!

MEINE BUDDIES

April–Juni 2020

Im Laufe der ganzen Krebsgeschichte, beginnend bei den Voruntersuchungen zur genauen Diagnose bis in die letzten Zyklen der Chemotherapie, habe ich ein besonderes Verhältnis zu ein paar ganz banalen Gegenständen in meiner Umgebung entwickelt. Ganz übliche Alltagsgegenstände, die mir wichtig wurden und die mich den ganzen Weg hindurch begleiteten und an meiner Seite standen. Sie gaben mir Power, Zuversicht und Schutz und sind eben meine Buddies, meine treuen Wegbegleiter geworden.

Da war zunächst mal mein geliebter Trainingsanzug. Jogginganzug klingt ja etwas »assig«. Es war ja auch kein geschmackloser Glitzeranzug von Adidas, sondern ein cooler, sportlicher, dunkelblauer und ultrabequemer 100 Prozent-Baumwoll-Trainingsanzug von »Under Armour«, made in Malaysia und bought in Stuttgart. Man könnte »Under Armour« ja übersetzen mit »unter einer Rüstung« und gibt es was Besseres, als mit einer Rüstung in den Kampf gegen den Krebs zu ziehen? Ich hatte meinen geliebten Trainingsanzug an den vielen Krankenhaustagen immer an. Konnte mir gar nichts anderes zum Anziehen vorstellen. Eben meine bequeme Rüstung gegen alles, was kommen sollte. So fühlte ich mich immer gut geschützt und geborgen. Und auch etwas lässig.

Mein Zaubertrank. Bis zur Diagnose waren eher Bier und Whisky meine Magic-Drinks Nummer eins (ganz klar: In Maßen und nur für den Genuss). Jetzt wurde es der legendäre Rotbäckchensaft, den wir alle vielleicht noch von Oma kennen. Extrem oldschool. Mit diesem strahlenden

Rotbäckchen-Mädchen auf dem Label. Das Original seit 1952, mit Eisen zur Blutbildung stand auch drauf. Passte. Eisenmangel hatte ich ja tatsächlich und Blut nahm man mir auch ganz schön viel ab. Meine Mama hatte mir den Saft beim ersten Krankenhausaufenthalt mitgebracht. Dies war der einzige Aufenthalt, wo immerhin noch drei Tage lang Besucher empfangen werden konnten, bevor am 13. März (ein Freitag!) beschlossen wurde, dass aufgrund der Corona-Pandemie ein Besucherstopp eingeführt werden musste. Was meine Mama mir mitbrachte, war natürlich gut. Und so wurde der Rotbäckchensaft mein persönlicher Zaubertrank, auch spät noch in der Chemotherapie. Er war immer am Start. Wie ein richtiger Buddy halt.

Meine FFP2-Maske. Die mit dem kleinen Ventil. Ich hatte zwei Stück für Molly und mich im Internet bestellt. Es gab Diskussionen zu dieser Zeit darüber, ob Normalos diese Masken überhaupt kaufen dürften, weil sie diese dem medizinischen Personal in Krankenhäusern wegschnappen würden. Diese Masken, die im Gegensatz zum ordinären Mund- und Nasenschutz wirklich vor Viren schützen, waren auch im Verlauf der Corona-Pandemie zu bestimmten Zeiten knapp geworden und eben für Mediziner und die Risikogruppen bestimmt. Das war dann auch der Punkt. Ich war Teil der Risikogruppe geworden. Und so hatten mir ein paar Ärzte auch empfohlen, genau diese FFP2-Maske zu tragen. Sie wurde mir einfach wichtig. Anfangs ungewohnt und komisch wurde sie zu meinem persönlichen Schutz gegen das Virus.

Das Atmen war durch die Maske natürlich erschwert, aber sie schützte mich eben. Gab mir auch immer ein besseres Gefühl. Gerade in der früheren Phase der Pandemie. Wo man nicht wusste, was abgeht. Ich hatte die Maske immer auf. Schon früh, als viele noch keine Maske trugen. Auch egal, wie es aussah. Beim Arzt, im Krankenhaus, beim vorsichtigen Shopping beim Metzger oder Bäcker. Ich hatte sie auf. So konnte mich das Virus einfach nicht erwischen. Die erste Generation war eine billigere Maske aus China gewesen. Wir trugen sie aber so oft, dass nach ein paar Wochen die Bänder rissen. Dann bestellte ich uns besser verarbeitete, länger haltbare 3M-Masken. Einer meiner liebsten Buddies.

Meine Quicksilver-Baseballcap aus Südafrika. Hatte sie 2010, als ich in Kapstadt lebte, kurz vor der Abreise in einem Surfer-Outlet gekauft. Als es noch keine Sorgen in meinem Leben gab, sondern hauptsächlich Fun. Ich hatte sie bis dato nicht besonders viel getragen. Ab und zu nur. Sie war aber irgendwie immer bei mir gewesen. Und im Jahr 2020 sah sie deswegen immer noch aus wie neu. Sie hat das Quicksilver-Logo in den Farben der Südafrika-Flagge drauf. Eine der schönsten Flaggen überhaupt aus meiner Sicht. Die Cap kam natürlich dann zum Einsatz, als mich meine geliebten Haare verließen. Auch wenn ich eigentlich keine großen Probleme mit dem Haarausfall hatte, wollte ich nicht mit einer Glatze draußen rumlaufen. Ich dachte, das stand mir nicht und jeder konnte mir dann gleich den Krebs ansehen. Dann also lieber meine geliebte Surfer-Baseball-Cap aus Cape-Town.

Meine Knetigel für die Hand. Und die Massagerolle für die Füße. Also diese Bälle mit den vielen abgerundeten Stacheln. Sahen eigentlich aus wie ein Coronavirus. Diese konnten laut Internet helfen, die Nerven an Hand und Fuß so zu stimulieren und das potentielle Taubwerden dieser Körperteile etwas zu unterbinden. Eine mögliche Chemo-Nebenwirkung halt, auf die ich keine Lust hatte. So kaufte ich mir diese Igelbälle und nahm sie immer mit und spielte immer mit ihnen rum. Vor allem abends beim Fernsehen. Ob das wirklich eine große Wirkung hatte, weiß ich nicht. Ich glaube, ich hatte nie große Probleme mit Taubheit in den Extremitäten. Aber auf jeden Fall waren die Knetigel immer in meiner Nähe. Weitere gute Freunde, die mich begleiteten.

Doch der wichtigste und mächtigste Glücksbringer, Talisman, oder wie man es nennen will, war das Taschentuch. Als ich Anfang April meinen Trolley packte, um mal wieder den Gang ins Krankenhaus zur Chemo anzutreten, hatte mir meine zweieinhalbjährige kleine Amelie ganz unauffällig ein Taschentuch in den Trolley gelegt. Zu dieser Zeit liebte sie es, Taschentücher aus der Packung zu nehmen, sie sorgfältig auszulegen, um sie dann zu zerknüllen, sich damit das Gesicht oder auch mal den Popo (manchmal auch erst den Popo und dann das Gesicht) zu putzen und es dann wegzuschmeißen. Das machte sie oft und gern.

Und dieses Mal packte sie mir eines ihrer Zaubertaschentücher einfach in meinen Trolley. Ein stinknormales weißes. Ich hatte es zunächst gar nicht bemerkt. Erst als ich im Krankenhaus war und meine Sachen auspackte, bemerkte ich das Tuch und wusste gleich, dass Amy es mir eingesteckt hatte. Da musste ich lächeln. Es würde mir Extra-Super-Power sponsored by Amy mitgeben. Bei allen weiteren Krankenhausaufenthalten hatte ich es mir dann eingepackt. Ich passte immer sehr gut darauf auf. Es war mir heilig. Ein mächtiger Begleiter, der wichtigste aller Buddies.

Diese kleinen Dinge wurden meine Wegbegleiter im Corona-Krebsmarathon und wuchsen mir so sehr ans Herz. So was war mir im »normalen« Leben nie passiert bisher. Kleine unscheinbare Dinge so bewusst wahrzunehmen und schätzen zu lernen. Ich sagte ja bereits, dass eine solche Diagnose einen irgendwie verändert. So zum Beispiel.

BAD HAIR DAY

16. April 2020

Um 22:15 Uhr am 16. April war es dann soweit. Da bemerkte ich es.

Vor diesem seltsamen Moment hatte ich im Voraus etwas Sorge gehabt. Der Moment, in dem man bemerkt, dass einem die Haare ausfallen. Hatte mir immer vorgestellt, dass das ein Wendepunkt bei der ganzen Geschichte sein würde. Denn von nun an würde jeder offensichtlich sehen, dass man Krebs hatte.

Es ging also schon nach nur zwei Wochen Chemotherapie los. In den ersten zwei Wochen hatte ich immer das Gefühl gehabt, eigentlich noch ganz normal zu sein. So wie immer, halt mit einer krassen Krankheit in mir drin. Klar, ich hatte abgenommen und jetzt vielleicht nicht den knackigen Teint wie nach dem Fuerteventura-Urlaub vor ein paar Jahren. Aber eigentlich war der Typ im Spiegel mit dieser Narbe am Hals schon noch mehr oder weniger der alte Bo gewesen. Das sollte sich ab jetzt ändern. Dies war der »Bad Hair Day«.

Ich hatte aus verschiedenen Quellen gehört, dass die Haare bei einer Chemo nicht unbedingt ausfallen müssten. Nicht in jedem Fall. Davor hatte ich auch immer geglaubt, dass eine Chemo zwangsläufig immer zu Haarausfall führen würde, aber ich hatte nun anderes gelernt. So hatte ich mir von Anfang an vorgestellt, dass ich sie behalten würde und hatte das auch wirklich gehofft. Ich würde ja komisch aussehen ohne meine gewohnte Haarpracht. Oder alternativ hatte ich ein bisschen gehofft, dass sie wenigstens erst zu einem sehr späten Zeitpunkt ausfallen würden. Tja, so ging es gleich nach zwei Wochen Chemo los.

Meine Haare hatten mir immer sehr viel bedeutet. Im Gegensatz zu vielen Freunden hatte ich sie auch bis Mitte 30 in prachtvoller Ausführung bisher behalten dürfen. Nicht mal Geheimratsecken. Sie bedeuteten mir echt viel, und das als Mann. Ich trug mein Haar oft etwas länger, mochte das. Habe sie dann aber auch gern immer wieder vom Friseur kürzen lassen, so meistens im Frühling. Und ich habe meine Haare auch immer ein bisschen gestylt. Nie übertrieben, aber die Tube Haargel war schon immer bei mir und auch immer auf Reisen dabei. Meine Mutter meinte immer, dass ich mit kurzen Haaren jünger aussähe. Meine Frau meinte, dass ich mit längeren Haaren jünger aussähe. Zu meinen wildesten Zeiten, als ich head-bangend mit den legendären NoCreeps die Bühnen des Zollernalb-Kreises auseinandernahm, hatte ich eine lange, aschblonde Mähne. So wie es halt ein Gitarrenfreak und Rocker nun mal hatte.

Unvorstellbar, ich mit einer Glatze. Auch da war ich eigentlich gar nicht der Typ für, dachte ich mir.

Es gibt ja Leute, denen das richtig gut steht. Hier ist eine gute Kopfform Voraussetzung. Bei Männern steht das schon vielen. Viele Männer rasieren die Haare ja auch ganz ab. Es gibt selbst Frauen, wie Shinead O'Connor oder die Sängerin von Skunk Anansie, bei denen das gut aussieht. Aber doch nicht bei mir.

Ich konnte mir also an diesem Abend auf einmal kleine Büschel einfach vom Kopf nehmen. Das bemerkte ich, als ich auf dem Sofa saß und TV schaute. Da gab es irgendwie keinen Widerstand mehr. Sie waren einfach nicht mehr richtig verankert im Kopf. Meine Haare waren auf einmal kein Teil mehr von mir. Persönlich empfand ich das in den ersten Momenten als Mix aus Faszination (»Krass, was da so alles bei einer Chemo passiert«) und Niedergeschlagenheit (»Hatte gehofft, dass ich sie vielleicht behalten könnte«). Eigentlich war ich traurig. Jetzt würde ich mich äußerlich stark verändern. Ich überlegte mir schon mal, ob ich immer mit Mütze oder Baseballcap rumlaufen würde. Checkte kurz bei eBay, was es da so gab. Vielleicht 'ne Gladbach-Cap oder Fender oder Gibson? War aber dann doch zu müde, um fortzufahren.

Noch nach Mitternacht überlegte ich mir kurz, ob ich das jetzt komplett durchziehen sollte, ins Bad gehen und in einer »Operation Bad Hair Day« alles erledigen würde, um als Cancer-Bo mit Glatze wieder rauszukommen.

Es war aber dann doch zu spät. Und ich zu müde. Und vielleicht musste ich das alles auch erst mal über Nacht verdauen. Um die Haare konnten wir uns noch morgen kümmern. Ich ging ins Bett. Mit einem komischen Gefühl.

Am nächsten Tag wachten wir wieder wie meistens schon um sechs Uhr beide auf, die kleine Tochter schlief noch etwas weiter. Ich hatte meiner Frau schon angekündigt, dass die Haare jetzt schon ausfallen würden. Auch für sie war es komisch. Da ich einen Arzttermin an diesem Morgen zur routinemäßigen Blutabnahme hatte, duschte ich. Hier bemerkte man vom Haarausfall eigentlich nichts. Auch nicht beim Haartrocknen mit dem Handtuch oder beim Föhnen. Beim Stylen mit Haargel jedoch blieben viele Haare an den Fingern kleben. Das bemerkte ich schon. Es war anders. Generell sah man auch auf einmal, dass das Haar gerade oben überhaupt gar keine Fülle und Vitalität mehr hatte, sondern eher erschöpft und schlaff auf dem Schädel lag. So schnell hatten sich meine Haare nun verändert.

Als meine beiden Mädels dann wie jeden Tag in dieser Coronaphase ab 14 Uhr im Garten unten spielen gingen, stellte ich mich vor den Badezimmerspiegel. Nun war die Zeit gekommen. Weg damit. Früher oder später wären sie weggekommen. Wieso nicht gleich erledigen? Dann würde man frühzeitig wissen, wie es aussähe.

Ich stand vor dem Badezimmerspiegel. Es war einfach unvorstellbar. Ich konnte mir die Haare einfach so vom Kopf nehmen. Man musste gar nicht groß daran ziehen. Konnte sie sich recht locker abnehmen. Spürte da auf der Kopfhaut fast nichts von. Mein Körper hatte sie zum Abschied freigegeben. Immer wieder nahm ich etwas ab. Als wäre ich hypnotisiert, nahm ich Schritt für Schritt Büschel weg. Guckte dabei in den Spiegel. Erst mehr an der Seite, wo mein Haar eh immer sehr füllig war. Dann hinten. Dann auch mal oben. Ich machte von einigen Zwischenständen Fotos mit dem Handy. Kam ja nicht so oft vor, dass man sich die Haare vom Kopf riss. Nach 15 Minuten war der kleine Badezimmermülleimer voller aschblonder, eigentlich noch dunklerer Haare. Sie lagen nun wie ein Leichnam regungslos in dem kleinen Eimer. Als hätte ich sie getötet und einfach dort zur Entsorgung hineingeworfen. Ihr Anblick tat mir irgendwie weh.

Dann beschloss ich jedoch, nicht alles runterzunehmen. Vielleicht wäre eine »Übergangsfrisur« besser für meine kleine Tochter. Sie würde dann nicht einen so krassen Unterschied sehen und sich vielleicht weniger Sorgen machen um Papa. Das war nämlich schon immer in den letzten Wochen der Fall gewesen, als sie mich mit Pflastern, Nadeln im Arm, mit meiner Naht am Hals und allem anderen gesehen hatte. Sie hatte sich Sorgen um Papa gemacht. »Papa Aua?« hatte sie mich oft gefragt.

Ich ließ also erst mal noch etwas Haar drauf. Ganz licht und hell. Es sah unglaublich aus. Nicht gut. Ich hatte sie natürlich unregelmäßig rausgenommen. Wie ein krankes, gerupftes Huhn. Am besten konnte man meine Frisur mit der von Gollum vergleichen. Schon hart.

Es war ein unwirklicher, unglaublich fremder Moment, als ich vor dem Spiegel stand und mir die Haare vom Kopf entfernte. Irgendwie war das krank. Falsch. »Normale« Menschen machten so eine Erfahrung nicht. Nur wir kannten so was jetzt.

Bye-bye, meine schöne Mähne. Bye-bye, Haarpracht.

Ich ließ einen Teil des lichten Haarschopfes noch eine Woche drauf. Ich denke einfach, weil ich irgendwie gar keine Glatze tragen wollte. Doch auch nach ein paar Tagen merkte ich, dass ich die Haare überall verlor. Auf dem Kopfkissen waren die morgens zu sehen und auch beim Duschen merkte ich dann langsam, dass sich Haare nun doch einfach lösten und im Abfluss sammelten. Nun war es doch einfach besser, alles zu entfernen. Irgendwann eines Tages Ende April – ich saß grade mit meiner Frau auf dem Sofa, abends, die Kleine musste langsam ins Bett – stand ich kommentarlos auf und ging ins Bad und schnappte mir den Rasierer. Knapp 20 Minuten später – die Kleine war nun schon eingeschlafen – hatte ich überhaupt keine Haare mehr auf dem Kopf.

Bye-bye, meine treuen Freunde.

Es tat mir leid, was ich euch angetan hatte. Ich hatte das nicht gewollt.

Das war nun der Beginn eines neuen Abschnitts.

RÜCKBLICK: NEUJAHR AUF DEM AMAZONAS

Winter 2011

Es gab dann noch ein weiteres kleines Abenteuer in der Ferne, das ich so »nebenbei« noch mitnehmen durfte im Jahr 2011. Auch hieran erinnere ich mich immer noch gern. Es war die Zeit, als ich meine Diplomarbeit fertig geschrieben und eingereicht hatte und das Studium an sich dann beendet war. Der Ernst des Lebens in Form des ersten Jobs drohte. Irgendwie war klar, dass das Leben sich bald ändern würde. Der Einstieg in die richtige Berufswelt stand bevor. Es war also die beste Zeit, noch mal was von der weiten Welt zu sehen, bevor ich dann bald jeden Morgen im Auto zur Arbeit fahren würde und in den langweiligen, monotonen Arbeitsalltag abgleiten würde.

Ich hatte mich bei einer Austauschorganisation für Ingenieure und Naturwissenschaftler auf diverse Praktika in verschiedenen Ländern beworben. Mir war eigentlich egal, wohin es gehen würde und ehrlich gesagt war auch das Thema des Praktikums eher zweitrangig. Klar, es sollte schon irgendwie zu mir und meiner Ausbildung passen. Aber es war wirklich zweitrangig. Es sollte nur am besten noch mal richtig weit weg gehen. Die Bewerbung war ohne großen Aufwand erledigt gewesen. Ich hatte mich zum Beispiel auch in der Mongolei in Ulaanbaatar beworben. Hatte wirklich darauf gehofft, dort einige Zeit leben zu können. Das hatte dann leider nicht geklappt. Es wurde jedoch noch besser. Ich durfte nach Brasilien. In die Hauptstadt Brasília. Für drei Monate im deutschen Winter. So November bis Januar. Wie cool. Und all das hatte ohne großen Aufwand geklappt. Mal wieder richtig Dusel gehabt. Das Ding war mir mal wieder eher so zugeflogen. Sonnenkind halt.

Ich hatte einen Job bekommen bei einer kleinen Baufirma in Brasília. Mehr wusste ich nicht. Wollte ich auch nicht. Brasilien reichte. Ich buchte meine Flüge und machte mich dann im Oktober oder November 2011 auf den Weg quer über den Atlantik in Richtung Samba, Amazonas und Copa Cabana.

In der Schule hatte ich in der Mittelstufe drei Jahre lang Spanisch gelernt, was mir auch größtenteils Spaß gemacht hatte. Vor dem Praktikum konnte ich noch circa zwei Monate lang Portugiesisch lernen, was auch schon gut möglich war mit den Spanischkenntnissen. Ich lernte einfach ein bisschen, was halt noch so ging. Am Flughafen in Salvador angekommen, merkte ich aber dann zum ersten Mal, dass das Brasilianisch-Portugiesisch ganz anders ausgesprochen wurde. Bei den Durchsagen am Flughafen verstand ich erst mal, ganz zu meiner Überraschung, ziemlich wenig. Fast gar nichts. Naja …

Aufgenommen hatte mich eine sehr nette brasilianische Familie in Brasília. Sie hatten zwei Jungs in meinem Alter, die auch Ingenieurwesen, beziehungsweise Architektur studierten. Vitor und Henrique. Sie nahmen auch später am gleichen Austauschprogramm teil, hatten aber nicht das Glück wie ich und bei Ihnen klappte es dann später wohl nicht mit einem Auslandspraktikum in Europa. Ich denke, ich hatte sehr viel Glück.

Die Eltern und die Jungs waren sehr nett und man verlangte nicht einmal ein bisschen Geld von mir. Das war mir anfangs etwas unangenehm, aber ich akzeptierte es dann irgendwann. Ich durfte umsonst bei ihnen wohnen in einem bewachten, umzäunten Wohngebiet in einem schönen neuen Haus. Man muss dazu sagen, dass die Kriminalität in Brasilien ja auch nicht ganz ohne ist und es ja auch zu einer gewissen Prominenz geschafft hat. Deswegen machten die umzäunten und bewachten Condominiums durchaus Sinn.

Das Haus war der Hammer. Neu und ziemlich luxuriös. Im Garten gab es einen schönen Pool und eine überdachte Outdoor-Küche. Die Familie hatte zu meinem Erstaunen nicht nur eine, sondern zwei Maids, also Haushaltsmädchen, die sich um vieles kümmerten. Wäsche, den Garten und vor allem kochten sie jeden Tag. Das durfte ich auch alles mitnehmen. Sie kochten sehr gut. Ich hatte mal wieder wirklich sehr viel Glück und lebte mich schnell in Brasília ein.

Die Arbeit beim Praktikum war eigentlich nicht so spannend und ich lernte auch nicht besonders viel in dem kleinen Bauunternehmen. Die eher wenigen Mitarbeiter waren schon nett, aber so richtig viel für mich als angehenden Ingenieur konnte ich eigentlich nicht mitnehmen.

Ich fuhr mit Thiago, einem sehr lässigen brasilianischen Praktikanten, eigentlich den ganzen Tag nur durch die Stadt von einer Baustelle zur anderen und erledigte immer wieder kleine Dinge. Mal dies, mal das. Da es mit der Sprache gar nicht so einfach war, machte eigentlich Thiago weitgehend alles und ich war einfach eher so dabei. War eher so das blonde Maskottchen, das halt immer mit dabei war. Lernte nicht viel, aber es war trotzdem unterhaltsam. Ab und zu kletterten wir auf Baugerüsten die Fassaden der Wohnhäuser hoch und besprachen ein paar Kleinigkeiten mit den Bauarbeitern. Im Auto laberten wir beide ständig über dies und das. Thiago wollte alles Mögliche über die deutsche und europäische Kultur wissen und über deutsche Mädels und so weiter.

Es war ein sehr entspannter Job für mich, und natürlich bezahlt. Ich kam dadurch irgendwie in jede Ecke der brasilianischen Hauptstadt und alles war eigentlich super entspannt und easy. Tranquilo, wie man dort sagte.

Die Stadt Brasília ist eher untypisch für Brasilien und in keinster Weise mit Rio, São Paulo, Salvador oder anderen brasilianischen Städten vergleichbar. Es ist eine sehr junge, erst in den 1950ern errichtete Planstadt zur Unterbringung der brasilianischen Regierung. Deswegen sagten mir auch einige Brasilianer, dass das hier die kriminellste Stadt im ganzen Lande sei. Eben wegen der Politikerinnen und Politiker.

Die Stadt wurde im höchsten Maße am Zeichenbrett durchgeplant. Eine Retortenstadt. Aber die Architektur – geprägt vom kürzlich verstorbenen Oscar Niemeyer – ist sicherlich einzigartig und spektakulär. Alles eher ruhig und gut organisiert und einfach gut geplant. Eigentlich nicht so, wie man sich Brasilien vorstellte. Dort tanzten keine leicht bekleideten Frauen Samba auf den Straßen, auch wenn ich mir das immer wieder wünschte. Aber sicherlich super für ein paar Monate zum Bleiben und es gab auch hier viel zu sehen und zu erleben.

Drumherum um die Stadt gab es nicht viel. Nur Wald und Vegetation. Die Stadt wurde tatsächlich mitten im Land, im Nichts errichtet. Ich meine, diese zentrale Lage der neuen Hauptstadt sollte vor allem die Einigkeit des riesigen Landes symbolisieren. Das las ich auf jeden Fall mal so.

Meine Gastgeberfamilie war groß und es kam ständig Besuch. Beeindruckt hatte mich, wie eng und verbunden die Familienmitglieder waren. Anfangs hatte ich wirklich gedacht, dass die anderen Jungs, die auf einmal ins Haus gekommen waren, Freunde sein müssten, so wie sie miteinander umgingen. Aber es waren Cousins.

Alle waren immer sehr freundlich zu mir und redeten extra langsam, was oft nur ein bisschen half. Nur die jungen Leute sprachen Englisch. Die Gasteltern auch fast gar nicht. Und so unterhielt ich mich mit meinem bisschen Portugiesisch mit ihnen. Eine interessante Erfahrung war das, da einfach eine solide Basis für eine solide Konversation immer fehlte. Lustig war es dann aber dafür meistens und ich lernte schnell. Und gegenseitige Sympathien waren immer da. Das merkte man, auch ohne sich ganz zu verstehen.

Mit meinem »Gastbruder« Vitor ging ich jede Woche einmal abends zum Fußballspielen. Das war schon ein kleines Highlight immer, mit zehn Brasilianern zu kicken. Zunächst hatte ich schon so was wie Respekt vor den befürchteten Sambatricks und Ronaldinho-Dribblings. Aber als diese dann eigentlich ausblieben und ich merkte, dass ich technisch mithalten konnte (die Jungs waren okay, aber jetzt auch wahrscheinlich nicht hochbegabt), machte es noch mehr Spaß. Doch, ich konnte mit den Jungs gut mithalten.

Obwohl Brasília jetzt nicht die Partystadt schlechthin war, saßen wir abends schon viel in einer der kleinen Bars und tranken immer viel Bier. Antartica oder Skol oder andere. Die Brasilianer tranken eigentlich recht viel Bier, fiel mir auf. Immer schön mit Eiswürfeln. Das schon so eher leichte Bier wurde also immer noch weiter verdünnt.

Überall wurde Musik gespielt. Und zwar keine internationalen Hits, sondern brasilianische Musik. Natürlich Samba und viele weitere Styles. In den Clubs tanzten hunderte von Paaren dazu. Ich hörte wirklich wenig internationale Musik in Brasilien. Das meiste war eigene Musik aus dem Lande und alle liebten es. Jung und alt. Ich kann mich auch noch erinnern, als ich das erste Mal im Auto zur Arbeit Gustavo Lima's »Chechereche, chechereche …« hörte. Ein Sertaneja-Hit in Brasilien. Sertaneja ist so was wie der brasilianische Schlager. Es war ein mega Ohrwurm. Ein halbes Jahr später erreichte das Lied dann auch Deutschland und den Rest der Welt und wurde zum Sommerhit. Und ich hatte es zuerst gehört.

Gern erinnere ich mich auch noch an das Pão de queijo. Kleine Käsebrötchen, schön weich und lecker. Das Erste, was ich im Lande gegessen hatte. Ein weiteres Beispiel für ein sehr einfaches Essen, das aber besonders toll war. Generell war das Essen in Brasilien sehr gut. Viel gutes, hochwertiges Fleisch. Es wurde viel gegrillt, man nannte es Churrasco.

Sehr bekannt ist auch die Feijoada, eine Art Bohneneintopf. Doch, ich habe sehr gut gegessen in Brasilien.

Brasilien ist natürlich ein tolles Land zum Reisen. Allerdings ist es sehr schwer, bei den unzähligen Highlights dieses riesigen Landes die richtigen Spots auszuwählen. Und so versuchte ich natürlich auch, so viel wie möglich von Land und Leuten abseits der Hauptstadt zu sehen.

Mit meiner Gastfamilie war ich an Weihnachten 2011 in deren Heimatstadt gereist. Ich glaube, es hieß Coromandel im Bundesstaat Minas Gerais. Einige Autostunden von Brasília entfernt. Eigentlich ganz nett, aber auch nichts allzu Besonderes. Auf dem Weg dorthin schauten wir uns auch ein paar Ecken von Belo Horizonte an. Die Stadt beeindruckte mich aber nicht sonderlich. Beeindruckend war für mich eher, wie groß die Familie war und wie eng verbunden und natürlich wie gastfreundlich sie war. Auch ein Weihnachten bei diesen hohen Temperaturen ohne Schnee war mal wieder was Besonderes für mich.

Sehr viel beeindruckender war dann auch ein Abstecher mit meiner Gastfamilie nach Ouro Pretu (»Schwarzes Gold«), eine alte Bergbaustadt im Gebirge, reichlich mit Barockkirchen und sonstigen schönen Bauten geschmückt. War wohl mal sehr reich gewesen. Ein sehr schöner Ort hoch oben in den Bergen und etwas, was ich mit Brasilien nicht so verbunden hätte.

Spektakulärer wurde es dann, als mich Molly nach Weihnachten besuchte. Sie durfte auch ein paar Tage im Hause der Gastfamilie wohnen. Auch für sie war es eine neue Erfahrung, nicht richtig mit den Gasteltern kommunizieren zu können. Ihr Portugiesisch war deutlich schlechter als meins. Und meins war schon nicht so prächtig.

So viel wie möglich zu reisen war angesagt. Molly war nur zehn Tage zu Besuch. Also machten wir etwas Verrücktes. Ich hatte als Überraschung für sie einen Flug sehr früh am

Morgen nach Rio de Janeiro gebucht, einen Flug spät abends zurück und eine Stadttour mit einem Local Guide. So etwas schien ja eigentlich eher Quatsch zu sein, so wenig Zeit in Rio zu verbringen, aber es wurde sicherlich einer der besten Tage überhaupt.

Der Guide, der uns schon am Flughafen in Rio abholte, war neu im Business und er legte sich ordentlich ins Zeug. Das merkte man. Sein Englisch war gut. Es versuchte uns, so viel wie möglich zu zeigen. Vom Flughafen aus Richtung Stadt konnte man schon die riesigen Favelas, die in die Hügel gebauten Elendsviertel, sehen. Faszinierend und irgendwie schockierend zugleich. Hunderte Wellblechhütten, dicht aneinander gebaut, bildeten riesige Flächen an den an sich schönen eleganten Hügeln rund um die Stadt. Wir fuhren früh zur Christusstatue hoch, natürlich an die Copa Cabana und Ipanema.

Überall machten wir natürlich viele Fotos. Die Stimmung dort war schon irgendwie lässig. Ein anderes Feeling. Wir besuchten die Catedrale Metropolitana und das Ufo-ähnliche Museum in Niteroi gegenüber der Hauptbucht mit einem wahnsinnigen Blick auf Rio. Natürlich standen auch die berühmten bunten Treppen »Escadaria Selaron« und eine Fahrt auf den Zuckerhut auf dem Programm. Auf diesen kamen wir dann ganz am Schluss des Programms genau zum Sonnenuntergang an. Der perfekte Moment, schon fast kitschig.

Es wurde ein unvergesslicher Tag. Abends nach dem Rückflug nach Brasília landeten wir todglücklich und K.O. im Bettchen.

Getoppt wurde der Tag in Rio allerdings von unserer Neujahrsreise. Ich hatte einen Flug nach Manaus, mitten ins Amazonasgebiet, gebucht, samt ein paar Tagen auf dem Amazonasschiff über Silvester. Wir sahen Amazonasdelphine vom Schiff aus, besuchten native brasilianische Stämme am Ufer des Rio Negro und badeten in diesem auch am Silvestermorgen. Das war etwas Besonderes und man wird es nicht vergessen.

Auch das Opernhaus von Manaus war ungewöhnlich, aber einzigartig toll. Ein ganz besonderer Jahreswechsel, der so schnell sicherlich nicht getoppt werden konnte. Ärgerlich war dann nur, dass wir in Manaus an einen manipulierten Geldautomaten geführt wurden. Und zwar von einem offiziellen Stadtführer. Etwas später wurden ein paar hunderte Euros von unserem Konto abgebucht. Selbstverständlich nicht von uns.

Der Rückflug von Manaus startete ins tropische Gewitter. Wir hoben ab Richtung Blitz und in die dunklen Wolken hinein. Es wurde etwas schauklig im Flieger. Aber wir kamen natürlich wieder heil in Brasília an. Auch diesmal wieder unendlich happy über die tolle Zeit und die tollen Erlebnisse. Anfang Januar 2012 flogen wir beide dann zusammen wieder über den Atlantik nach Deutschland zurück. Zurück ins »normale« Leben. Die drei Monate in Brasilien waren ein purer Glücksfall für mich. Sonnenkind.

KRIEG

April–Juni 2020

Ich war eigentlich immer ein recht entspannter und gelassener Typ gewesen, der immer versuchte, Konflikte und Probleme im Alltag mit Ruhe und Bedacht zu lösen. Das hatte eigentlich immer geklappt. Ich hatte nie Stress gemacht. Hatte mich eigentlich nie schlimm geprügelt und andere verletzt. Irgendwie war ich mal als Junge in eine Art Schlägerei reingeraten. Zusammen mit ein paar Kumpels. Keine Ahnung wieso. Aber das war eigentlich eher zufällig gewesen und da ist dann auch nichts Wildes passiert. Ich war schon immer definitiv ein friedlicher Kerl gewesen. Das können alle bestätigen, die mich kennen.

Das sollte sich unter diesen besonderen Zuständen im Frühjahr/Sommer 2020 ändern.

Denn nun war die Zeit gekommen, in diesen speziellen Krieg zu ziehen. Und zwar allein. Mit aller Härte und ohne Gnade. Um zu töten. Immerhin gab es nun einen realen Feind, der es auf mich abgesehen hatte und – ohne Zweifel – der mich zuerst töten wollte. Das war Grund genug, zu den Waffen zu greifen und in diese entscheidende Schlacht zu ziehen.

In mir drin, und zwar nicht nur an einem Ort, sondern schon gut verteilt, hatten sich diese kleinen Drecksviecher, diese Bestien, eingenistet. Die Orks. Beidseitig am Hals, mitten in der Brust, unter der rechten Achsel und auch an weiteren Stellen. Hier hatte sich dieser elendige Hodgkin schon breitgemacht.

Langsam hatten sich seine bösartigen Zellen vermehrt. Langsam aber sicher. Ganz langsam, noch als ich es gar nicht gemerkt hatte und noch mein normales Leben führte, hatte sich der Teufel in mir drin eingenistet und seine giftigen Tentakel langsam ausgebreitet. Hatte mir langsam mein altes Leben weggeknabbert. Mich ganz langsam gekapert um mich zu vernichten. Über die Wochen und Monate hatten diese Monster mich angezapft und mir meine Kilos abgenommen. Ich wog keine 70 Kilogramm mehr. Hatte also in kurzer Zeit circa zehn Kilos verloren.

Mitten in meiner Brust hatten sie ganz langsam aber sicher ihre Schaltzentrale eingerichtet, von der aus sie auf Beutezug gingen. Hier im Mutterschiff, im Mediastinum, hatten sie ihr Basislager aufgeschlagen und hässliche Orks in sämtliche Richtungen losgeschickt. Langsam aber stetig hatten sie begonnen, Druck auf meinen rechten Lungenflügel auszuüben. Ganz langsam, so dass ich es anfangs gar nicht bemerkt hatte. Sie hatten so lange auf meine Lunge gedrückt, bis diese nicht mehr gut genug durchlüftet war.

Dann hatten die Bakterien leichtes Spiel gehabt. Sie konnten sich in der Lunge niederlassen und so schnell hatte ich dann eine Lungenentzündung bekommen. Deswegen auch der nicht endende Reizhusten. Und deswegen auch das Drücken in der Brust, vor allem beim Liegen im Bett.

Die meiste Zeit hatte ich nichts von dieser Belagerung gemerkt. Ich war ganz normal zur Arbeit gegangen. Hatte mich fit und konzentriert gefühlt. Abends hatte ich diesen blöden Husten und nachts hatte ich mein Bettlaken nassgeschwitzt, aber das hätte ja auch was Anderes sein können. Nein, ich hatte nichts von diesem Krebs gemerkt und ganz normal weiter gemacht, während er schon dran war, mich zu schwächen und zu bekämpfen.

Die atypische Lungenentzündung mit den eher schwachen Symptomen hatte dann auch dazu geführt, dass mich die Ärzte Ende Februar mit Verdacht auf offene Tuberkulose für einige Tage isolierten. Die Röntgen- und CT-Bilder meiner Lunge mussten ja schon irgendwie bedenklich ausgesehen haben zu dieser Zeit. Immerhin war diese Phase der Anfang des Krieges gegen den Krebs gewesen. Denn wenig später, als der Verdacht der Tuberkulose und der Sarkoidose vom Tisch war, hatte man immerhin, aber eher so nebenbei als Ergebnis der Lungenspülung, die Anzeichen des Hodgkin-Krebses gefunden.

Und so konnten sich die gegnerischen Fronten langsam formieren. Beim Kampf gegen diese bösartigen Tumore half aber dann natürlich auch kein Pfefferminztee mehr. Hier mussten üblere Waffen gezückt werden. Anderes Teufelszeug. Gift. »Fight Fire with Fire.« Genau, meine Freunde vom Team »BEACOPP eskaliert« mussten ran. Einsatz zum großen Gemetzel. Wir machten keine Gefangenen. Nun war Krieg und es wurden Orks abgeschlachtet.

Blöderweise passierte das alles im eigenen Körper. Ein Auslandseinsatz, um den Feind in der weiten Ferne irgendwo am anderen Ende der Welt zu schlagen, wäre mir lieber gewesen. Aber das war nicht möglich. Sie waren zu mir gekommen. Der unsichtbare Feind hatte sich schon Monate vorbereitet und stand schon gut formiert direkt vor den eigenen Toren und trommelte zur Schlacht. Wie bei Herr der Ringe. Diese begann dann Anfang April und sollte noch viele Wochen andauern.

Und tatsächlich gab es neben dem Teufelszeug, das mir regelmäßig in die Venen gespritzt wurde, viel Unterstützung. Es waren die Worte, Besserungswünsche und Anrufe meiner Familie und meiner Freunde. Es gab da wohl Menschen, die an mich dachten. Das tat gut und das half auch im Kopf zumindest. Danke an alle. Es gab da aber dann noch eine ganz besondere kleine Spezialwaffe, die ich tatsächlich zum Einsatz brachte, um möglichst viele weitere Orks zu erwischen.

Ich entwickelte eine Spezialmethode der musikalischen Sonderkriegsführung. Lärm. Sound. Distortion. Kriegslieder.

Laut und schnell. Erbarmungslos. Rock und Metal. Gitarren. Drums. Bass. Dezibel. Richtig fetter Sound einfach nur, der helfen sollte, Orks zu töten. Es mag extrem sonderbar klingen, aber ich hörte laute, und sagen wir mal kräftige, Gitarrenmusik als Extratherapie, als Extraenergiequelle und Geheimwaffe gegen die Teufel. Kein Schulmediziner würde mir das glauben, geschweige denn abnehmen. War mir egal. Ich war überzeugt davon, dass das richtig und wirksam war. Diese Therapie hatte ich mir selbst verordnet.

Wenn meine Mädels nachmittags unten im Garten waren beim Spielen, drehte ich auf. Laut. Bass auf Anschlag. Killing Time.

»Army of Noise« und »Scream, Aim, Fire« waren meine musikalischen Therapieelemente. Nur wirksam in lauter Dosierung, so zwei- bis dreimal am Tag. Bullet For My Valentine. Wieso diese, kann ich einfach nicht sagen. Es war so und hatte sich einfach so ergeben. Matt, Padge, Jason und Michael spielten für mich an meinen Therapietagen. Laut und schnell. Lärm gegen den Krebs. Gegen die Orks. Ein Kriegsschrei. Mit jedem einzelnen Gitarrenstroke wurde ein Ork geköpft. Der Bass malmte unbarmherzig mit seinen 130 Dezibel über die gegnerische Infanterie. Jede Snare traf einen weiteren Scheißkerl mitten ins Herz. Die Doublebase krachte über die Gegner hinweg. Die Leadgitarre sägte alles, was dann noch übrig war, um. Alles in allem ein Riesengemetzel. Es war Krieg.

Und so ergab es sich tatsächlich, dass ich im April 2020 oft im Wohnzimmer stand, mit Blick aus dem Fenster hinunter auf die Stadt. Sehr laut liefen die Kriegshymnen »Army of Noise« und »Scream, Aim, Fire«. Ich hatte Tränen in den Augen. Und ich lächelte. Ich wollte headbangen, hatte ja aber gar keine Haare mehr. Kahlköpfig, leichenblass, aufgedunsen vom Kortison stand ich da. Ich befand mich im Krieg. Man mag es nicht glauben, aber diese Extratherapie half mir. Gab mir sehr viel Mut und Kraft. BFMV. Meine dicken Buddies seit vielen Jahren. Hatten mich nicht im Stich gelassen und standen mir zur Seite.

Ich befand mich im Krieg. Nicht wissend, wie es ausgehen würde, aber stehend und kämpfend. Das war alles, was zählte. Schattenkrieger.

DON'T GIVE A FXXX

Mai 2020

Alter, wer bist du?
Du bist ein Krebs? Morbus Häääää? So what …
Macht mir nichts, mir echt egal. Go home …

Einen Schrecken hast du mir ja schon eingejagt, aber jetzt ist gut, mein Lieber. Du hattest deinen Spaß, jetzt verpiss dich! Gespenst von Canterville.

Nichts kannst du mir nehmen. In keinster Weise kannst du mich verändern. Zu keiner Zeit wirst du der Bestimmer sein.

Junge, das Leben hat doch grad erst begonnen. Ich hab 'ne kleine Tochter. Jetzt kommst du angeschissen und erzählst mir was vom Tod. Fuck Off!

Sicherlich kannst du mir im Streit die Haare ausreißen, aber die wachsen wieder, Penner. Du kannst mir auch gern meine Muckis nehmen. Ich geh einfach wieder ins Gym und pump den ganzen Tag. Wenn ich zurück komm, seh ich aus wie The Rock! Was sagst Du?

Tausendmal kannst du mich mit deinen Nadeln piksen. Scheiß Voodoo-Priester. Ich glaub nicht an diesen Mist. Verpiss dich!

Schmeiß mir tausend Pillen hin. Ich schluck sie alle. Scheiß drauf. Die machen mich stark.

Du hast deine Dämonen geschickt. Ich habe sie gesehen. Sie standen vor mir. Aber ihr könnt alle nach Hause gehen. Ihr kommt nicht durch zu mir.

Die Narbe am Hals. Sieht geil aus, oder? Macht mir nichts. Find sie mittlerweile cool. Kann coole Stories dazu erzählen. Ich erzähl den anderen vom Picknick mit dem Grizzly oder dem Meeting beim Tauchen mit dem Hai. Oder der Auseinandersetzung im Kino mit dem Samurai.

Bin jetzt halt ein Gangster geworden.

Ich kann nur müde lächeln.

Viele haben Angst vor dir und deiner Scheiß-Family. Ich nicht. Hau ab. Das ist unsere Hood!

Eine Schelle rechts und links und du darfst wieder Heim gehen. Am besten komm nie wieder. Da wo ich her komm sagt man: Kriegsch a Päärle and Gosch na!

Erzähl deinen großen Brüdern von uns. Und wie wir langsam größer und stärker werden. Wir sind nicht mehr die kleinen Kids von nebenan. So wie es gestern war.

I don't give a fxxx!

UND TÄGLICH GRÜSST DAS MURMELTIER

Mai 2020

Jeder Tag war irgendwie gleich in diesem denkwürdigen Mai 2020. Es war wie in dem bekannten Film, wo immer wieder derselbe Tag von vorne beginnt und immer wieder die gleichen Sachen passieren. Tag für Tag. Eine auf eine gewisse Art höchst eigenartige Erfahrung. So was hatte es noch nie gegeben. Eigentlich nicht schlimm oder schmerzhaft, aber irgendwie hatte es was Unangenehmes und Falsches. Eine solche Situation war völlig neu für alle.

Ich meine mich zu erinnern, dass der Mai der Monat im Frühling mit den meisten Restriktionen und generellen Einschränkungen beim Thema Corona war. Social Distancing war angesagt. Fernbleiben. Von Infektionsquellen. Von den anderen. Vom Leben. Eineinhalb Meter Abstand halten. Unnötige Ausgänge vermeiden. Nur zum Einkaufen rausgehen. Maskenpflicht in den öffentlichen Verkehrsmitteln. Restaurants und Bars hatten zu.

Es war nicht angesagt, so wie sonst am Wochenende in die Stadt zu ziehen und Spaß zu haben. So was war gar nicht mehr vorstellbar. Die Schulen waren auch eher im Notbetrieb via Fernunterricht. Die Lehrer waren für diese digitale Weise des Unterrichts gar nicht ausgebildet. Doch plötzlich war der digitale Unterricht auf einmal da. Wohl eher schlecht als recht. Reisen, wie man es gekannt hatte, war nicht wirklich möglich. Im Juni 2020 begannen zwar erste schrittweise Lockerungen, aber im Mai war davon noch nichts zu spüren und Corona hatte uns alle fest im Griff. Alles stand irgendwie still.

Zunächst mal war das Thema Kita tabu für uns. Es gab zwar Notbetreuung für die besonderen Fälle (da wo die Eltern in systemrelevanten Berufen arbeiteten), aber aufgrund meiner schweren Erkrankung und der damit einhergehenden Schwächung meines Immunsystems kam es für uns nicht in Frage, die Kleine in die Kita zu schicken. Die Gefahr, sich irgendetwas einzufangen, war zu hoch. Gar nicht unbedingt Corona. Eine einfache Magen-Darm-Geschichte wäre schon schlecht gewesen für mich. Und man weiß ja, dass der Kindergarten so was wie ein Virenkarussell ist.

Die Kleine war deshalb immer bei uns zuhause. Jeden Tag. Ein Kind mit zweieinhalb Jahren muss gut unterhalten werden, das wissen alle Eltern nur zu gut. Natürlich gab das Programm für die Kleine jeden Tag einen gewissen Rahmen vor. Morgens nach dem Frühstück spielen und dann raus an die frische Frühlingsluft. Nach dem Mittagessen und einer Mittagspause ging es meistens in den Garten zum Schaukeln, Sandeln, Wasserspielen und so weiter. Etwas später, Anfang Juni dann vermehrt Ausflüge. Dann gegen Abend öfters mal skypen mit den Großeltern oder Duschen. Dann Abendessen und dann Heia. So ging das Tag für Tag.

Im Mai waren wir noch immer sehr vorsichtig wegen des Ansteckungsthemas. Es war uns wichtiger, uns zu schützen, als was zu erleben. Und Schritte Richtung Normalität waren für uns kein Thema. Der eigene Schutz vor dem Virus bestimmte, neben dem Regelablauf für die kleine Tochter, komplett unseren Tagesablauf. Wir mussten uns immer noch isolieren. Das war alles kein Spaß, sondern wirklich ernst. Und der Krebs war ja auch die ganze Zeit da.

Keine Kita. Kein »kurz mal die Kleine zu Oma und Opa geben«. Keine Schule. Keine Treffen mit Familie und Freunden. Ich hätte ihnen doch so viel zu erzählen gehabt. Wie gern hätte ich meine Leute einfach mal um mich gehabt.

Es ging aber nicht. Kein Spielplatz. Kein Biergarten. Keine Reisen. Kein Schwimmbad. Kein Fußball-Spielen. Die Welt schien komplett im Spaßverderber-Modus zu sein. Gott gönnte uns in dieser Zeit nichts. Kein Spaß. Zwar tolles Wetter, aber keinen Spaß.

Zu der Monotonie der immer gleichen Tage kam dann noch meine Krankenroutine hinzu. Jeden Tag viele Tabletten einnehmen, mehrmals Temperatur messen, ausgiebige Mundhygiene dreimal am Tag, um Infektionen über die Mundschleimhaut zu vermeiden. In den ersten Wochen der Chemotherapie mehrmals am Tag den Urin-pH-Wert messen. Und so ekelhaftes Pulver schlucken, wenn der Wert nicht passte. Jeden Tag das Gleiche. Fast jeden Tag bekam ich Rechnungen vom Krankenhaus und reichte sie dann ein.

Auch das Wetter war meistens jeden Tag gleich. Es war traumhaft. Wir hatten extrem viel Sonne, wenig Regen oder Gewitter. Meistens prächtiges Wetter. Angenehme Temperaturen. Es war super, aber man konnte es nicht richtig nutzen. Gemein.

Thema Medien und Entertainment. Im TV immer die gleichen Reportagen und Talkshows zum Thema Corona. Immer dieser Corona-Brennpunkt nach den Tagesthemen. Die tägliche Pressekonferenz des Robert-Koch-Instituts zu den neuesten Zahlen. Ich konnte es nicht mehr hören. Lanz und Maischberger fand ich sowieso öde. Es gab nur ein Thema. Und immer waren irgendwie die gleichen Leute zu sehen. Und sie sagten immer das Gleiche. Vor allem immer die gleichen Virologen zu hören. Als gäbe es in Deutschland nur drei oder vier davon. Und keine Abwechslung am Wochenende durch die geliebte Fußball-Bundesliga. Alles war platt gemacht.

Und zweimal in der Woche während der Therapie ging ich zum Hausarzt zum Blutabnehmen. Natürlich kannten sie mich dort dann schon gut mit der Zeit. Dort lief dann natürlich auch alles immer gleich ab. Ach ja, der Herr Staudacher schon wieder … piks.

Alle Tage waren gleich. Dienstage waren sehr ähnlich wie Samstage oder Sonntage. Ich mochte lieber die Wochentage. Denn da passierte mehr. Es kam Post. Es gab News. Es war mehr los. Auch war es sehr seltsam, nicht zu arbeiten. Für eine so lange Zeit. Ich vermisste die Arbeit zwar nicht, aber merkte schon, dass sie einem einen gewissen alltäglichen Rhythmus vorgab. Das fehlte auch.

Natürlich machten wir uns die Tage so schön und spannend wie möglich. Natürlich genoss ich die ausgiebige Zeit mit der Kleinen. Ich hatte sehr viel mehr Zeit zusammen mit ihr im Vergleich zum »normalen« Arbeitsalltag. Es war wie ein sehr langer Urlaub, in dem man aber nichts machen durfte. Wir hatten viel Quality Time. Aber waren doch gleichzeitig so eingeschränkt. Eine bizarre Zeit war das.

Wir kochten meistens selber, aber bestellten öfters mal Mittagessen über einen Lieferservice. Pizza, Pasta, Thai oder Burger. Nach ein paar Wochen schien auch dies immer das Gleiche zu sein. Es gab ja so viel Auswahl. Aber schnell wurde auch das dann monoton.

Wir versuchten es uns, unter Einhaltung der Social-Distancing-Regeln, so schön wie möglich zu machen. In unserer kleinen, isolierten Welt. In unserem kleinen Reich. Mittendrin in der großen Stadt. Aber ganz für uns allein. Aber der ständig gleiche Tagesablauf mit diesen vielen Einschränkungen war eine seltsame Erfahrung. Es war monoton. Es fühlte sich nicht wie Normalität an. Die Tage vergingen wie im Flug. So schnell war eine weitere Woche vorbei. Eine weitere Woche, wo nicht viel passiert war. Es war irgendwie eigenartig und irgendwie anstrengend. Die Sehnsucht nach dem normalen Leben, wie es vor Corona gewesen war, wuchs schnell. Ganz zu schweigen von der Sehnsucht nach schneller Genesung.

Die Monotonie der Tage machte allen irgendwie schwer zu schaffen. Das merkte man. Teilweise dämmerte man so vor sich hin. Als hätten die Aliens unsere Erde mit einem galaktischen Schlafmittel vollgesprüht. So wie die Imker es mit den Bienen machen, um sie zu besänftigen.

Es war seltsam. Aber man wusste, dass es den anderen auch so ging. Diese komischen Murmeltier-Tage vereinten uns alle.

RÜCKBLICK: LAUTE JUGENDLIEBE

2004–2009

Und dann war da noch meine erste große Jugendliebe. Es war tatsächlich kein Mädchen. Klar waren Mädels immer mal ein Thema und ich war schon ab und zu mal verknallt, aber meine erste richtige Freundin lernte ich erst nach 20 kennen. Auf einer Studentenparty im zweiten Semester des Studiums. Nein, meine erste große Liebe waren vier Kerle. Manni, Bobby, Mick und Marco. Meine geliebte Band.

Alles fing an 2004 mit der Abi-Band unseres Jahrgangs. Ich war so stolz drauf, dort mitzuzocken und es machte so Spaß. Ich hatte mir extra eine gescheite Gitarre gekauft. Eine Ibanez. Wir probten bei Frank im Keller. Eine Sängerin, zwei Sänger, eine E-Gitarre, ein Bass, zwei Keyboarder (!) und ein Schlagzeuger. Waren gute Leute dabei. Muss man schon sagen. Wir waren bestimmt eine überdurchschnittlich gute Abi-Band.

Was haben wir so gespielt? »Knocking on Heaven's Door«, »Ironic«, »Johnny Be Good«, »Jailhouse Rock«, »Samba Pa Ti«, irgendwas von Papa Roach, »Self Esteem« und so weiter.

Wir haben 2004 sämtliche Abi-Feiern ordentlich weggerockt. Unser Abend in der legendären Kneipe »Sonnenkeller« war eine once-in-a-lifetime Experience. Tief unten im verrauchten und nach Schweiß und Rock 'n' Roll stinkenden Keller spielten wir bei geschätzten 40 Grad zwei oder drei Stunden lang. Die Bude war so was von gerappelt voll. Da waren so viele Leute. Und ich habe fast jeden der paar hundert Leute gekannt. Es war eine Zeit ohne Sorgen. Ich glaub, die ganze Band hatte sich in einen Rauschzustand gespielt. Es war so geil.

Dort lernte ich dann auch meine zukünftigen Bandkollegen kennen. Basti, unser Abi-Band-Bassist, hatte davor als Gitarrist bei den NoCreeps gespielt. Ich hatte sie mal in den frühen Zeiten auf einem Schulfest live gesehen. War beeindruckt von dem fetten Sound, der durch den ganzen Körper ging und irgendwie merkte man dann schon, dass die Jungs gut waren. Ich hatte mich doch so sehr für Metallica und die anderen Heavy-Bands interessiert. Und diese Jungs aus Rosenfeld waren schon echt gut. Als die mich dann nach dem Abi-Band-Gig fragten, ob ich mitspielen wollte, war das eine leichte Entscheidung.

Nach dem Abi kam erst mal ein knappes Jahr Zivildienst und da hatte ich viel Zeit für eine Band. Und vor allem Bock drauf. Das war genau das Richtige zur richtigen Zeit. So stieg ich ein.

Ich fing erst mit 16 an, Gitarre zu spielen. Ziemlich spät eigentlich. Als Kind ging es mit Blockflöte los, wie bei vielen. Dann spielte ich Klavier und Oboe. Mit 13 oder 14 entdeckte ich dann aber bei uns zuhause im Keller eine Metallica-CD. Mein Vater als Musiklehrer hatte die in der Schule wohl mit einer Klasse mal thematisiert und ich fand die CD »Load«. Ich meine, eine der schwächsten Alben der mittlerweile alten Herren. Reichte aber vollkommen aus, um mich für immer nachhaltig für die Gitarre zu begeistern. Die Oboe hatte einfach keine Chance mehr.

Ich hörte nichts Anderes mehr und wollte auch so sein wie die. Ich musste Gitarre spielen. Es gab keine Alternative. Erst mal Akustische Gitarre. Nach zwei Jahren war mir das aber zu lame geworden und ich kaufte mir meine erste E-Gitarre. Eine »Harley Benton«. Eher ein Einsteigerinstrument. Das veränderte mich. Ich spielte viel. Sehr viel. Wollte sein wie Kirk Hammett. Kaufte mir die Metallica-Notenbücher und versuchte, das zu lernen und spielte alles nach. Natürlich nicht so schnell wie das Original, aber ich spielte es.

Die E-Gitarre wurde zu meiner größten Leidenschaft als ich 17 oder 18 war und ich spielte und spielte. Selbst meine Eltern (beide Musiklehrer!) sagten das ein oder andere Mal, ich sollte doch endlich mal aufhören zu spielen, weil es nervte. Ich hatte mir natürlich auch einen fetten Verstärker gekauft, konnte aber natürlich zuhause nie laut spielen. Drehte mal in meinem Kinderzimmer halb auf und das war dann so laut, dass die Regale wackelten. Voll geil.

Die elektrische Gitarre und die Heavy-/Rock-Musik wurden zu meiner größten Leidenschaft. Verdrängten die Leichtathletik auf einmal. War mir das Wichtigste. Ich glaube, meine Gitarre war mir, als ich 18 war, wichtiger als die Mädels. Krass, aber es war wirklich so. Vielleicht, weil meine Gitarren immer so wollten wie ich. Meistens. Man muss ja auch dazu sagen, dass eine Gitarre ja auch weibliche Kurven hat. Ich begnügte mich also mit den Six-Strings und brauchte keine Freundin.

Als ich dann nach dem Abi bei den NoCreeps aus Rosenfeld einsteigen durfte, fing ein neues Kapitel in meinem Leben an. Und sie waren auf mich zugekommen. Ich musste nicht mal um den Gitarristenposten kämpfen. Es war mir einfach so zugeflogen. Warum fing ein neues Leben an? Ganz einfach. Weil ich meinen größten Traum leben konnte. Ich wurde Rocker, Gitarrist, ein kleiner Möchtegern-Rockstar.

Wir probten jedes Wochenende in Rosenfeld in einem kleinen Zimmer im dritten Stock im Jugendhaus. Nur ein paar Quadratmeter waren das. Alles leicht abgewrackt. Ein Schlagzeug stand drin und drei große Verstärker für zwei Gitarren und einen Bass. Und ein Keyboard. Und dann halt noch fünf Jungs. Es war eigentlich nur ein Miniraum, doch es war ein Raum voller Lärm und voller großer Träume. Die Wände mit Eierkartons vollgeklebt, um den Lärm nach außen hin zu begrenzen. Hat, glaube ich, nicht wirklich funktioniert. Ich glaube, es wurde auch darin geraucht. Den Geruch von Rock 'n' Roll (besser kann ich es nicht beschreiben) habe ich immer noch in der Nase. Rauch, Schweiß und der süßliche Geruch von Bühnennebel aus der Nebelmaschine. An den Wänden hingen Metal-Poster und nackte Frauen.

Die Lautstärke der Verstärker und des Schlagzeugs füllte beim Proben unser kleines Reich. Mit der gleichen Portion Sound hätte man wohl auch eine große Halle oder vielleicht sogar ein Stadion fluten können. Ich war glückselig. Die Lieder der Band waren schon geschrieben und warteten nur drauf, dass ich meine Soli drüber spielte. Es war schon alles da. So wie Karaoke. Ich fühlte mich beim Spielen wie der kleine Mini-Bruder von Kirk Hammett.

Natürlich kaufte ich mir dann noch weitere E-Gitarren. Nur eine oder zwei zu besitzen reichte natürlich nicht. Ich ließ EMG-Tonabnehmer reinbauen, sodass der Sound noch mehr krachte. Die Band wurde sehr schnell das Wichtigste für mich. Manni war ein richtig guter Sänger mit einer tollen Stimme. Auch guter Gitarrist und charismatischer Kopf der Truppe. Bobby. Sehr leidenschaftlicher Bassist und so was wie der Bandmanager. Mick, ein extrem guter Schlagzeuger. Am Keyboard sorgte Marco für sphärische Sounds rund um den ganzen Krach. Ich selbst hatte die Lead-Gitarre übernommen. Alle waren technisch sehr gut. Während des Zivis war ich sowieso immer noch zuhause und Proben war kein Problem.

Als dann das Studium anfing, reiste ich jedes Wochenende von Stuttgart nach Hause, um eben auch weiterhin proben zu können. Wir nahmen das alles schon sehr ernst und wussten, dass es ohne regelmäßiges Proben nicht weit gehen würde. Ich opferte Teile meines Studentenlebens für die Band. Ich besuchte weniger Studentenpartys in Stuttgart und verbrachte mehr Zeit mit meiner Band. Und das war auch die beste Entscheidung.

Mein erstes Konzert war in einem kleinen Jugendhaus, ich glaube in Bisingen. Vor der Bühne standen genauso viele

Menschen wie auf der Bühne. Ich glaube, alles in allem waren wir zu zehnt. Es war trotzdem möglicherweise mein größtes Konzert, denn es war halt das erste.

Über die Jahre wurden wir besser, reifer und entwickelten auf der Bühne eine Routine. Wir kauften uns alle auch langsam besseres Equipment. Wurden professioneller. Wir schrieben genug eigene Lieder für zwei richtig gute Alben. Verbrachten einige Tage für die Aufnahmen hierfür im Studio. Das alles machte mir und auch den anderen so unglaublich viel Spaß.

Ich kaufte mir mehr und mehr Gitarren. Fünf oder sechs oder sieben besaß ich bestimmt mal gleichzeitig. Eine Fender war mal dabei und eine OLP. Hatte auch mal eine Danelectro. Meine Lieblingsgitarre wurde tatsächlich dann eine schrottige Kopie einer Music Man Axe, eben die OLP. Keine Top-Hardware und nur eine billige Replika, aber sie lag gut in den Händen. Der Hals war perfekt für mich. Ich bekam sie für 120 Euro gebraucht bei eBay. Eine Gitarre eigentlich eher so zum Üben für zuhause. Musste auch öfters daran rumschrauben. Aber ich liebte sie und sie war meine Number One.

Die Gitarren der anderen Bands, mit den wir spielten, waren bestimmt viel mehr Wert. Gibsons oder Jacksons oder ESPs und so weiter. Ich war zufrieden mit meiner kleinen Schrott-E-Gitarre. Die Tonabnehmer hatte ich einmal austauschen lassen und dann kamen die der Ibanez rein. Das ein oder andere Mal auf Konzerten kamen Leute zu mir und sagten »Boah, ihr habt so 'nen Hammer Sound.« Ich dachte mir dann immer »Wenn du wüsstest, dass das eine 100 Euro Gitarre ist …«

Die Konzerte wurden über die Jahre größer und wir hatten bald eine solide kleine Fan-Basis in der Region. Ständig kamen wir als Lokalgröße in die Zeitung. Wirklich oft. Mit Bild. Meine Oma sammelte die Zeitungsberichte und Bilder für mich. Obwohl sie mit unserer Mucke sicherlich überhaupt nichts anfangen konnte, war sie irgendwie auch stolz auf mich.

Bühnen wurden größer und wir spielten immer coolere Gigs. Meine Haare wurden immer länger, die Finger immer schneller. Wir schafften es zur Vorband von Acts wie Die Happy, Clawfinger oder End of Green. Spielten sogar auf Festivals auf den gleichen Bühnen wie Twisted Sister oder Uriah Heep oder Gotthard.

Es gab T-Shirts und Pullis von uns zu kaufen. Die Frau beim Bäcker war ein riesen Fan von uns. Man kannte uns in der Region. Wir wurden auch wirklich immer besser. Ich glaub, wir waren echt nicht übel.

Wir opferten unsere Wochenenden fürs Proben, für die Gigs. Oft kamen wir erst mitten in der Nacht oder morgens zurück und trugen unsere großen Verstärker hoch in den Proberaum. Ich kam nach Konzerten öfters früh morgens am Wochenende nach Hause und wenn ich dann die Tür hinter mir schloss, merkte ich, wenn es dann auf einmal still war, dass meine Ohren irgendwie rauschten. Scheiß drauf, es war cool.

Wir opferten viel Zeit für die Band. Und es war für uns einfach das Großartigste, was uns passieren konnte. Wir hatten viele treue Wegbegleiter. Freunde, die immer mit auf den Konzerten waren. Die halfen. Die uns vermarkteten. Wir beschlossen irgendwann auch, kein Alkohol mehr auf Konzerten zu trinken. Wir wollten professioneller werden. Technisch wurden wir weiterhin immer besser. Unsere Outfits wurden auch immer cooler. Das Alkoholverbot bei Konzerten wurde dann aber doch ab und zu mal missachtet.

Bei einem Konzert in Karlsruhe gab es im Anschluss noch eine riesen Party im Proberaum einer anderen Band. Ich glaube, sie hießen The Great Rock Block. Verrückte Typen. Wir hatten ganz am Anfang gespielt und weil niemand mehr fahren musste und wir früh fertig waren, leerten wir uns alle einen rein. Viele hatten sich gewundert, warum eine so gute Band wie wir ganz am Anfang gespielt hatte. Es wurde viel getrunken, auch was geraucht. Selbst ich rauchte dann auch mal mit.

Wachte dann morgens neben Bobby auf dem nackten Boden des Proberaums neben dem Schlagzeug auf. Wir hatten bei der Party mega lang im Rausch Luftgitarre gespielt und waren irgendwann mehr oder weniger zu Boden gesunken. Wachten dann also auf dem kalten Boden auf. Mit einem ordentlichen Kater und nicht ganz klar im Kopf. Aber es war einfach zu geil.

Wir spielten dann auch mal vor knapp 1.000 Leuten. Oft spielte man sich in einen Rock 'n' Roll-Rausch. Ein Rausch von sehr lautem Klang und von jubelnden Kids. Aber nicht nur Kids, auch ältere Leute folgten uns. Inmitten des Lärms, vollgeschwitzt, aufgeheizt von irgendwelchen Strahlern und Lichtkegeln, eingehüllt von Kunstnebel. Ich erinnere mich an sagenhafte Momente auf der Bühne. Mitten in der Nacht. Bei irgendwelchen Open-Air-Festivals im Schwarzwald. Perfekte Sommernächte. Ein Gefühl, das ich nicht beschreiben kann. Es war das Größte für mich. Auf der einen Seite war es einfach nur der Spaß am Rock 'n' Roll. Aber dann war da auch immer öfters mal der Traum von etwas Großem. Wir waren Anfang 20. Da durfte man noch träumen. So träumten wir davon, vielleicht mal eine große Band zu werden.

Manche bewunderten uns. Manche belächelten uns. Manche waren Fans, andere Haters. Manche liebten uns und kamen zu allen Konzerten. Viele begleiteten uns überall hin.

Irgendwann lösten wir uns aus meiner Sicht auf extrem unspektakuläre Weise auf. Es ging sehr schnell. Und alles war auf einmal vorbei. Hatte irgendwie nicht mehr gepasst und ich denke, jeder wollte so mit 25 mal seinen eigenen Weg gehen. Wegziehen. Sich auf Anderes konzentrieren. Auf einmal war alles vorbei.

Es war Anfang 2009 gewesen. Es hinterließ eine große Leere in mir. Fast zeitgleich hatte mich dann auch noch meine erste Freundin verlassen. Wieso, hab ich nie ganz verstanden. 2009. Der Sommer wurde zum schlechtesten Sommer bis dahin. Liebeskummer und die Trauer um die Band, die auf einmal weg war. Es nahm mir irgendwie meine Identität und ließ mich einfach so mit hängendem Kopf stehen. Ich fühlte mich eine Zeit lang wie ein Niemand. Wertlos. Es war ein sehr trauriger Sommer für mich.

Doch was bleibt, sind fünf wundervolle Jahre meines Lebens voller lauter Musik, Party und großer Träume. Ich durfte ein Teil von diesem großen Traum sein. Zusammen mit den anderen Jungs. Wir hatten alles gegeben und alles reingesteckt. Sind weit gekommen und dann auf einmal gestorben. Auf einmal war es weg.

Doch die Erinnerungen bleiben. Meine kleine schrottige E-Gitarre habe ich nie verkauft. Ab und zu spiele ich sie ganz leise zuhause im Wohnzimmer. Darf ja nicht mehr so laut sein. Meistens spiele ich Riffs und Licks der NoCreeps-Songs. Ich kann sie noch in- und auswendig. Habe manches davon ja selbst geschrieben. Kommt aus meinem Kopf. Wie könnte ich das vergessen. Komme mir dann aber immer blöd vor, so ganz allein im Wohnzimmer …

GESCHMACKLOS

Mai–Juni 2020

Ich muss sagen, dass ich generell sehr gut durch die Chemotherapie durchgekommen bin. Ich hatte schlimme Sachen gehört und Schlimmes erwartet. Übelkeit und Erbrechen, Kopf- und Gliederschmerzen, Nervenstörungen, Taubheit in Fingern und Füßen, Schluckbeschwerden, schlechte Laune, Durchfall oder Verstopfung, mangelnde Konzentrationsfähigkeit, Schlafstörungen und vieles mehr waren laut Literatur typische Nebenwirkungen der Chemo-Behandlung des Hodgkin-Lymphoms.

Das Meiste davon war bei mir eher ausgeblieben. Ich vertrug die Behandlung ganz gut. Selbst an den Tagen der Infusionen, an denen also die Chemos verabreicht wurden, ging es mir meistens ziemlich gut. Ich wartete irgendwie darauf, dass es mal schlimmer werden würde. Aber das kam nicht. Zum Glück.

Es gab immer mal wieder unangenehme Nebenwirkungen und sicher war es kein Spaziergang. Natürlich hatte ich schlechte Tage. Aber ich muss sagen, dass alles viel besser verlief, als ich es mir vorgestellt hatte. Bei mir war es eben nicht so schlimm. Ganz salopp sagte ich immer »halb so wild«. Ein Arzt hatte mir vor der Chemo mal gesagt, dass eine solche Behandlung nicht immer schlimm sein muss. Und er sollte Recht behalten.

Es gab da aber dann doch eine kleine Nebenwirkung der Chemotherapie. Es war an sich nichts Schlimmes, aber es war doch etwas Komisches, was mir nicht gefiel. Bei solchen Therapien kann es passieren, dass es zu Geschmacksstörungen kommt, beziehungsweise dass man einen gewissen

Geschmacksverlust erlebt. So erging es mir am Ende der Behandlung auch.

Ich denke, man konnte es nach einigen Wochen schon merken, aber nach circa zwei Monaten Chemo merkte ich schon intensiver, dass der Geschmackssinn deutlich beeinträchtigt, ja irgendwie benebelt war. Die Zunge nahm irgendwie nicht mehr alle Geschmacksnuancen auf und schickte keine deutlichen Geschmackssignale mehr Richtung Gehirn. Ich merkte, dass das Essen etwas fader wurde und ich mehr Gewürze benutzen musste, um mehr und intensiver zu schmecken. Vor allem schmeckte ich auch Süßes jetzt weniger.

Wie schön sind doch frische Erdbeeren aus dem Kühlschrank an einem heißen Sommertag, wie zum Beispiel im Juni 2020. Aber wie schlimm ist es, wenn man sie dann doch gar nicht so richtig schmecken kann?

Es fühlte sich etwa so an, als hätte man meine Zunge mit einem dünnen Film überzogen, der sämtliche Geschmäcker fernhielt. Ob süß, sauer, bitter oder salzig. Alles war weniger intensiv. Da war irgendwie nichts an Geschmack beim Essen. Es führte bei mir nicht dazu, dass ich weniger aß. Ganz im Gegenteil, ich hatte während der Chemo wieder knapp zehn Kilogramm (!) zugenommen. Aber ganz klar, Essen machte irgendwie weniger Spaß. Es wurde langweilig.

Manchmal saß ich da am Esstisch und musste an die Zeit im Foodie-Paradies Singapur denken. Das Essen. Überall. Die Gerüche. Die Vorfreude auf das Geschmackserlebnis. Gewürze. Farben. Sea-Food. Die vielen kleinen Restaurants an den Straßenecken mit den billigen gelben oder roten Plastikstühlen. Die Food-Courts. Roti Prata, Chicken Rice, Indian Thalis, Taiwanesische Dumplings mit viel Ingwerpaste. Thaifood. Ein feines grünes Curry. Nasi Goreng. Gong-Gongs. Vietnamesische Frühlingsrollen. Chinese Dumplings. Der Gedanke an diese bunte Welt der asiatischen Geschmacksvielfalt in Kombination mit meinem Geschmacksverlust war kaum auszuhalten.

Und die leckeren eisgekühlten Getränke. Ich liebte den Applejuice-Sourplum. Frisch gepresster Saft aus grünem Apfel mit getrockneten Stücken der Sauerpflaume. Mit Eiswürfeln. Dieser herrlich-erfrischende saure Geschmack auf der Zunge. Supersauer. Und doch auch süß. Das Beste zum Erfrischen im Sommer. Ich dachte zurück an meinen allabendlichen Sugar-Cane-Juice nach der Arbeit. Frisch gepresst und zuckersüß. Oder einfach nur ein kalter Calamansi-Saft am Samstagmorgen zusammen mit einem guten Kopi-C. Oder einfach nur mit dem Röhrchen aus der frisch geköpften Kokosnuss trinken.

Der Geschmacksverlust war ja wirklich nichts Schlimmes. Ich kann ja nicht sagen, dass ich unter diesem Effekt litt. Aber es machte mir doch klar, dass es die kleinen Phänomene im Leben sind, die wir doch am schmerzlichsten vermissen würden, wenn man sie uns rauben würde. Wie wäre es, wenn man dauerhaft nichts mehr schmecken würde? Was wäre diese Welt ohne Geschmäcker, Gewürze, Süßes, Herzhaftes und Bitteres? Wir wären arm ohne diese sinnliche Dimension.

Dazu kam ja noch, dass ich schon seit Langem ein großer Fan von gutem Bier und Whisky war. Ich trank nicht wirklich viel. Aber bewusst und mit Genuss. Alkohol war natürlich tabu während der Chemotherapie. Der Körper war beschäftigt genug mit den Chemosubstanzen und den Medikamenten und ich hätte ihn natürlich nicht noch mit Alkohol belasten dürfen. Aber auch hier vermisste ich die vielen verschiedenen Geschmäcker doch schon ein bisschen.

Ein süßes Helles Bayrisches. Oder ein Weizen. Nelke. Banane. Ein dunkles Bier mit Röstaromen. Karamell. Dunkle Früchte. Ein Porter oder Stout. Zartbitterschokolade oder Kaffee oder Lakritze. Ein Ale. Hopfig-bitter und doch zitrus-süß mit einem Hauch von Vanille.

Oder wie toll ist doch ein guter, kräftiger italienischer Rotwein. Oder auch ein fruchtiger Weißer? Ich vermisste es auch schon ein bisschen, einfach mal an einem meiner Whiskys zu nippen. Vanille im Geruch. Kräuter. Geschnittenes Gras. Exotische Früchte. Oder Honig. Manche schon süßlich nussig auf der Zunge. Andere torfig, rauchig, erdig, holzig. Tausende Geschmacksnuancen zusammen zu einem Geschmackserlebnis zusammengeführt.

Egal, an was ich in dieser Zeit dachte. Ich vermisste die Welt der intensiven Geschmäcker schon sehr. Es war schon etwas trist und grau so wenig zu schmecken. Es fehlte was Wichtiges. Ich freute mich wieder extrem auf die Zeit des großen Sinnes-Comebacks meiner Zunge. Ich würde wieder alles probieren und vielleicht auch wieder neu entdecken.

Auch hier in der Welt der Geschmacksrichtungen gilt wieder: Das Größte auf dieser Welt ist doch die Vielfalt. Wir wären arm ohne sie.

HUJAN BADAI

2. September 2017

Es hatte sich irgendwie angekündigt. Man hatte gemerkt, dass da was kommen würde. Aber nie im Leben hätte ich gedacht, dass es so heftig werden würde.

Wir schauten lang in den Nachthimmel übers Meer. Saßen noch da, tranken was und schauten einfach nur raus aufs Meer und genossen. Und da merkte man dann irgendwie drüben im Westen, dass sich da was zusammenbraute. Es fing an, dort zu blitzen. Das gab es eigentlich öfters. Nichts Besonderes. Tropische Donnerwetter gab es regelmäßig. Viel öfters als bei uns in Deutschland, wo das nur in heißen Sommerphasen passiert.

Dann merkte man aber auch, dass es diesmal irgendwie anders war und dass sich eine bedrohliche schwarze Front über den eigentlich schon recht schwarzen Nachthimmel von Westen her zog. Dieses Schwarz näherte sich langsam aber sicher und schien alles und jeden einfach so zu verschlingen. Die Blitze kamen dann auch langsam näher. Irgendein tiefes Geräusch kam auf, ein leises aber dunkles Rollen und Toben. Der Donner war aber doch irgendwie noch weit weg. Faszinierend.

Am Himmel konnte man noch Flugzeuge erkennen. Ich dachte mir: »Husch, husch. Ins Körbchen mit euch. Sonst gibt's ordentlich einen auf den Deckel.« Gerade noch konnte man Tiere hören. Ich meinte, sogar irgendwelche Vögel oder Zikaden. Die schienen nun alle zu verstummen. Dafür wurde der Wind immer lauter und bedrohlicher. Die schönen tropischen Palmen, die sich ja immer ein bisschen bewegten, waren mittlerweile schon in eine gefährliche Schieflage gekommen. Die Palmenwedel flatterten ungesund im Wind. Das sah nicht mehr gut aus. Langsam spürte man dann auch die ersten Tropfen, die das schwarze Monster zur Vorwarnung losschickte.

Okay. Es war definitiv Zeit, in die Hütte zu gehen, denn es wurde langsam ziemlich ungemütlich. Wir hatten uns hier auf der indonesischen Insel Bintan, nicht weit weg von Singapur, eine einfache und recht bescheidene Holzhütte gemietet. Ohne Luxus, dafür mit Stromausfällen und ohne TV. Ich dachte mir im Spaß »Hoffentlich hält die Hütte das aus!« Irgendwie war an diesen Tagen hier nicht viel los und ich konnte mich eigentlich nur an wenige Menschen hier erinnern. Ich glaube, nur Indonesier. So flüchteten wir in die Hütte, ließen aber die Tür auf, um das Spektakel mitzuerleben.

Ich konnte mich noch dran erinnern, dass meine Eltern meine Schwester und mich, als wir kleine Kinder waren, mal im Sommer bei einem Gewitter mit auf die Terrasse genommen hatten. Da hatten wir geschützt gestanden und hatten das Sommergewitter miterleben können. Es war wirklich toll gewesen und ich konnte mich noch gut daran erinnern. So ähnlich wie damals wollten wir auch nun im Schutze der Hütte trotzdem das Gewitter miterleben. Wir kamen einigermaßen trocken an.

Irgendwie gab es noch einen gewissen seltsamen Moment der Ruhe für ein paar Sekunden und dann ging es los. Der Sound änderte sich auf einmal, als der Regen anfing, heftig runterzuprasseln. Tropischen Regen hatten wir öfters schon erlebt gehabt, aber in dieser Nacht war es heftiger. Eine unfassbare Regenwalze mitsamt unfassbarem Geräuschpegel hatte uns nun erreicht. Es war nicht nur ein Regenschauer, es war irgendwie mehr. Als hätten die Götter das Meer genommen und über uns ausgeleert. Es prasselte herunter. Weiter hinten zwischen den Nachbarhütten hatte ich doch tatsächlich noch einen Roller wegfahren sehen.

Das Geräusch allein war schon faszinierend. So viel Wasser von oben hatte ich noch nie gesehen und gehört. Man hatte auch das Gefühl, dass es auf einmal ein paar Grad abgekühlt war. Damit waren es dann immer noch weit über 20 Grad. Schon möglich. Obwohl noch ein paar Hütten um uns herumlagen, sahen wir niemanden, als wir draußen vor der Tür standen und uns das Spektakel anschauten. Es war auch wenig Licht zu sehen. Sehr dunkel. Entweder waren echt wenige Leute in den Hütten oder es gab vielleicht wieder einen Stromausfall. Doch, es war recht dunkel hier um uns herum.

Dann fiel mir auf, dass es schon lang nicht mehr gedonnert hatte. Jetzt also doch nur Regen? Okay. Genau in diesem Moment gab es dann diesen höllischen Schlag und ich war mir sicher, dass nicht nur Molly, sondern auch ich heftig zusammenzuckte. Es war unfassbar laut und dann eben auch nach einer längeren Pause. Und dann wurde es auf einmal genau mit dem Donnerschlag taghell. Irgendwie war es für eine Sekunde überall weißlich hell. Und dann wieder stockdunkel. Das Licht sprang in wenigen Sekunden von Null auf Tausend und wieder zurück. Ich wusste, dass das Gewitter nun ganz genau über uns war.

Faszinierend und unheimlich. Wir standen, nach wie vor, vor der Tür der Hütte. Durch die Überdachung aber gut geschützt. Leichte Wasserspritzer bekamen wir schon ab, aber das merkten wir nicht mehr. Es war zu faszinierend. Die Wassermasse prasselte ununterbrochen runter und dann kam der nächste Schlag. Genauso laut und das weiße, superhelle Licht erleuchtete wieder die gesamte, sich in Schockstarre befindende Umgebung. Und das passierte dann immer und immer wieder.

Von zuhause aus hatte ich es so gekannt, dass Sommergewitter meistens recht schnell über einen hinwegzogen. So erwartete ich zehn Minuten nach dem ersten Höllenschlag, dass es langsam vorbei sein sollte, aber es passierte nicht. Es ging weiter. Die Regenwalze. Der unheimliche, rauschende Sound der Wassermassen. Die Schläge und das weiße Licht. Es ging weiter und hörte einfach nicht auf. Ich nahm mein Handy und machte Videos. Erkannte dann aber recht schnell, dass auf diese Weise dieses monströse Unwetter kein bisschen eingefangen wurde. Und so ließ ich das dann auch schnell bleiben.

Fesselnd und furchterregend. Die Schläge kamen immer und immer wieder. Wie als würde alle zehn oder fünfzehn Sekunden ein Airbus direkt vor unserer Schnauze runterkrachen. Mittlerweile war es schon nach ein Uhr in der Nacht. An Schlaf war nicht zu denken. Es war zu laut. Zu unheimlich. Zu aufregend. Und es hörte einfach nicht auf.

Das schwarze Monster war über uns und hatte sich bei uns festgebissen. Diese Höllenlautstärke der Donnerschläge, zehnmal lauter als damals beim Machine Head-Konzert. Und obwohl der Rhythmus klar vorgegeben war und es alle zehn oder fünfzehn Sekunden donnerte, erschütterte uns der Schlag immer und immer wieder bis ins Mark.

Und obwohl ich mir als Ingenieur mit Interesse an Naturwissenschaft das alles ganz gut erklären konnte, stand ich da vor der Tür der Hütte und starrte wie ein kleiner Sechsjähriger ungläubig raus in dieses Inferno aus Wasser, Donner und Wind. Mit jedem Schlag kam es mir vor, als würden wir kleiner und kleiner werden. Immer ein Stückchen mehr diesen unfassbaren Gewalten der Natur ausgeliefert. Kleiner und kleiner. Und immer ein Stückchen unbedeutender.

Ich stand also da vor der Holzhütte und staunte fassungslos über dieses Ungeheuer von einem Tropengewitter. Eigenartig. Dann musste ich auf einmal an den Tsunami denken. 2004 war es glaubte ich gewesen. Es war hier in der Gegend gewesen. Nicht direkt hier, aber jetzt auch nicht so weit weg von hier. An den Westküsten Thailands, Malaysias und Indonesiens. Aber auch in Indien und sogar an der Ostküste

Afrikas. An diesen vielen paradiesischen Stränden. Dort, wo wir denken, das Paradies zu haben.

Was aber, wenn es dieses Paradies nur in unserer Fantasie und auf den Postkarten gibt? Strände. Palmen. Lieblich warmes Badewasser. Dort waren so viele gestorben. Tausende. Es war um Weihnachten gewesen. Sie waren einfach so gestorben. Das Wasser war nicht von oben gekommen, sondern von draußen vom Meer. Tausendmal schlimmer als jetzt. Die Menschen hatten nicht die Möglichkeit gehabt, sich kurz in die Hütte zu flüchten, um sicher zu sein. Sie hatten keine Chance gehabt und waren einfach gestorben. Sie hatten kein Glück gehabt. Der Tod hatte sie einfach so überrollt.

Auf unseren Trips hatten wir auf Phuket, Langkawi und Penang Denkmäler zur Erinnerung an die Toten der Tsunamikatastrophe gesehen. An diesen schönen Orten waren so viele tausende Menschen einfach so gestorben. Man konnte es nicht glauben. Ich hatte sogar mal einen Kollegen gehabt, der an diesem Katastrophentag in Thailand den Tsunami erlebt und überlebt hatte. Ich selbst war ein Jahr nach dem Tsunami für drei Wochen in Thailand gewesen. Locker und easy mit dem Rucksack rumgereist. Ganz ohne Sorgen. Nicht weit weg von den Plätzen, an denen so viele Menschen ein Jahr zuvor ihr Leben verloren hatten.

Ja, dieses Monstergewitter, das heftiger war als alle Gewitter zusammen, die ich bisher erlebt hatte, und diese Gedanken an die Katastrophe bescherten mir eine seltsame und denkwürdige Nacht. Ich hielt inne, während die tropischen Wassermassen begleitend von den regelmäßigen Höllenschlägen auf unsere kleine Insel runterprasselten. Ich konnte einfach nicht schlafen. Immer noch dachte ich an das Wasser von 2004 und die vielen Menschen, die kein Glück und einfach keine Chance gehabt hatten.

Nach sage und schreibe zwei Stunden war dann alles vorbei. Es ging dann sehr schnell. Es wurde langsam leiser.

Es hämmerte immer noch von oben auf das Holzdach der Hütte. Aber eben immer leiser. An verschiedenen Stellen war Wasser reingekommen. Das Donnern hörte langsam auf. Irgendwann war das Unwetter weg und wir schliefen ein.

Als wir dann am nächsten Morgen aufwachten und rausschauten, lagen überall Äste auf der Straße herum. Es sah aus, als wäre ein aufgebrachter King Kong einmal durch die Nachbarschaft gezogen.

Doch der Himmel war strahlend blau. Die Sonne schien und es waren keine Wolken zu sehen.

Ein neuer Tag.

Angenehm wehte der tropische Wind. Ganz leicht … und wir machten uns ans Frühstück.

WENN ES DUNKEL WIRD

Mai 2020

Und nun stehe ich vor dir und es wird langsam dunkel. Es ist aber kein schlimmes, sondern ein freundliches und wohliges Dunkel. Alles ist verschwommen und grau und still. Ich weiß nicht, wie ich hierhergekommen bin, aber ich bin hier. Ich versuche mich umzudrehen, aber es geht irgendwie nicht mehr.

Ich hab natürlich schon viel von dir gehört. Aber richtig interessiert hat es mich bisher nicht. Möglicherweise habe ich dich auch schon mal aus der Ferne gesehen. Zusammen mit Oma und Opa. Das ist schon einige Jahre her. Jetzt bin ich allein hergekommen.

Die ganze Welt kennt dich und hat Angst vor dir. Schon klar. Manche kommen sehr früh schon, die meisten aber eigentlich erst später.

Und jetzt bin ich tatsächlich auch hier. Wie im Traum. Hätte das nie gedacht, dass wir uns so früh kennen lernen würden. Vorstellen muss ich mich aber wahrscheinlich nicht. Weiß auch gar nicht, was ich sagen soll. Ich bin gar nicht vorbereitet.

Schon komisch. Alle haben Angst vor dir. Dabei machst du eigentlich einen netten Eindruck auf mich. So schlimm scheinst du nicht zu sein. Klar, was hinter dir passiert, bleibt den anderen verborgen. Doch was schön ist, ist, dass man die anderen irgendwie hören kann von hier aus. Und wenn man genau hinschaut, sieht man alles. Es ist eigentlich sehr schön. Friedlich hier oben.

Trotzdem ist mir einfach nicht klar, was ich hier soll. Ich gehöre doch woanders hin. Da gibt es ein paar Leute, die auf mich warten. Du verstehst schon.

Es war echt nett, dich mal kennenzulernen. Aber für heute muss ich gehen. Wir sehen uns später mal wieder. Ganz bestimmt. Bis dahin mach's gut!

ICH BIN NOCH DA

Juni 2020

Hey Leute, wartet mal. Ich bin noch da.

Auch wenn ich Krebs habe, bin ich noch da. Okay?

Ich bin noch nicht tot. Ich hab keine Haare mehr und ich sehe anders aus. Ich weiß. Aber ich bin noch nicht tot. Das ist alles nicht so toll, aber ich bin noch nicht tot. Ich bin noch da.

Ihr müsst euch nicht von mir verabschieden oder für mich beten. Doch, ihr dürft das natürlich schon, aber so schlimm ist das doch alles nicht. Ich schaff das. Bei dem Ganzen hier hab ich neue Freunde gefunden. Ich bin nicht allein.

Ich bin noch da und vielleicht wird ja alles gut.

Bestimmt …

ABSCHIED VON DER FREMDEN HEIMAT

24. November 2017

Nun stand ich mit einem Koffer, einem Trolley und einer Laptoptasche am großen Eingang des Changi Airports. Es war ungefähr 22 Uhr am 24. November und ich war gerade mit dem Taxi angekommen. Ein letztes Mal. Um 00:05 Uhr würde der Flug nach Amsterdam zurück in die Heimat gehen. Von dort aus zurück nach Stuttgart.

So wie ich allein in diesem fremden Land im Januar 2015 ankam, so würde ich es auch jetzt wieder alleine verlassen. Somit schloss sich der Kreis.

Nun war dieses große Abenteuer auf der anderen Seite der Weltkugel doch tatsächlich vorbei und dieses Kapitel meines Lebens war nun tatsächlich beendet. Drei Jahre Singapur und Südostasien waren vorbei. Drei Jahre, die sich in diesem Moment anfühlten wie ein kleiner Augenblick. Und in knapp 16 Stunden würde ich wieder zurück in Deutschland sein.

Es war ein seltsames Gefühl. Ein paar Mal dachte ich, ich hätte Tränen in den Augen.

Ich setzte mich noch mal in ein Flughafen-Cafe und bestellte mir ein Bier. Ich glaube, es war eher eine Art Irish Pub und es war wohl eher ein Guinness. Wir haben hier schon öfters gesessen. Vor den Abflügen nach China, Malaysia oder Indonesien. Es war ein sehr seltsames Gefühl. Vor drei Monaten war Molly schon nach Deutschland abgereist. Ich hatte sie also schon etwas früher nach Hause geschickt. Sie war schwanger. Ich kann mich gut daran erinnern, dass sie weinte beim Abschied. Na klar.

Heute würde ich selber abreisen aus unserem geliebten Singapur. Mir war gar nicht klar, ob ich eher gehen oder bleiben wollte. Zurück nach Good Old Germany. Zurück ins alte Leben. Auf eine gewisse Weise zurück in die Normalität. Irgendwie waren die drei Jahre in Südostasien alles andere als normal gewesen. Es war ein andauernder Mix aus Culture Flash, Urlaubsfeeling, Schwitzen, Staunen über Fremdes und Neues, Feiern, ständigem Probieren von neuem köstlichen Essen und dem einfachen Genießen des Lebens gewesen. Okay, gearbeitet hatten wir auch. Oft bin ich abends erst etwas später zuhause gewesen.

Eigentlich war es aber wie in einem langen Traum gewesen. Ich glaube, ich hatte jeden einzelnen Tag genossen. Es war eine meist sorgenfreie Zeit gewesen. Ich kam in eine total fremde Welt. Allein. Und ich verließ sie nun. Doch mittlerweile war sie meine neue Heimat geworden. Ihren Charakter und ihren Charme hatte ich nun kennengelernt, die verschiedensten Orte waren vertraut geworden.

Auch ihre Kulturen und Sprachen waren familiärer geworden. Ich war wirklich ein Singapurer geworden. Ja, ein Teil davon war ich nun geworden. Und vor allem verließ ich auch viele neue Freunde. Man hatte sich schnell an die neuen, lieben Menschen gewöhnt und jetzt musste man schon wieder gehen. Nun würde es zurückgehen in die alte vertraute Welt, wo man wieder alles kannte und alles verstand und wo es halt wieder so war wie immer.

Ich glaube, auf irgendeine Art wollte ich gar nicht gehen. Aber ich musste. Ja, ich ging schweren Herzens. Das Experiment Singapur war geglückt und zwar mehr als geglückt. Molly und ich waren das Risiko dieses Abenteuers eingegangen und wurden reichlich belohnt. Wir waren sehr glücklich in dieser Zeit gewesen. Es war sicherlich die aufregendste Zeit unseres bisherigen Lebens gewesen. Zweifelsohne. Auch wenn sicherlich noch weitere Abenteuer anstehen würden, wie zum Beispiel die Geburt unseres ersten Kindes im Januar schon, diese Zeit in Singapur war so einmalig gewesen.

Es war so viel Neues und Wunderbares geschehen. Ich glaube, wir hatten das alles nie so richtig verarbeiten können. Wir hatten einfach nur einen Tag nach dem anderen genossen. Mit unseren neuen Freunden. So viele Besucher hatten wir hier am anderen Ende der Welt empfangen dürfen. Allesamt waren begeistert gewesen, so hatte ich das jedenfalls empfunden.

Für mich war es ein sehr besonderes Gefühl gewesen, allein in eine komplett fremde Welt zu kommen und langsam Tag für Tag zu spüren, dass es meine neue Heimat werden würde und dass ich mich sehr wohl fühlen würde. Als ich 2015 im Januar angekommen war, wusste ich ja nicht, wie lange ich/wir bleiben würde(n). Ob das überhaupt klappen würde. Ob Molly überhaupt einen Job kriegen würde. Ob mein Job mir gefallen würde. Ob das große Ganze uns überhaupt gefallen würde. Das war am Anfang alles nicht klar gewesen. Geklappt hatte dann eigentlich fast alles und wir hatten bei vielen Dingen Glück gehabt. Wir hatten sehr viel Glück gehabt und das wissen wir. Zwei Sonnenkinder.

Die Magie dieses Abenteuers kann ich nicht wirklich gut beschreiben. Mir fehlen an sich die Worte, die dem Zauber dieser Zeit gerecht werden. So viel Glück und Zufriedenheit in der Fremde auf der anderen Seite der Erde zu erfahren, hatten wir nicht erwartet. Alle Erwartungen wurden bei weitem übertroffen. Eigentlich wollten wir beide wohl gar nicht so richtig gehen. Auf der anderen Seite hatten wir mit der Geburt einen neuen Meilenstein in Deutschland, auf den wir uns riesig freuten. Und natürlich auch wieder auf unsere Familien und »alten« Freunde. Mama und Papa. Und die Geschwister. Das ist ja klar. Und man könnte ja auch immer mal wieder zurückkommen. Doch auch hier war ich mir sicher, dass es nicht mehr das Gleiche sein würde, an diesen Ort als Besucher zurückzukommen.

Langsam wurde es dann auch Zeit zum Einchecken. Ich trank mein zweites Bier aus, ich meine es war ein Killkenny, packte meine Sachen zusammen und schlenderte langsam Richtung Gate. Die typischen Flughafendurchsagen im Hintergrund. Noch ein letztes Mal auf dem schönen braun-beigem Teppich von Changi wandeln. Noch ein letztes Mal die vielen fremden Gesichter der anderen Leute anschauen. Noch ein letztes Mal tropische, wenn auch heftig klimatisierte Luft einatmen.

Ich war irgendwie traurig. Es fühlte sich irgendwie an wie Liebeskummer.

Das Gefühl konnte ich fast nicht beschreiben. Etwas müde von den letzten, stressigen Tagen, vom Ausziehen und Aufräumen. Von den ganzen letzten Erledigungen, die man halt so macht, wenn man einen Platz für immer verlässt. Leicht angedüselt von den Bierchen (perfekt zum Schlafen im Flieger), schon jetzt total sentimental und traurig, dass ich gehen musste, aber natürlich auch superglücklich, bald wieder zuhause zu sein und alle aus der alten Welt wiedersehen zu können.

Bald würde es dann auch Weihnachten in Deutschland sein. Und zwar nicht bei 30 Grad und 80 Prozent Luftfeuchtigkeit inmitten von tausenden von quirligen Asiaten. Sondern es würde kalt und dunkel draußen sein. Besinnlich. Ruhig. Einfach weihnachtlich. Mit Schnee. Und Weihnachtsmusik. Darauf freute ich mich auch schon irgendwie.

Also war ich auch irgendwie glücklich.

Ich war am Gate angekommen. Jetzt war es Zeit zu gehen.

KRANKENHAUSWELT

März – Juni 2020

Krankenhäuser hatte ich bisher immer nur von außen gesehen. Ganz normal. Ich war ja immer ein fitter, gesunder junger Mann gewesen. Irgendwie hatte ich auch nie das Bedürfnis gehabt, mehr vom Krankenhaus zu erleben. Die wenigen Besuche von Freunden oder Familienangehörigen bisher im Krankenhaus waren eher immer irgendwie deprimierend gewesen. Das hatte mir schon gereicht. Nee, das war nie so mein Thema gewesen. Das hatte sich nun geändert.

Ich hatte das Pech, dass wir die Chemotherapie an einem Freitag starteten. Das hatte der behandelnde Arzt so entschieden. Nachdem die Diagnose klar war, war er der Ansicht gewesen, sofort zu starten und eben nicht noch drei weitere Tage zu warten. Ich denke, er hatte Recht.

In meiner Therapie gab es Chemos an den Tagen eins, zwei, drei und acht eines jeden Zyklus. Das heißt, Chemotage waren immer Freitag bis Sonntag. Da die Chemoambulanzen am Wochenende aber geschlossen hatten, musste ich eigentlich immer stationär im Krankenhaus aufgenommen und behandelt werden. Auch nahm ich viele Feier-und Brückentage mit, auf die meine Behandlungstage fielen (zum Beispiel den 1. Mai, Mariä Himmelfahrt …). Sprich, ich verbrachte im Frühjahr und Sommer 2020 viele Tage im Krankenhaus, genauer gesagt in zwei Krankenhäusern, auf insgesamt vier verschiedenen Stationen.

Hier merkte ich dann immer schnell, welche Parallelwelt doch so eine Einrichtung war. Um welche ganz anderen Themen im Vergleich zur Welt »draußen« es doch hier ging. Um größere Themen schien es mir hier zu gehen. Um Gesundheit, um Leiden, um Leben und Tod. Immer wenn ich ins Krankenhaus ging, kam es mir vor, als würde ich auf einmal in einen anderen Film zappen. Hier drin ging es um die wichtigen Sachen.

Vor allem in der Coronazeit war das so. So viele kranke Menschen, so viel stilles Elend, so viele Sorgen, die die Menschen mit sich rumschleppten. Das war immer irgendwie spürbar auf den Stationen. Welch andere Welt, als man dann das Krankenhaus nach ein paar Tagen wieder verlassen durfte. Die freie, schöne Welt. Frische Luft. Gleich ein ganz anderer Geruch. Sonne auf der Haut und der eigene freie Tagesrhythmus. Und nicht nur kranke, sondern auch ganz »normale« gesunde Menschen um einen herum.

Ich war während meiner Chemo recht fit. Mir ging es vergleichsweise gut. Mir taten die anderen Leute auf der Onkologiestation irgendwie leid. Die Älteren. Also vor allem die, die irgendwie immer im Bett lagen. Ich lief öfters mal durch die Station, um mir Kaffee zu holen, und wenn ich in andere Zimmer schaute, sah ich schon viele, meistens ältere Menschen, die irgendwie viel lagen. Es gab wohl dann auch die Fälle, wo die Chemo nicht so verträglich war wie bei mir.

Die meisten Krebspatienten, die mir in der Krankenhauszeit begegneten, waren älter. Ich kann mich eigentlich nur an eine andere Person in meinem Alter erinnern. Sie wurde im Bett liegend durch den Gang geschoben und sah irgendwie nicht so glücklich aus. In einem Wartezimmer sah ich auch mal eine ältere Frau, die erst aufgenommen wurde, sich aber vor Bauchschmerzen krümmte. Sie tat mir leid. Eine andere alte Frau war im Gang in ihrem Bett geparkt. Sie bettelte die ganze Zeit in einer eigenartigen Weise um ein Glas Wasser. Da sie es wirklich sehr seltsam tat, liefen auch alle immer nur an ihr vorbei und ignorierten sie. Und auch noch viel früher, vor Beginn der Behandlung, kann ich mich an Szenen erinnern im Gang der Onkologiestation. Dort, wo die Leute auch zur Sprechstunde hinkamen. Ich bin mir sicher, dass ich einige Leute beobachtete, die gerade ihre Diagnose bekommen hatten. Ein gewisses Leid war das ein oder andere Mal durchaus spürbar.

Generell bekam ich natürlich öfters mal was von anderen Patienten auf der Onkologiestation mit. Der eine hatte Lungenkrebs, viele Frauen den typischen Brustkrebs. Ältere Männer wohl oft Prostatakrebs. Ich teilte mein Zimmer auch einmal mit einem anderen Hodgkin-Patienten. Auch bei ihm war alles schon fortgeschritten. Er erzählte mir aber, dass er erst zwei Jahre nach Auftreten der ersten spürbaren Lymphknotenveränderungen zum Arzt gegangen war.

Ich war eigentlich relativ zügig zum Check gegangen. Doch hatten wir beide schon fortgeschrittenen Hodgkin. Dieser Patient war sehr besorgt wegen Corona. Es war Mitte März, wo alles erst so richtig losging und niemand wusste, wie krass es werden würde. Mein Zimmerkollege schien wirklich Angst zu haben. Irgendwie war ich selber da ein bisschen entspannter, aber muss gestehen, dass auch ich etwas Bammel hatte beim Thema Coronainfektion in der Therapiephase. Wir stellten den Ärzten viele Fragen hierzu. Auch sie konnten nicht alles mit Sicherheit beantworten. Auch für sie war es etwas Neues. In den Wartephasen vor Terminen und Behandlungen beobachtete ich viele Menschen, denen Ihre Sorgen ebenfalls anzusehen waren. Es war einfach nach außen sichtbar, dass es ihnen nicht so gut ging. Es ging hier halt schon immer um das Thema Krebs. Auch hörte ich einmal eine noch recht junge Krebspatientin erzählen, dass sie fast nicht mehr richtig laufen konnte, weil die Füße nicht mehr richtig mitmachten.

Was ich immer hasste, war dieser typische Krankenhausgeruch. Schien wohl Standard zu sein und einfach so zu einem Krankenhaus dazuzugehören. In den Gängen hatte man nie das Gefühl, dass frische Luft ins Gebäude kam. Stickig, schal. Spuren tausender Stoffe wie Desinfektionsmittel, Reinigungsmittel und sonstigem in der Luft. Der typische Krankenhausgeruch halt. Manchmal überlegte ich mir, wie man das ändern könnte. Aber auf der anderen Seite mussten viele Bereiche ja auch steril sein.

Das Essen war eigentlich immer ganz okay. Nur abends kam ich oft nicht klar. Schon um 17 Uhr kam das Essen. Manchmal sehr wenig. Dunkles Brot. Oft hatte ich danach noch Hunger. Meistens aß ich dann noch was Eigenes. Aber ein paarmal ging ich mit Hunger ins Bett. Auch nicht so toll so was.

In meiner Krankenhauszeit traf ich auf viele Krankenschwestern und Krankenpfleger. Ich dachte mir immer, dass es ein so wichtiger Beruf für unsere Gesellschaft sei. In den Situationen der Patienten waren das tatsächlich die einzigen Kontaktpersonen in einer Zeit von Besucherstopps. Die einzigen Leute, die die Krebspatienten täglich empfingen. Die Familien durften ja nicht rein. Die meisten der Schwestern und Pfleger waren sehr nett und einfach klasse. Viele routiniert und kompetent. Gut drauf mit viel Elan. Nur eine fiel mir auf, die irgendwie immer schlecht gelaunt und unsympathisch war. Klarer Fall von »Beruf verfehlt«. Wie wichtig doch diese Menschen für unsere Gesellschaft sind. In der Coronakrise nannte man sie »systemrelevant«. Und wie schlecht sie ja offensichtlich bezahlt wurden, dachte ich mir manchmal.

Zum Glück bekam dieser Berufsstand in der Coronazeit viel Aufmerksamkeit und Wertschätzung in den Medien. Ich hoffe, dass das in Zukunft so bleiben wird. Wir brauchen diese Menschen dringend und wir müssen ihre Arbeit viel mehr schätzen lernen. Gleiches gilt natürlich auch für die Ärzte. Ich erwähne sie erst nach den Schwestern und Pflegern, weil sie schon zu Recht hohe gesellschaftliche Anerkennung genießen.

Es gab sehr viele nette, lustige und empathische Momente zusammen mit den Pflegekräften. Bei mir und bei den anderen. Ich bewunderte sie teilweise schon.

Natürlich lernte ich während meiner Behandlung auch verschiedenste Abteilungen des Krankenhauses und somit Fachrichtungen der Medizin kennen. Mein Mutterschiff, mein Basiscamp, war natürlich die Onkologie. Im Rahmen der Behandlung hatte ich aber viele andere Termine bei der Kardiologie, Nuklearmedizin, Anästhesie, HNO oder Neurologie. Ich fand es an sich ganz interessant.

Auch wenn alles ja irgendwie blöd war, fand ich es interessant. Ich fing auch sicherlich an, mich mehr für Medizin zu interessieren. Auch wollte ich dann immer mehr Details zu meiner eigenen Krankheit erfahren. Anfangs war das nicht der Fall gewesen. Aber mit der Zeit fing ich an, mich mehr mit dem Thema Krebs zu beschäftigen. Und über den Hodgkin und seine Geschwister zu recherchieren. Meine Faszination und mein Vertrauen in die moderne Medizin war dadurch weiter gestiegen. Vielleicht war es ja schon früher da gewesen. Als ich mit dem Abi fertig gewesen war, hatte ich mich zuerst für ein Zahnmedizinstudium an der Uni Tübingen eingeschrieben. Im Endeffekt wurde ich dann aber doch Ingenieur, was auch gut so ist.

Es gab auch sehr seltsame Momente. Ich kann mich erinnern, dass ich eines nachts wegen dieses komischen Geräuschs wach wurde. Mitten in der Nacht. Irgendwo, nicht so weit weg in den Nachbarzimmern, gab es dieses komische Geräusch. Es war eine Frau. Aber ihre Laute waren seltsam. Ja schon fast schaurig. Sie heulte irgendwie bitterlich und sang aber auch gleichzeitig. Mir war nicht klar, ob sie Schmerzen hatte oder irgendwie anders litt. Oder einfach nicht mehr ganz gesund im Kopf war. Und irgendwie sang sie gleichzeitig zu ihrem Geheule. Das ging eine ganze Weile. Es war irgendwie etwas gruselig.

Auch erinnere ich mich an den netten 90-jährigen Mann – ebenfalls einer meiner Zimmergenossen – der in Tränen ausbrach, als ich entlassen wurde und mich verabschiedete. Er wünschte mir alles Gute. Ich ihm natürlich auch. Er weinte. Wieso kann ich gar nicht sagen. Gott segne ihn.

Ich habe großen Respekt vor der Medizin und den heutigen Mitteln. Es ist toll, was wir heutzutage den schlimmsten Krankheiten der Welt schon entgegnen können. Leider kann noch nicht jeder Krebs geheilt werden. Ich hoffe, dass die Menschheit hier weiter große Schritte machen wird.

ZUHAUSE

Dezember 2017

Wenn mich jemand auf einer meiner Reisen nach meiner Heimat gefragt hatte, dann war das immer ganz einfach gewesen. Ich komme aus dem schönen kleinen Kreisstädtchen Balingen im Zollernalbkreis am Rande der Schwäbischen Alb im Süden Deutschlands. Das liegt im Herzen Europas. Das ist meine Heimat. Dort bin ich geboren und aufgewachsen. Dort leben meine Eltern. In der Gegend sind Oma und Opa gewesen. Dort ging ich in den Kindergarten, zur Schule und dort begannen die wichtigsten Freundschaften meines Lebens. Meine dicksten Homies sind auch von dort. Das verbindet uns auf tiefgründige Art und Weise, auch wenn wir so an sich nie darüber geredet haben. Immer wieder führen uns unsere Wege zusammen in die alte Heimat. Immer wieder treffen wir uns dort. Manchmal verabredet und manchmal spontan einfach so.

Ich kenne dort gefühlt jeden Stein, jedes Haus, jede Straße. Zu fast jeder Ecke fällt mir eine lustige Geschichte ein. Natürlich kenne ich viele Leute von dort, obwohl viele aus meinem Jahrgang nicht mehr dort leben und etwas weiter gezogen sind. Ich kenne viele Leute. Trotzdem ist der Ort nicht so klein, dass jeder jeden kennt.

Immer wenn ich von der Bundesstraße B27 kommend mit dem Auto auf meine geliebte Heimatstadt zufahre, diese kleine schöne Stadt, im Hintergrund der Albtrauf mit tollem Panorama, stellt sich ein Gefühl der Glückseligkeit ein. Ein schönes Fleckchen Erde. Ich komme immer wieder zurück.

Das ist meine Heimat und das wird sich nie ändern. Und ich werde immer wieder kommen.

Zuhause ist für mich hingegen was anderes. Zuhause ist kein Ort, sondern eher ein Zustand. Ein Gefühl. Menschen. Geräusche. Düfte. Musik. Das alles kann »zuhause« sein. Der Platz, wo man sich gerade wohl fühlt und Menschen um sich hat, die einem etwas bedeuten.

Und so bin ich nicht nur an einem Platz, sondern an mehreren Plätzen auf dieser Welt zuhause. Viele würden sagen, dass das jetzt Quatsch ist. Das ist mir aber egal. Für mich ist das so. In meiner Welt habe ich mehr als ein »Zuhause«, weil ich mich bisher schon an vielen Orten wohl, halt eben zuhause gefühlt habe.

Stuttgart, Bad Cannstatt, Weil der Stadt, Leonberg, Kapstadt, Brasília und Singapur. Hier habe ich mal für mehr oder weniger längere Zeit gelebt und in meiner eigenen Welt bin ich hier immer noch zuhause. Auch wenn es teilweise schon etwas her ist. Ich bin hier zuhause. Irgendwie haben mich diese Plätze auch beeinflusst, geprägt und geformt.

In Gedanken schlendere ich oft noch durch die Straßen dieser Orte. Egal ob es die König-Karl-Straße oder die Tembeling oder die Amber Road ist. Der Kurpark oder der East-Coast-Park. Ob Eltingen oder Katong oder Woodstock. Das sind meine Hoods, ist doch klar. Ob Tafelberg oder Monte Scherbelino. Bin schon hochgelaufen. Ob Keller Club oder Zulu Club. Hier die Nächte durchgetanzt bis der Boden gewackelt hat. Im Zulu Club hat er tatsächlich gewackelt. Ob Tiger oder Antarctica oder Black Label. Hab Euch gern getrunken. Überall hab ich gekickt. Gegen Brasilianer, Engländer oder Malaien. Oder mit den kleinen Jungs in Muizenberg am Strand. Ob Feijoada oder Hokkien Mie oder der gute alte Zwiebelrostbraten. Alles gern gegessen. Alles großartig. Nichts ist besser als das andere. Alles toll. Möchte nichts davon missen. In Deutschland grillt man, woanders heißt es Braai oder Churrasco. Leute, bis auf die kleinen Unterschiede ist das alles doch das Gleiche.

Und das Wichtigste von allem: überall gute Menschen getroffen. Egal ob weiß oder schwarz oder gelb oder rot. Groß oder klein. Dick oder dünn. Wen interessiert's? Überall gibt es gute Menschen, die einem ans Herz wachsen und die man so richtig nie vergisst. Wir sind alle viel ähnlicher als wir denken. Das denke ich mir immer. Es gibt viel mehr, was uns verbindet als was uns unterscheidet.

Und sowieso haben alle Plätze und alle Menschen eine kleine simple Gemeinsamkeit. Wir leben alle zusammen auf diesem kleinen Planeten namens Erde. Eigentlich sind wir alle ja ein bisschen so was wie Nachbarn. Verbunden durch unsere Erde und das Wasser. Verbunden durch alles, was wir kennen. Das ist unser aller Boden. Eine Sonne. Ein Mond. Das Meer. Die Luft.

Ich bin kein Balinger oder Schwabe oder Deutscher oder Europäer.

Ich bin einfach nur ein Mensch. Ein Erdenbewohner. So wie alle anderen auch.

Alle bisschen anders, aber alle doch irgendwie gleich.

ZWEI

19. Juli 2020

Dies wurde zum größten Lauf aller Zeiten. Mein persönliches sportliches Highlight.

Es war der perfekte Sommerabend am 19. Juli. Wie im Bilderbuch. Angenehm mild und ruhiges Wetter und einer dieser langen Sommertage, an dem es fast keine Nacht gab. Es war schon 21:23 Uhr, doch war es immer noch nicht dunkel. Es schien, als wollte dieser prächtige Sommertag einfach kein Ende finden und sich gegen die schwarze Sommernacht zur Wehr setzen. Der Tag wollte irgendwie noch nicht ins Bett und lieber noch etwas weiter feiern. Uns war das sehr recht.

Ich kam grade vom Biergarten, wo ich mich mit meinem Kumpel Andi auf ein Bierchen … hm naja, eher ein Apfelschörlchen (ich verzichtete gerade auf Alkohol) und einen Schweizer Wurstsalat getroffen hatte. Im Biergarten musste man natürlich noch auf die üblichen Corona-Maßnahmen achten. Man musste sich erst die Hände desinfizieren, anmelden und Adresse und Telefonnummer hinterlassen. Für den Fall eben, das Coronafälle bekannt würden, und man gewarnt werden konnte. Man hörte leider öfters, dass Leute auf diesen Listen Madonna oder Elvis als Namen eintrugen. Maske musste man an sich nicht mehr tragen, aber bei der Besetzung der Tische achtete man schon immer noch auf mindestens eineinhalb Meter Abstand. Das klappte auch ganz gut.

Wir hatten uns natürlich aufgrund der Corona-Pandemie lang nicht mehr gesehen und ich hatte Andi viel von meinen kleinen Krankenhaus-Abenteuern zu erzählen. Zwei Stunden vergingen natürlich wie im Nu. Es schien, als hätte man sich seit 20 Jahren wieder getroffen und jeder hatte so viel Neues zu erzählen. Vor allem ich. Es war ein sehr schönes Wiedersehen mit einem guten Freund.

Nach dem Treffen im Biergarten wollte ich anschließend unbedingt noch joggen gehen und hatte schon Laufshirt und Laufschuhe angezogen. Ich tat dies dann auch auf einem kleinen Feldstückchen neben der Uni Hohenheim. Das lag irgendwie auf dem Rückweg. War eher zufällig dort vorbeigefahren. Eigentlich kein besonderes Fleckchen zum Joggen, da es nur eine Richtung hoch und wieder zurück ging. Auch nicht sonderlich weit, aber ich war hier vorbeigefahren und hatte einfach spontan entschieden loszulegen.

Mittlerweile war es dann schon fast dunkel, aber es war immer noch perfekt zum Laufen. Und es ging los. Es war mild und wurde langsam immer dunkler. Ich startete meine Lauf-App, um den Lauf zu tracken. Trotzdem achtete ich nicht auf die Zeit und lief wirklich langsam und entspannt. Denn es war der erste Lauf nach der Chemo. Ich hatte keine Ahnung, wie es mir dabei ergehen würde. Es ging nicht darum, schnell zu sein und zu performen. Es ging eher darum, einfach nur zu joggen, so wie früher. So wie davor. Ich hatte ein so starkes Verlangen gehabt, wieder zu laufen und mich wieder richtig zu bewegen. Wieder so zu sein wie davor. Ich wollte einfach nur wieder der Alte sein.

In den Krebsbrochüren stand, dass man während und nach der Chemo schon leichte Formen von Sport machen dürfe und sogar sollte. Im Gegensatz zu früher, wo man dazu geraten hatte, möglichst viel zu ruhen, empfiehlt man heute Bewegung und Sport. Aber natürlich ohne große Belastung. Auch die Ärzte hatten das so mehr oder weniger gesagt. Als ich meiner Mutter davon erzählt hatte, dass ich wieder mit dem Laufen starten wollte, meinte sie, ich sollte langsam tun. Sie hatten ja alle Recht.

Eigentlich hatte ich mich gar nicht so sehr damit beschäftigt, wann ich in welcher Form wieder mit dem Sport beginnen durfte. Ich hatte an diesem Tag einfach das Gefühl, dass es gut und richtig war, wieder zu starten. Und das war es auch. Es war tatsächlich ein Genuss, langsam durch das Feldstückchen zu joggen. Es war perfekt. Fühlte sich gut an.

Ich hatte eine Lungenentzündung gehabt, sie hatten sogar Tuberkulose im Verdacht gehabt. Sie hatten mir zwei Mal eine Roboterschlange in die Lunge geschickt und mehrere Lungenfunktionstests gemacht. Vier Mal war ich beim Kardiologen gewesen, der mir zuerst gesagt hatte, dass ich Wasser am Herzen hätte. Später dann, dass alles wieder gut sei. Sie hatten den Krebs im fortgeschrittenen Stadium festgestellt und mich mit einer intensiven Chemo vollgeballert.

Ich war mir nie sicher gewesen, ob ich nach der Behandlung körperlich gesehen überhaupt wieder fit werden würde und wieder Sport machen könnte. Es gab Stimmen, die sagten, so wie früher würde es nicht mehr werden.

Bullshit. An diesem Juli-Abend fühlte sich alles gut an. Ich spürte beim Laufen nichts Sonderbares. Alles fühlte sich gut an. Herz und Lunge schienen gut mitzumachen. Die Atmung war top. Die Muskulatur war sicherlich etwas zurückgegangen, aber es ging schon noch. Es fühlte sich sogar sehr gut an. So gut, dass ich mich nach zwei Kilometern regelrecht zwingen musste aufzuhören. Ich wollte eigentlich weiterlaufen, aber merkte dann schon, dass es vernünftiger war, aufzuhören und langsam zu beginnen. Nicht übertreiben.

Ich war sehr happy, als ich nach zwei Kilometer Joggen wieder bei meinem Auto ankam. Leicht verschwitzt und schon ein bisschen außer Atem. Aber es fühlte sich toll an. Fast ein bisschen wie in großen alten Zeiten, als ich für den Halbmarathon trainierte. Natürlich nicht. Natürlich war ich nicht mehr so gut nach der Krebsunterbrechung. Kein Vergleich zu alten Zeiten.

Doch trotzdem wurde dieser Lauf an diesem perfekten Sommerabend, dieser erste Lauf nach dem Krebs und nach der Chemotherapie, der allerbeste in meinem Leben. Besser als der legendäre Halbmarathon in Singapur. Besser als alle Stuttgart-Läufe und Firmen-Läufe und alle anderen zusammen. Dieser Run war tatsächlich viel größer. Ich war selbst überrascht.

Denn ich war zurück. Noch nicht ganz der Alte. Man sah es an meiner Glatze und an den sonstigen Haaren, die im Gesicht oder an den Beinen ausgefallen waren und fehlten. Natürlich war dies keine sportliche Meisterleistung. Aber es war der erste Lauf nach der Diagnose des Hodgkin-Lymphoms. Ein grandioser Zwei-Kilometer-Lauf. Zwei Tage danach lief ich dann schon zweieinhalb Kilometer und vier Tage danach schon drei Kilometer. Anfang September waren es schon sieben Kilometer.

Es war mein großes Comeback. Ich war wieder da. Alles gut.

KREBS

August 2020

Es kam dann irgendwann die Stelle, an der ich mich fragte, was dieser Krebs denn nun eigentlich war.

In meinen jüngeren Jahren hatte ich mich eigentlich nie mit dem Thema beschäftigt. Das macht man als junger Mensch normalerweise halt nicht. Man hatte immer mal wieder von Krebsfällen gehört. In der Verwandtschaft und in den Medien. Aber näher hatte ich mich mit dieser Krankheit nicht beschäftigt. Wieso auch?

Für mich war bis dahin Krebs nichts anderes als ein Synonym für eine unheilbare Krankheit gewesen. Eine Krankheit, die mit einer schlimmen Therapie, der Chemo, behandelt wird, aber eigentlich eher zum Tode führt. Manche Arten kann man schon mal auf Trab halten, aber meistens geht es eher schlecht aus. Das hatte ich mir eigentlich immer unter dieser Krankheit vorgestellt.

In unserer Nachbarschaft war früher, schätze Anfang der 90er, eine sehr nette Frau an Krebs erkrankt, als ich vielleicht zehn war. Ich kann mich noch gut an sie erinnern. Sie hatte durch eine Chemo gemusst und ich weiß noch gut, dass sie, als ich sie auf der Straße mal getroffen hatte, einfach nicht mehr gesund ausgesehen hatte. Nein, sie war nicht mehr die alte Frau Nachbarin gewesen, wie ich sie immer gekannt hatte. Sie war dann auch irgendwann gestorben und hatte einen Mann mit zwei Söhnen hinterlassen.

Man hatte über die Jahre immer mal wieder von Fällen gehört. Meistens war es leider nicht gut ausgegangen. Seit meiner eigenen Diagnose im März 2020 fiel mir auch auf, dass in den Medien, so zum Beispiel in Filmen, der Krebs auch eher als die Krankheit, die zum Tode führt, dargestellt wird. Am Tage, als ich von meiner eigenen Diagnose erfuhr, schaute ich noch kurz zuvor eine schlechte Arztserie (sie lief eher so im Hintergrund, eigentlich schaue ich das nie). Im Plot bekam ein junger Mann eine Lungenkrebsdiagnose und seine Welt brach zusammen. Er weinte.

Ich weiß noch genau, dass es wirklich der Tag meiner eigenen Diagnose war. Wirklich eigenartig. Kann mich irgendwie gut an diese TV-Szene erinnern. Man kennt natürlich auch Filme wie »Knocking On Heaven's Door«.

Auch in einigen Krimis, zum Beispiel im Tatort, fiel mir auf, dass der Krebs als Stilmittel für den anstehenden Tod verwendet wurde. In einer Folge war der Mann, der sich am Schluss als der Mörder entpuppte, ein Krebskranker, der so verzweifelt war, dass er seine Liebsten noch mit in den Tod nehmen wollte.

Ein noch krasseres Beispiel wäre Jigsaw, der Mörder in der Saw-Reihe. Ein Krebskranker, der nach einem missglückten Selbstmordversuch beginnt, so extrem über das Leben zu denken, dass er andere Menschen, die das Leben nicht schätzen, auf brutale Art und Weise quält. Im TV begegnete mir auch an anderen Stellen der Krebs, hauptsächlich als Vorstufe zum Tod.

In den Tagesthemen kamen zum Beispiel während der Coronazeit im Sommer 2020 regelmäßig Nachrufe auf Prominente, die an Krebs gestorben waren, wie zum Beispiel der Schauspieler Chadwick Boseman im Alter von 43 an Darmkrebs oder der spanische Schriftsteller Carlos Ruiz Zafón im Alter von 55 Jahren. Als ich am 3. September 2020 das Fußballspiel Deutschland gegen Spanien sah, erfuhr ich in der Berichterstattung vom tragischen Tod der Tochter des spanischen Trainers Luis Enrique. Er hatte vor kurzem seine neunjährige Tochter verloren. Sie hatte an Knochenkrebs gelitten.

Ende 2018 starb mein geliebter Onkel an einem malignen Melanom, also dem schwarzen Hautkrebs. Es ging am Schluss irgendwie alles so schnell, dass ich nicht mal bei ihm sein konnte und mich nicht mal mehr von ihm verabschieden konnte, was mir auch bis heute das Herz bricht. Gott behüte ihn!

Das ist also das eine, wahrscheinlich bekanntere Gesicht des Krebses.

Aber es gibt noch ein anderes Gesicht, wie ich nämlich aus nächster Nähe erfahren sollte. Nämlich das einer Krankheit, die die Menschheit durch Forschung in der Medizin und durch Fortschritte in der Medizintechnik teilweise ganz gut behandeln kann. Eine Krankheit, die zwar extrem gefährlich ist, aber mitunter sogar mit modernen Therapien gänzlich geheilt werden kann. Mit Therapien, die immer besser, das heißt wirksamer und für den Patienten verträglicher, werden und die ermöglichen, dass Krebspatienten nach ihren Behandlungen wieder ganz die Alten werden.

Auch hier gibt es viele Beispiele. In der besagten Coronazeit hörte man von der deutschen Politikerin Manuela Schwesig, die den Brustkrebs besiegt hatte und wieder in die Politik zurückkehrte. In meinem engeren Umkreis der Familie kann ich zum Beispiel meinen anderen Onkel nennen, der den Krebs schon besiegt hatte.

Soweit ich das verstanden habe, ist der Krebs auch nicht eine Krankheit, sondern ein Überbegriff für über 100 Krebsarten. Sie werden zusammengruppiert, weil ihnen ein unkontrollierbares, schnelles Tumorwachstum gemeinsam ist. Wie sich dieses Tumorwachstum jedoch auf den Körper auswirkt und ob und wie man es stoppen kann, das ist bei den verschiedenen Krebsarten recht unterschiedlich.

So gibt es Krebsarten wie Bauchspeicheldrüsenkrebs (hier hatte mir ein Freund eine unschöne Geschichte aus seiner Familie erzählt), Lungenkrebs oder bestimmte Hirntumore, die einfach nicht so erfolgreich behandelt werden können und leider oft in kürzester Zeit zum Tode führen können.

Auf der anderen Seite gibt es die Krebsarten, die von der heutigen Medizin oft sehr erfolgreich behandelt (und auch geheilt) werden können, wie zum Beispiel Brustkrebs bei Frauen oder Prostatakrebs bei Männern. Auch »mein« Hodgkin-Lymphom ist eher ein »guter« Krebs, sprich gut behandelbarer Krebs.

»Da haben Sie ja noch mal Glück gehabt«, sagten mir die Ärzte im Krankenhaus. Wie sehr man sich über eine solche Diagnose dann »freuen« kann, ist fraglich. Auch hörte ich die Aussagen der Ärzte: »Wenn ich mir einen aussuchen müsste, würde ich den nehmen«. Auch hier stellt sich die Frage, ob jemand sich überhaupt gern eine Krebsart auswählen würde. Doch es scheint mir so, als könnte sich der Mensch immer besser gegen manche der Krebsarten wehren.

Für viele Krebsarten gibt es dann noch langlaufende Forschungsstudien, die darauf abzielen, die Therapien fortgehend zu verbessern. Ich selbst nahm an einer Studie teil und profitierte davon in Form einer um sechs Wochen (!) verkürzten Chemotherapie. Es ist meines Erachtens ein Segen, dass der Mensch schon seit einiger Zeit Krebsforschung betreibt. Ich verdanke der Krebsforschung im Endeffekt mein Leben.

Dann stellte ich mir auch irgendwann die Frage, wieso es so viele Krebserkrankungen gibt. Die Wahrscheinlichkeit eines modernen Menschen, im Laufe seines langen Lebens an Krebs zu erkranken, ist, wenn man Statistiken Glauben schenkt, gar nicht so gering. Bei alten Menschen sagen viele Mediziner dann auch, dass die Leute eher mit dem Krebs als an dem Krebs sterben.

Dann sind die möglichen Ursachen für Krebs unglaublich vielfältig, auch wenn sie natürlich noch nicht zu 100 Prozent von der Forschung verstanden werden. Bekannte Risikofaktoren sind aber hier sicherlich Giftstoffe in der Umwelt, falsche Ernährung, Rauchen, übermäßiger Alkoholkonsum, Sonne und so weiter.

Ich kann mich noch daran erinnern, dass in meiner Heimatstadt ein großes Gebäude der Stadt – ich glaube, es war das Arbeitsamt – komplett abgerissen und neu gebaut wurde, weil in der alten Konstruktion großzügig Asbest verbaut war.

Ein Arzt erzählte bei einem Vortrag in der Reha davon, dass eigentlich der Mensch von Natur aus gar nicht für ein so langes Leben von 80 oder 90 Jahren designt wäre. Man könne das ja an indigenen Völkern sehen, wo die Menschen gar nicht viel älter als 40 Jahre werden. Die Theorie des Arztes war dann, dass es eher unnatürlich wäre, so alt zu werden und sich über die Zeit Defekte, wie eben auch ein Krebs, mal einschleichen könnten. Ich fand diese Theorie ganz interessant, kann aber nicht sagen, ob die Wissenschaft das unterschreiben würde.

Ich habe sicherlich nicht die Qualifikation und die Expertise, mehr über den Krebs und moderne Behandlungsmethoden zu berichten. Bestimmt habe ich auch mal was falsch wiedergegeben. Was ich nur sagen will ist, dass der Krebs nicht unbedingt eine unheilbare Krankheit sein muss. Er muss nicht zwangsläufig zum Tode führen.

Und auch Behandlungen wie die Chemotherapie oder auch die Strahlentherapie müssen nicht immer voller Qualen und Tränen sein. Es gibt genug positive Beispiele (ich zähle mich ab jetzt auch dazu), die ein schöneres Bild zeichnen.

Ich selbst erzähle meine Geschichte hierzu immer ganz gern, wenn mich Leute Fragen. Im Endeffekt sage ich dann so was wie »war gar nicht so schlimm das alles …!«

Ich glaube beim Kampf gegen den Krebs stark an die Menschheit, an moderne Medizin und Technik. An die Forschung. Ich glaube an den Fortschritt. Das hat mir während meiner eigenen Behandlung sehr geholfen. Meine positiven Gedanken trugen bestimmt auch zu meiner Genesung bei.

Wir sollten uns alle ein bisschen vom Bild des Krebses als unheilbare Krankheit lösen und uns der Krankheit mit Mut, Glauben, Fortschritt und was es sonst noch alles gibt entgegenstellen.

Manche träumen davon, dass wir den Krebs mal ganz besiegen können. Momentan können wir das nicht. Wenn überhaupt, ist das noch ein sehr weiter Weg.

Aber wir sollten mutig und hoffnungsvoll sein und diesen Weg weitergehen. Ich hoffe, dass es irgendwann nach uns Generationen geben wird, die vor dieser Krankheit nicht mehr so viel Angst haben müssen.

CORONA

September 2020

Die ganze Zeit schon stelle ich mir die Frage, was du uns eigentlich sagen willst.

Wieso bist du hier? Was hast du vor? Irgendwas scheinst du ja im Schilde zu führen. Was willst du eigentlich von uns, du kleiner Mistkerl? Bist du nur eine Laune der Natur? Eine zufällige Mutation, gegen die alle besonders anfällig sind? Oder haben dich die Aliens geschickt?

Manche sagen, du willst, dass wir weniger werden. Ehrlich gesagt würde das Sinn machen. Wir sind echt zu viele geworden hier auf dem Floß und fangen an, uns gegenseitig auf die Füße zu treten und uns im schlechtesten Fall zu bekriegen. Ich glaub's aber trotzdem nicht so richtig.

Und viele denken, dass Gott oder Allah oder Vishnu oder einer der anderen Großen dich voller Zorn geschickt hat, um mal ordentlich auf den Tisch zu hauen und aufzuräumen. Um uns mal wieder richtig einen reinzudonnern. So ein bisschen wie mit den biblischen Plagen früher. Keine Heuschrecken, sondern halt so ein unsichtbarer kleiner Killer diesmal … hm … weiß nicht …

Manche sagen auch, dass du chinesische Eltern hast. Oder kennst du zufällig Bill Gates? Okay, das ist alles Bullshit. Sorry.

Andere glauben, dass du aus geheimen, unterirdischen Labors stammst. Und mit ganz fiesen Nebengedanken und kalten Berechnungen freigelassen wurdest. Von kranken Hirnen kranker Wissenschaftler. Im Dienste kranker Politiker. Da gibt's Filme drüber. Tolle Story, aber das kann es doch auch nicht sein.

Du bist ja auch nicht der erste aus deiner Family, der uns besuchen kommt. Hast ja schon einige berühmte Vorgänger gehabt. Deine Brüder und Schwestern kennen wir ja schon. Die waren aber nicht so ein Drecksack wie du.

Was das alles aber wirklich soll, ist echt niemandem klar.

Du hast viele getötet, weil man sie nicht vor dir beschützt hat. Viele unserer großen Staatsoberhäupter haben dich belächelt und dafür im Endeffekt einen hohen Preis gezahlt. Wollten dich nicht beachten, weil du halt irgendwie unangenehm warst. Dich verschweigen und ignorieren. Das hat dich aber dann noch stärker gemacht.

Viele bringst du um den Verstand. Einige drehen durch, weil wir uns auf einmal an deine Regeln halten müssen. Deine Regeln sind anders als unsere. Wir sind das nicht gewohnt. Wir waren doch bisher die großen Herrscher. Jedenfalls dachten wir das. Nun müssen auch wir uns mal unterordnen und zusammenreißen. Du bist der mächtigste aller Politiker. Du bist ein Test. Ein großer Test für unsere Demokratien. Für unsere Gesellschaft. Für unser Miteinander. Und so glatt läuft der Test gerade nicht bei uns.

Du spaltest die ganze Welt. Polarisierst. Forderst uns heraus.

Du bist doch nur so ein winziger kleiner Wicht und beherrscht nun das Weltgeschehen und drückst dem intelligentesten aller Erdenbewohner deine Regeln auf. Wir kommen nicht klar damit. Das ist neu.

Du isolierst uns. Familien und Freunde. Wir haben zwar Sachen erfunden, so wie es schon früher in Star Wars gezeigt wurde. Geräte, mit denen wir uns über die Ferne einfach sehen und miteinander reden können. Aber unsere tollsten Erfindungen ersetzen das Beisammensein nicht. Das Gefühl zusammen zu sein. Unsere Technik kann nur bedingt helfen.

Der ein oder andere denkt erst jetzt mal darüber nach, was eigentlich wichtig ist. Denn jetzt ist die richtige Zeit dafür. Alles steht still. Das kennen wir so nicht. Sonst rennen wir immer schnell im Kreis. Jetzt stehen wir da. Und schauen uns verwundert um. Und dabei merken wir, dass es allen gleich geht.

Auf jeden Fall erteilst du uns eine gehörige Lektion. Viele fangen an, über große Sachen nachzudenken. Wir fühlen uns auf einmal verwundbar und klein. Man könnte denken, dass die großen Nationen dieser Welt sich jetzt mal zusammenraufen könnten, um dich gemeinsam zu bekämpfen. So sollte es laufen. Das passiert aber nicht.

Viele Geschäfte und Existenzen sterben. Restaurants, Kiosks. Selbstständige. Künstler. Das ist echt uncool von dir. Vielen geht es an den Kragen. Theoretisch gäbe es bestimmt immer noch genug Reichtum für alle auf dieser Welt. Aber wir schaffen es auch jetzt nicht, die Sachen gerecht miteinander zu teilen. Man könnte sich nun fragen, wie intelligent der intelligenteste aller Erdbewohner denn nun wirklich ist. Vor dir kleinem, primitiven Zwerg stehen wir alle aber ganz schön blöd da.

Dass du aber Menschen getötet hast, ist echt schlecht von dir. Deswegen hassen wir dich auch. Viele tausende sind gestorben. Das macht die ganze Sache so ernst. Gerade die Alten und Schwachen sterben. Und es ist noch lange nicht vorbei.

Du hast die Welt abgebremst bis zum Stillstand, Brücken zerstört und tiefe Gräben gezogen. Du hast uns gegeneinander aufgehetzt. Du bist ein Unruhestifter. Oder bist du vielleicht einfach nur auch ein weiterer Erdenbewohner, so wie wir, der sein Recht auf Leben hat? Schlaue Wissenschaftler sagen übrigens, dass du gar kein Lebewesen bist. Aber wer hat gesagt, dass wir den Planeten beherrschen dürfen? Vielleicht bilden wir uns das ja immer nur ein.

Wir selber zerstören alles, was wir haben. Die Wälder, die uns mit Sauerstoff versorgen. Das Wasser, ohne das wir nicht können. Verdrecken die Luft, die wir einatmen. Den

Boden, auf dem wir stehen und in dem wir am Schluss begraben werden. Töten andere Lebewesen ohne Rücksicht. Wir sind es doch eigentlich, die alles hier kaputt machen. Wir sind doch eigentlich das üble Virus hier. Das Krebsgeschwür. Auch nicht so viel besser als du. Wir feiern uns, weil wir Technik erfinden, die Probleme löst, die unsere Technik uns eingebracht hat. Deswegen halten wir uns für intelligent und stellen uns über alle anderen hier. Wir denken, dass wir dazu berechtigt sind, auf Kosten anderer Lebewesen zu leben. Die machen das nicht. Nur wir machen das.

Und jetzt kommst auch noch auf einmal du. Trotzdem halten wir uns immer noch für die Guten und du bist nun der Bösewicht. Wenn man den Planeten oder die Tiere fragen würde, wer schlimmer ist, Corona oder der Mensch, ich denke, die Antwort wäre klar.

Auf jeden Fall herrscht Chaos. Wir waren nicht vorbereitet.

Und trotzdem gibt es auch die ein oder andere gute Seite an deinem wahnsinnigen Auftritt.

Wenn wir uns weiter so schnell in unserem Karussell gedreht hätten, wären wir wohl irgendwann mal alle rausgeflogen. Jetzt, da es sich langsam dreht, können wir uns alle wieder zurechtrücken und festhalten und vielleicht mal drüber nachdenken, was wichtig ist. Und wenn es einfach mal wieder zu schnell geht. Du hast viele zum Nachdenken gebracht. Auch wenn das alles schmerzhaft ist, ist es für viele im Leben einmalig. Möglicherweise die einzige Zeit in unseren Leben, wo die Welt mal kurz langsam macht.

Du bist ein kleiner fieser Mistkerl. Aber blöd bist du nicht.

Wir haben noch Einiges zu lernen! Wir lernen, dass wir doch nicht alles hier auf dem Planeten nach Belieben kontrollieren können. Wir lernen, uns nach langer Zeit mal wieder unterzuordnen. Das ist alles ein großer Test. Hoffentlich ist er bald vorbei

DIE BESTE MEDIZIN

September 2020

Ein Arzt sagte während der Reha mal zu mir, der schlechteste Begleiter des Krebses sei die Angst. Sehe ich auch so. Ich denke sogar andersrum, dass der beste Begleiter jeglicher schlechten Situation der Humor ist. Auch in schlechten Zeiten hilft es einfach, Spaß zu haben und den Humor zu behalten. Er kann sicher keinen Krebs heilen, aber kann für schöne Augenblicke sorgen.

Gerade mit meinen Kumpels hab ich trotz der Situation viele Späßchen gemacht. Hier ein paar andere lustige Momente während der Krankenzeit, an die ich mich noch erinnern kann. Ich glaube, es gab viele, viele mehr.

Bei der Vorbesprechung zu meiner Behandlung mit der Oberärztin im Krankenhaus.
Thema sind meine bisherigen Krankheitssymptome. Konkret geht es gerade um das nächtliche Schwitzen. Molly, meine Frau, ist mit dabei.
Ich: »Und nachts habe ich dann ziemlich viel geschwitzt. Bin manchmal richtig in einer Pfütze aufgewacht.«
Molly: »Ja, und dann haben wir die Pinkelunterlage unserer Tochter einfach drunter gelegt.«

Chefarztvisite im Zweierzimmer.
Chefarzt zu beiden Patienten (als er erfährt, dass wir zufälligerweise beide an einem Hodgkin-Lymphom, einer recht seltenen Krebsform erkrankt sind): »Ach, Sie haben ja beide Hodgkin. Da können Sie ja ein Hodgkin-Camp aufmachen.«

Beim Blutabnehmen im Schwesternzimmer.
Schwester: »So, Herr Staudacher. Blutabnehmen. Ich hab Durst.«

Im Krankenhaus, als ich im Bett liegend von einem Pfleger zur Halsoperation in den OP geschoben werde. Wir kommen vor dem OP-Zimmer an und das Krankenbett wird erst mal auf der Seite abgestellt.
Pfleger: »So. Jetzt parken wir den Ferrari einfach mal hier.«

Aufklärung zur Halsoperation.
HNO-Arzt: »So, Herr Staudacher. Wir werden dann einen Schnitt am Hals machen. So fünf Zentimeter. Müssen schon schauen, wie es dann läuft, weil da schon einige wichtige Gefäße verlaufen. Aber passieren kann da nichts. Im Notfall machen wir dann einfach einen Luftröhrenschnitt.«
Ich: »Super. Da bin ich ja beruhigt.«

Beim Blutabnehmen im Schwesternzimmer. Ständig geht die Tür auf und Patienten wollen irgendwas.
Krankenpflegerin: »Leute, ja das isch ja wie in der U-Bahn heut. Tür auf, Tür zu.«

Beim Hausarzt zur Besprechung der Diagnose. Der Arzt hat mehr oder weniger eine Glatze.
Hausarzt: »Und bei der Chemo kann es dann natürlich auch zu Haarausfall kommen. Aber es soll ja auch Leute geben, die so keine Haare mehr haben.«

In der Chemo-Ambulanz, als man mir das zweite Mal den Zugang in die Vene für die Chemo legte. Das erste Mal klappte es nicht richtig und es fing an, unangenehm zu drücken, heißt der Stich ging nicht richtig in die Vene.
Ärztin (nachdem sie mich dann das zweite Mal gestochen hat):

»So. Müsste jetzt passen. Tut es weh?«
Ich: »Nein. Noch nicht.«

An Ostern sind wir bei meiner Schwägerin und ihrer Familie zu Besuch. Ich mache schon seit einiger Zeit die Chemo und trage meine Baseballcap.
Nichte meiner Frau: »Der Bodo sieht aus wie Pietro Lombardi.«

Nachdem die Chemo beendet war, hatte ich noch Chemo-Tabletten übrig. Diese müssen fachgerecht entsorgt werden und sollten nicht ins normale Abwasser gelangen. So brachte ich sie zur Apotheke. Ich habe meine Tochter Amelie dabei. Sie schaut sich dort in der Apotheke lange um.
Amelie (in leidendem Tonfall): »Breeezeeeel.«
Ich zur Apothekerin: »Haben Sie auch Brezeln?«

In der Reha, während eines allgemeinen Vortrags über den Krebs. Der Arzt redet gerade über die allgemeine Lebenserwartung der Menschen.
Arzt: »Im Durchschnitt werden Frauen etwas älter als Männer. Weiß jemand, an was das liegt?«
Anderer Patient (älterer Mann): »Ja, weil die Männer unterdrückt werden!«

Beim Gruppen-Walking während der Reha. Drei Damen sind die ganze Zeit am Reden.
Älterer Mann zu mir: »Glaub, wir laufen zu langsam. Die können ja immer noch gackern da vorne.«

Bei der Reha während der Gruppenbesprechung über psychologische Belastung bei Krebs. Es sitzen mehrere Männer an einem Tisch und sollen über ihre Probleme reden. Es herrscht eine sehr ernste Stimmung.

Psychologe: »Was glauben Sie, können Sie von dieser Reha so für sich mit nach Hause nehmen? Ich hoffe, da gibt es das ein oder andere.«
Älterer Mann (nachdem fünf Sekunden Stille herrschte): »Ha, an Haufa dreckiger Wäsch.«

Bei der Reha im Fitnessstudio. Das Reha-Center befindet sich im Kraichgau (gar nicht weit weg ist das Stadion der TSG Hoffenheim). Ich komme im Gladbach-Trikot in den Trainingsraum.
Fitnesstrainer: »So Kollege. Sie muss ich gleich wieder rausschmeißen.«

LESSONS LEARNED ... ODER WAS WIRKLICH WICHTIG IST

September 2020

Was ist nun wichtig im Leben? Das ist die Masterfrage und zum Glück darf sie jeder für sich selbst beantworten. Interessanterweise habe ich mir diese Frage noch nie wirklich gestellt. Immer meinte ich, dass ich es schon wüsste und alles Wichtige im Leben bereits tue. Deswegen kam die Frage wahrscheinlich bisher nie auf. Oder vielleicht hatte ich einfach nie die Zeit dafür gehabt, einmal richtig darüber nachzudenken.

Schon kurios, dass wir offensichtlich ein Katastrophenjahr 2020 mit Corona-Pandemie brauchen, diese besonderen und schwierigen Umstände voller Unsicherheit und Isolation, um diese nicht ganz so unwichtige Frage überhaupt aufkommen zu lassen. Bei mir war es jedenfalls so der Fall. Und so widme ich mich zum ersten Mal in meinem Leben der großen Masterfrage.

Von dieser speziellen, denkwürdigen und besonderen Zeit meiner Krebserkrankung während der Corona-Pandemie im Katastrophenjahr 2020 habe ich viele neue und wertvolle Erkenntnisse mitgenommen. Ich hoffe, dass mir so etwas nie wieder zustoßen wird und sicherlich hätte ich auf all das gern verzichten können.

Ich wünsche diese Erfahrung auch keinem anderen. Es ist sehr unwahrscheinlich, dass die Kombination einer solchen schweren Erkrankung mit einem wütenden Virus wie Covid-19 in meinem Leben nochmals auftreten wird. Es ist dieses Jahr aber nun mal passiert. Und es klingt komisch, aber ich habe Neues gelernt, viele neue schlechte, aber auch gute Erfahrungen gemacht und ich konnte aufgrund der speziellen Umstände viel über Sachen nachdenken, wofür ich nie Zeit und vor allem Muße hatte während des normalen Alltags-Arbeits-Family-Stress.

Der normale Alltag scheint uns heutzutage wenig Zeit zu lassen, einfach mal über uns in Ruhe nachzudenken. Es geht ja immer weiter und schneller zur Sache. Corona hat uns möglicherweise bei all den schlechten Seiten, den Erkrankungen, den Toten, dem wirtschaftlichen Schaden und dem sozialen Leiden doch auch mal wieder vor Augen geführt, um was es im Leben doch einfach geht oder vielleicht gehen sollte.

Es klingt sehr komisch. Und obwohl ich zu diesem Zeitpunkt gar nicht sagen kann, wie das alles noch so ausgeht, habe ich während der Erkrankung und der Therapie einiges über mich selbst und den ganzen großen Rest erfahren, was ich vielleicht sonst nie erfahren hätte. Ich glaube, ich habe eine neue, bisher unbekannte Seite an mir entdeckt. Konnte quasi auch mal einen Blick auf die »Dark Side of the Moon« erhaschen. Irgendwie ermöglichten mir Corona und die Krebsdiagnose mal wirklich ein Hirn-Reset und ließen mich wirklich mal über die große Frage nachdenken.

Mir wurde einfach mal wieder bewusst, dass man klare Prioritäten im Leben setzen muss. Viele Themen prägen unser Leben und wir können manchen einen großen Stellenwert zuordnen und manche einfach weniger beachten. Arbeiten, zum Beispiel, ist wichtig. Geld verdienen für die Familie und das Mitarbeiten an einem großen Ganzen, an einem professionellen Projekt. Auf jeden Fall. Gerade für jüngere Menschen stellt die Arbeit einen wichtigen Orientierungspunkt dar, der den Alltag strukturiert. Was aber viel wichtiger ist, ist Zeit mit seinen geliebten Mitmenschen und der Familie zu verbringen. Man weiß nie, wann sich etwas ändern kann oder wann die nächsten schlechten News kommen. Das Leben an sich muss die höchste Priorität haben und sollte sich niemals der Arbeit unterordnen. Auch hier denke ich wieder an den netten Mann, mit dem ich zwei Tage das Krankenhauszimmer teilte, der zwei Jahre nach Eintritt in den wohlverdienten Ruhestand erfuhr, dass er nur noch ein paar Jahre zu leben hat.

Ich habe so viel mehr Zeit mit meiner kleinen Tochter in dieser Ausnahmesituation verbringen können und habe schnell gemerkt, dass wir noch enger zusammengewachsen sind und unsere Beziehung, die bestimmt naturgemäß schon intensiv war, noch intensivieren konnten. In diesem Sinne bin ich froh, dass ich mal wieder eine große »Auszeit« hatte, wenngleich auch geprägt von Krankheit und Ungewissheit. Ich habe definitiv das Beste daraus gemacht. Und meine Tochter hat sich meistens sehr darüber gefreut, dass der Papa so viel zuhause war und so viel Zeit hatte.

Eine der Nebenwirkungen der Chemotherapie war, dass ich lange Zeit um Punkt sechs Uhr morgens wach war und aufstand. Zunächst fand ich das schrecklich, so früh wach zu sein. Dann aber lernte ich den besonderen Zauber des frühen Morgens kennen. Ich setzte mich allein in unsere kleine Küche, während meine Mädels noch schliefen. Durch die Küchenfenster schien in der schönen April- und Maienzeit meistens schon die Frühlingssonne in die Wohnung. Ich machte mir einen Earl Grey Tee und fing an, in aller Ruhe zu lesen. Ich hatte irgendwie die Muße und die Ruhe dazu. So was hatte ich wirklich nie gemacht bisher. Nicht mal im Urlaub. Nicht um diese Uhrzeit. Um das Ganze noch zu toppen, stellte ich sogar einen kleinen Holzbuddha aus Thailand mit einer Kerze dazu auf. Unsere Küche verwandelte sich so irgendwie in einen frühmorgendlichen Andachtsort voller Ruhe und Frieden.

Eigentlich, denke ich mir, sollte man doch genau so jeden Morgen in den Tag starten, ohne Hektik und »Ich hab doch keine Zeit zum Frühstücken, muss zur Arbeit«-Stimmung. Ich hoffe, dass ich dieses entspannte Ritual vielleicht auch in der wirklichen, normalen Zeit einführen kann. Es schien mir auch in dieser nicht ganz einfachen Zeit viel Kraft und Gelassenheit zu geben.

Wenn man dann mal in so einer blöden Lage ist, merkt man, wie wichtig Zuspruch und die Teilnahme von Familie, Freunden und Bekannten ist. Oft nimmt man sich im »normalen« Leben wenig Zeit dafür, mal nach dem Wohlbefinden der Anderen zu fragen, aber für das sollte doch Zeit sein. Ich habe natürlich nach meiner Diagnose sehr viel Zuspruch bekommen und immer meldete sich mal jemand bei mir und erkundigte sich, wie es mir geht. Selbst meine Arbeitskollegen schrieben mir eine rührende Karte mit vielen Besserungswünschen.

Ich muss schon sagen, dass das schon immer sehr gut getan hat. Einfach nur zu wissen, dass Andere an einen denken. That's it. Anteilnahme am Ergehen der Anderen zu zeigen macht Menschen sympathisch und charismatisch. Ich weiß nicht, ob man das lernen kann, aber es ist eine wichtige Eigenschaft von Menschen. Mir ist klar geworden, dass einfache Anteilnahme, ein einfaches »Mensch, wie geht es dir denn?« anderen Menschen richtig gut tun kann. Und innerhalb von 24 Stunden sollten diese paar Minuten doch drin sein.

Irgendwie hatte ich in dieser speziellen, eigenartigen und doch auch manchmal positiven Zeit den Drang (und natürlich auch mal die Zeit), Krempel wegzuschaffen. Besitz wegzuschaffen. Sachen, die man nicht braucht. Ich weiß nicht wieso, aber ich wollte mich unbedingt von Sachen trennen. Ich verkaufte zum Beispiel viele Bücher online bei eBay. Teilweise noch aus dem Studium. Ich dachte mir, lieber soll ein Student ein Buch günstig bekommen und was Sinnvolles damit tun, als dass es bei mir zuhause im Regal zwar schön aussieht, aber nichts bewirkt. Sogar E-Gitarren verkaufte ich, was viel heißt bei mir. Aber wieso brauchte ich denn mehr als fünf? Natürlich verkaufte ich auch meine Whiskysammlung, also zumindest die angebrochenen Flaschen.

Es tat mir gut, Sachen zu verscherbeln und wegzupacken. Es hatte was Befreiendes. Manchmal hatte ich das Gefühl, dass unnötiger Besitz vom Wesentlichen ablenkt. Was auch immer das Wesentliche ist. Dass man klarer und fokussierter ist, wenn weniger unwesentliche Sachen einen umgeben. Dass es ganz gut ist, nur Sachen mit persönlicher Bedeutung für einen zu besitzen. Und oft scheinen das eher die kleinen Dinge zu sein.

Was mir auch sehr klar geworden ist, ist, dass Krankheiten einfach zu unserem Leben dazugehören. Das müssen wir uns eingestehen. Gerade der Krebs ist quer durch unsere Gesellschaft eigentlich überall anzutreffen. Nach Herz-Kreislauf-Krankheiten die häufigste Todesursache in Deutschland. Fast alle der Leute, denen ich von meinem Hodgkin-Lymphom erzählte, konnten mir aus ihrem Freundeskreis oder der Verwandtschaft von Krebsfällen erzählen (teilweise eher ermutigend, teilweise weniger). Auch fiel mir auf (immer so, wenn man dann mal genauer drauf achtet), dass das Thema Krebs in den Medien schon sehr präsent ist. Auch in Filmen bemerkte ich, dass Krebs eigentlich ziemlich oft thematisiert wird.

Gerade als noch jüngerer Mensch will man sich jedoch weniger mit diesen Themen beschäftigen. Keine Lust, keine Zeit. Uncooles Thema. Doch man sollte es. Ich habe es nun am eigenen Körper erfahren, dass jederzeit was kommen kann. Auch wenn man noch nicht so alt ist und sich gut fühlt. Jeden von uns kann es jederzeit erwischen. Deswegen macht Vorsorge wohl sehr viel Sinn.

Ich war schon überrascht, als man mir von meinem fortgeschrittenen Stadium erzählte. Dabei habe ich nach dem

Erkennen der ersten Symptome jetzt nicht unbedingt superlang gewartet. Klar, ein paar Wochen hätte man alles früher starten können, aber eigentlich habe ich nicht viel Zeit verloren. Ein weiterer Zimmerkollege eines Krankenhausaufenthalts – auch mit Diagnose Morbus Hodgkin – erzählte mir, dass er zwei Jahre lang irgendwie die leichten Schmerzen im Halsbereich (in Wirklichkeit die befallenen Lymphknoten) bemerkt hatte, aber erst sehr spät zum Arzt gegangen war. Das ist sicherlich nicht empfehlenswert.

Es ist keine Schande, sich als junger Mensch mal checken zu lassen und es ist auch kein Zeichen von Ängstlichkeit und Paranoia, sondern eher von Intelligenz und Weitsicht. Sich medizinisch ab und zu mal untersuchen zu lassen ist doch weitaus weniger schlimm als die eigentliche Behandlung einer Krankheit, wenn es dann mal so weit gekommen ist.

Hobbys und Leidenschaften sind wichtig. Sachen, die uns über die Jahre hinweg beschäftigen, faszinieren und fesseln. Sie geben uns was. Das ist wichtig. Auch hier ist es meiner Meinung nach eher eine Frage der Priorisierung. Viele sagen, dass sie wegen Beruf und Familie keine Zeit für Hobbys haben. Aber die Zeit für Themen, die einem was bedeuten, sollte doch irgendwie immer drin sein. Ich hatte witzigerweise kurz vor dem Ausbruch meiner Krankheit durch das Malen/Kritzeln mit meiner kleinen Tochter Lust darauf bekommen, selbst Bilder zu malen. Klingt irgendwie seltsam, aber ich fing mit dem Malen an. Zeit dafür hatte ich zwar eher so ab 21 Uhr, wenn wirklich Ruhe war. Aber es machte mir Spaß und vor allem entspannte es mich irgendwie. Für so was sollte doch immer Zeit im Leben sein, oder?

Auch das mag komisch klingen, aber selbst in der Zeit nach der Diagnose und während der Therapie dachte ich mir oft, dass alles doch noch viel schlimmer sein könnte. Es war bestimmt schon eine besondere Art des positiven Denkens, die mir hier sehr viel half. Klar ist eine Krebsdiagnose schon eine ordentliche Schelle und haut einem schon mal die Bremsen rein. Aber ich dachte mir wirklich immer, dass es noch schlimmer sein könnte.

Zunächst einmal hatte ich ja vielleicht das »Glück«, mit meinem Hodgkin-Lymphom einen Krebs zu haben, den man gut behandeln und eben auch vollständig heilen kann. Eine ähnliche Erkrankung, das Non-Hodgkin-Lymphom, ist nicht so gut behandelbar. Als ich eines Abends eine Reportage bei ARTE über eines der letzten Konzerte von Black Sabbath sah, erfuhr ich, dass Toni Iommi, einer der besten Rock-Gitarristen der Welt, auch an Non-Hodgkin erkrankt war und auch in einem Interview sagte, dass er ihn für den Rest seines Lebens nie mehr wirklich losbekommen würde.

Auch bei anderen Krebsarten, wie zum Beispiel Bauchspeicheldrüsenkrebs, ist die Behandlung heutzutage leider immer noch nicht sehr erfolgsversprechend. Dann dachte ich mir immer, dass ich doch eigentlich froh sein kann, dass in unserem Land eine professionelle Behandlung und dessen Finanzierung einfach gut möglich sind. Anderswo auf der Welt werden Menschen sicherlich weitaus schlechter behandelt oder kommen dabei in finanzielle Not. Diesbezüglich geht es uns hier in Deutschland doch ganz gut.

Auch hatte ich starkes Vertrauen in die medizinische Behandlung in den Krankenhäusern, was mir auch viel geholfen hat. Ich muss sagen – mag komisch klingen – ich war auch wirklich auf eine bestimmte Art und Weise froh, als ich dann nach den Wirren rund um Tuberkulose, Sarkoidose und allem anderen eigentlich auch mal Bescheid bekam, was denn nun wirklich der Fall war. Klar, die Krebsdiagnose war ein Schock, aber auch endlich mal eine Gewissheit. Als ich im Januar 2020 so schlechte Blutwerte nach dem Hausarztbesuch hatte, informierte ich mich kurz über die hohen Entzündungswerte, zum Beispiel den CRP. Ich konnte nachlesen, dass das eine Art Symptom für eine einfache

Entzündung sein kann, aber auch eben auf etwas Schlimmeres wie einen Tumor hinweisen könnte.

Ich weiß noch, dass sich das recht unangenehm anfühlte, das zu lesen. Zu spüren, dass der Körper irgendetwas hat, aber nicht zu wissen, was es ist, ist nicht schön. Die Ungewissheit kann schlimm sein. Aber alles in allem fühlte ich mich immer gut betreut und behandelt und ich meine, dass wir in Deutschland froh sein können darüber, dass wir auch bei Extremdiagnosen wie Krebs eine gute Behandlung bekommen.

Mag die Situation noch so schlimm sein. Humor hilft. Lachen hilft. Blöde Witze sind absolut okay. Vielleicht sogar notwendig. Auch wenn man mal Angst haben sollte. Es hilft, locker und humorvoll drauf zu sein. Ich selbst konnte das relativ gut praktizieren aufgrund meiner Art. Viele meiner Freunde merkten auch, dass ich meinen Humor nach der Diagnose keinesfalls verloren hatte. Viele Krankenschwestern und Pfleger waren auch eher lustig drauf. Ja, es hilft. Es lockert auf. Es macht mehr Spaß. Und Ernstes gibt es ja genug auf dieser Welt.

Und wenn alles dann mal wieder ein bisschen besser ist, sollte man doch wirklich mal versuchen, mit dem zufrieden zu sein, was man hat. Klar, das Streben nach dem, was man nicht hat, ist ein uraltes menschliches Phänomen. Aber ich bin überzeugt davon, dass zufriedene Menschen reicher sind als unzufriedene. Es gehört nicht viel zum Glücklichsein. Und es umgibt uns. Es ist überall. Wir müssen es nur erkennen und zugreifen.

Man sollte nie Angst vor Veränderung haben. Es kann sich alles ganz schnell ändern. Man kann auf einmal im Lotto gewinnen (wenn man denn auch Lotto spielt) oder man kann ganz schnell mal eine Krebsdiagnose bekommen. Doch ich habe für mich erfahren, dass man Veränderungen gegenüber offen sein sollte. Das kann sich lohnen.

Und mit Allem im Reinen sein. Mit den Mitmenschen und der ganzen Umgebung und vor allem mit sich selbst. Es wenigstens versuchen. Keine offenen Rechnungen haben. Alles klären. Keine Geheimnisse haben. Offen sein und auf Andere zugehen. Auch mal was Nettes sagen, nicht nur am Geburtstag. Probleme angehen und nicht wegstecken. Ich bin überzeigt davon, dass nur die Menschen, die mit sich selbst alles geklärt haben, im Reinen mit anderen sein können.

Denn jeder Tag könnte der letzte sein. Aber auch der Beste deines Lebens!

Mir fällt selbst auf, dass das alles jetzt ganz einfache kleine Dinge sind, die ich als wichtig identifiziere. Das sind keine spektakulären Erkenntnisse. Nichts Großartiges oder Besonderes. Doch erst jetzt, nach dem Katastrophenjahr 2020, ist mir das ein oder andere irgendwie klar geworden …

ZURÜCK ZU NORMAL

September 2020

Die Zeit ist nun gekommen. Ich merke, wie sich langsam aber sicher wieder alles ändert. Ein großer Umbruch liegt in der Luft. Es riecht erkennbar nach Veränderung. Es scheint, als würde ich langsam aus diesem eigenartigen Fiebertraum erwachen. Es fühlt sich an, als hätte ich lange Zeit in einer Art Koma gelegen. Hab schon alles mitbekommen, aber es war halt nicht normal. Langsam komme ich wieder zu mir. Der Frühling steht irgendwie in den Startlöchern, obwohl sich grad eigentlich erst der Sommer verabschiedet. Komisch. Das Thema Krankheit, dass mein Leben in den letzten sechs Monaten so krass geprägt hat, weicht allmählich zurück. Hab da auch irgendwie kein Bock mehr drauf.

Die Reha ist nun vorbei. Drei Wochen vergingen wie im Fluge. Eine einzigartige Zeit. Bei all den alten Leuten hab ich mich mal wieder wie ein ganz Junger gefühlt. Es gab nur mich. Ich konnte den ganzen lieben Tag tun und lassen was ich wollte. Nur auf mich schauen. Auf meinen Körper. Nur machen, was mir gut tat. Viel Sport. Laufen und pumpen. Gymnastik und progressive Entspannung. Hat mir sehr gut getan. Lesen. Schreiben. Viel nachdenken. So was kannte ich gar nicht mehr. Ich wollte nach drei Wochen Reha nicht verlängern. Nicht, weil es mir nicht gut getan hätte. Nein, weil ich wieder zurück ins normale Leben musste. Zu meiner kleinen Familie. Es war eben Zeit, wieder zurückzukehren. So soll es doch auch sein.

Den Leuten, die fragen, wie es mir geht, sage ich schon seit längerer Zeit, dass alles wieder tippitoppi ist. Kein Thema. Manche fragen schon gar nicht mehr nach. Behandlung lief gut. Bin super durchgekommen. Alles gut vertragen. War weitaus weniger schlimm, als ich mir das vorgestellt hatte. Der ganze Horror vom Anfang ist schon wieder fast vergessen. Ich muss nicht mehr ins Krankenhaus. Ich muss keine Tabletten und kein gutes Gift mehr schlucken. Muss nicht mehr ständig meine Temperatur überwachen. Ich hab die Schublade, die voll mit Medikamenten, Tropfen und Tabletten war, ausgeräumt und alles in einer Tüte verstaut. Ich kann das fast nicht glauben. Und zum Arzt zum regelmäßigen Blutabnehmen muss ich auch nicht mehr. So ungewohnt. Meine Tage bekommen wieder langsam eine andere Struktur. Die Struktur der Normalität.

Meine Haare wachsen wieder. Ich habe eine sportliche Kurzhaarfrisur. Ein paar Millimeter drauf. Hatte ich mal vor 20 Jahren so. Die nachgewachsenen Haare fühlen sich ziemlich weich an. Und scheinen zur Lockenbildung zu neigen. Die haben irgendwie einen anderen Groove als früher. Mal schauen, was das noch wird. Egal, sie wachsen wieder. Die Baseballcap hab ich immer weniger dabei. Brauch ich langsam nicht mehr. Gut fühlen tue ich mich sowieso. Bin wieder fit. Hab während der Reha gemerkt, dass ich locker schon wieder sieben Kilometer joggen kann. Ging erstaunlicherweise echt ganz gut. Fühlte sich gut an.

Ich fange wieder an, an die Sachen zu denken, an die ich davor gedacht habe. Es wird langsam alles wieder etwas normaler. Es geht wieder zurück. Langsam zurück ins normale Leben. Ein halbes Jahr nachdem sie mir sagten, dass ich Krebs habe, stehe ich wieder vor dem Sprung in die Normalität. Sofern man im Corona-Jahr 2020 von Normalität reden kann. Ich habe jetzt dann auch keine Behandlungen mehr. Klar, die Nachsorge. Regelmäßige Checks. Aber das war's. Mein Immunsystem ist langsam auch wieder oben. Die Ärzte sagen, ich soll immer noch gut aufpassen. Aber ich gehöre langsam nicht mehr zur Risikogruppe. Bin keiner von den Schwachen mehr. Mein Blutbild zeigt immer noch ein paar Auffälligkeiten. Eine Chemo verändert das Blut halt auf krasse Weise. Aber es scheint sich wieder zu stabilisieren. Hab auch wieder eine gesunde Hautfarbe bekommen. Normal halt.

Kann das denn wirklich sein? Klar, es lief echt alles recht gut bei mir. Aber bin ich denn jetzt echt wieder zurück? So schnell? Hätte ich nicht gedacht.

An Corona haben sich schon sowieso alle gewöhnt. An die Einschränkungen, Abstand halten, Maske tragen. Home-Office. Skypen. Facetime. Das ist schon alles ganz normal geworden. Meine kleine Tochter scheint schon ganz routiniert in die Videocalls mit Oma und Opa zu gehen. Corona-Routine. Manche denken, es geht wieder Richtung normal, aber viele reden schon von der zweiten Welle. Ich denke, der ganze Spuk ist noch nicht vorbei.

Aber was auch immer noch kommen wird. Wir haben es bis hierher geschafft und den Rest schaffen wir auch noch. Für mich ist Corona sowieso eher ein ganz kleines Monsterchen geworden. Im Vergleich zu den Ungeheuern, die vor ein paar Monaten vor mir standen, gleicht das Virus eher einem Teddybärchen. Unseren Enkeln werden wir dann mal von diesem verrückten Jahr erzählen. Natürlich ist Covid-19 immer noch gefährlich und wir müssen das ernst nehmen. Ich hab aber keine Angst mehr davor. Mein Körper würde alles wieder normal wegstecken, sagen die Ärzte. Doch wir müssen immer noch auf uns aufpassen. Und was noch viel wichtiger ist, auf die anderen. Die Alten und Schwachen eben. Mama und Papa. Die Schwiegereltern.

Ich habe mich dazu entschieden, wieder langsam mit der Arbeit anzufangen. Eine Wiedereingliederung mit reduzierten Arbeitsstunden pro Woche zu machen. Ganz langsam zu beginnen. Langsam und entspannt hochfahren. Und bald wieder voll zu arbeiten. Ich hätte mich noch locker monatelang krankmelden können, aber das bin ich nicht. Fühle mich soweit wieder gut und mache meine Arbeit ja auch gern. Und es soll ja auch so sein, dass mir die Arbeit wieder meine Woche strukturiert. Das gibt wieder vollends Normalität zurück. So soll es ja sein. Ich lege jetzt wieder los.

Schon krass. Fast hätte es mich aus dem Leben gezogen. Das ist das Brutalste, was es geben kann. Wenn man gehen muss, aber noch bleiben will. Bei alten Menschen stelle ich mir manchmal vor, dass sie am Schluss vielleicht gar nicht mehr wollen, wenn ihre Zeit, ihre Freunde, ihre Welt auch schon größtenteils verschwunden sind. Bei jungen Menschen ist der Gedanke, einfach mittendrin gehen zu müssen, jedoch unglaublich schmerzhaft. Bei mir scheint es momentan, als hätte ich grad noch Glück gehabt. Bei vielen anderen Jungen geht es jedoch anders aus.

Hat das alles mich verändert? Ganz klar. Jein. Ja und Nein. Bin immer noch der Alte, aber natürlich hat mich alles verändert.

Und natürlich ist es jetzt auch nicht so, dass ich das Buch hier ganz schließen und ins Bücherregal stellen kann. Ein Freund meinte zu mir, ich hätte den Krebs besiegt. Ist das so? Ich weiß es nicht. Glaube, dass man das erst nach vielen Jahren sagen kann. Hab ja immer noch regelmäßig Nachsorge. Muss immer noch ständig gecheckt werden. Eben weil es ja wiederkommen könnte. Es gibt auch hier natürlich Statistiken dazu. Die Wahrscheinlichkeit, dass alles wiederkommt, ist schon gering, aber da. Man kann das Thema nicht ganz ignorieren. Und genau an dieser Stelle habe ich aufgehört damit, mich genauer mit allem zu beschäftigen. Das ist mir alles egal jetzt. Ich beschäftige mich jetzt wieder mit anderen Sachen. Ich habe für mich hier einen Cut gemacht und alles abgehakt. Das wird sicherlich das Beste sein. Den ein oder anderen dunklen Gedanken gab es sicherlich mal dazu, aber eigentlich ist das Thema Krebs erst mal von der Agenda. Ich denke nicht mehr daran.

Corona wird uns wohl noch ein Weilchen begleiten, aber die schlimme Krankheit ist überstanden. Schreibe jetzt noch dieses Buch zu Ende und dann kommt das Thema zu den Akten. Es ist, wie ich schon beschrieben habe, Teil von mir geworden. Teil meines Lebens und Teil meiner Identität. Es hat mich schwer getroffen und hat mich geprägt. Vor allem im positiven Sinne. Nein, ich hab keine schlechten Gedanken mehr im Kopf. Nur noch gute Gedanken und Lust auf mehr. Ihr könnt mich alle auf die Sache ansprechen. Ich rede sehr gern über alles. Berichte und erzähle. Es ist nicht schlimm oder eine Belastung für mich. Ganz im Gegenteil. Sehr gern sogar denke ich nun an die Zeit zurück und was passiert ist. Denn es ist ja alles gut ausgegangen soweit. Ich kann euch von mir und meinem Krebs erzählen und werde euch sagen, dass es sich lohnt, fürs Leben zu kämpfen. Es lohnt sich, sich nicht hängen zu lassen. Es kann alles ganz gut ausgehen. Auch die Chemo muss nicht immer schlimm sein. Niemand sollte Angst davor haben. Mit Mut und Hoffnung in die Sache gehen. Es lohnt sich.

Ich hab eine zweite Runde geschenkt bekommen. Hätte zu diesem Zeitpunkt im schlechtesten Falle schon weg sein können. Nur noch auf Bildern. Und in den Erinnerungen und in den Herzen. Echt krass. Aber ich bin noch da. Und wie. Jeder Atemzug ist ein Geschenk. Jeder neue Morgen. Jeder Sonnenaufgang. Jedes Lächeln meiner kleinen Tochter und ihrer Mutter. Jedes Treffen mit Mama und Papa. Mit meiner Schwester. Mit den Freunden. Mit allen. Alles ist für mich zu einem Geschenk geworden. Und ich nehme es dankend an und freue mich. Ehrlich gesagt hab ich mich noch nie so lebendig gefühlt wie jetzt in diesem Moment.

Und doch gibt es da was ganz Seltsames. Ein kleines Phänomen, dass mich etwas verwundert. Ich stehe kurz vor dem

Sprung wieder zurück ins normale Leben. Es geht wieder los. Die Arbeit. Der normale Rhythmus. Die Realität. Morgens früh raus, weil es wieder viel zu erledigen gibt. Bin nicht mehr krank. Muss wieder anpacken und wieder ins alte Leben. Und das ist doch eigentlich auch gut so, oder? Eigentlich schon.

Und trotzdem habe ich mich irgendwie an das alles so gewöhnt. Es war die seltsamste Zeit meines Lebens. Corona und Krebs. So was wird es nicht wieder geben. Zumindest nicht für mich. Und niemand will so was jemals erleben. Es ist echt komisch, das zu sagen, aber ich hab mich über die Monate dran gewöhnt. An die freie Zeit. An das ruhige Leben. An den etwas langsameren Groove. An die Leute, die ständig fragen, wie es geht. Irgendwie hab ich noch nie so viel Zeit gehabt für mich, für meine kleine Familie. Ja, fürs Leben. Selten hab ich mir für meine Hobbys so viel Zeit nehmen können. Im normalen Alltag hätte ich nie ein Buch schreiben können. Hätte nie Zeit und Muße dafür gehabt. Und irgendwie weiß ich, dass es so eine Auszeit möglicherweise nicht wieder geben wird. Klar, Ferien oder auch mal wieder eine Elternzeit vielleicht. Aber nicht so lang und so intensiv. Ich denke nicht.

Bald werde ich wieder früh morgens aufstehen und zu wenig Zeit fürs Frühstück haben, weil ich doch früher im Büro sein wollte, um noch was vorzubereiten. Am Schreibtisch im Büro sitzen, auch mal bis nach 18 Uhr. Ich werde auch bald wieder nach Hause kommen und nur noch kurze Zeit mit der Kleinen haben, bis sie müde ins Bett fällt. Bald kommt der Stress des Alltags wieder. Die Mühle wird wieder angeschmissen. Das große Karussell wird wieder ordentlich Fahrt aufnehmen. Das scheint mir schon alles wieder vorprogrammiert zu sein. Und vielleicht werde ich dann sogar bald wieder am Schreibtisch sitzen und mir denken, wie schön die ruhige Zeit doch war.

Natürlich scheint dieser Gedanke absurd, ich könnte die Zeit, die hinter mir liegt, vermissen. Die Krankheit werde ich bestimmt nicht vermissen. Und das Virus. Ganz bestimmt nicht. Wie könnte ich auch. Aber die besondere Ruhe und Entschleunigung des Frühlings/Sommers 2020 mit all den vielen Gedanken rund ums Leben. Ich glaube, das werde ich vielleicht doch ein klein bisschen vermissen.

Und irgendwie will ich zurück zu normal und irgendwie auch wieder nicht. Komisch. Doch am Schluss freue ich mich aber natürlich wieder auf die »Normalität«. Oder das, was Corona uns noch lässt. Die richtige Normalität wird erst in einem halben Jahr oder später einkehren. Mal schauen.

Doch. Ich freue mich wieder auf alles, was noch kommt. Und so endet hier ein besonderes Kapitel meines Lebens.

EIN KLEINER MENSCH

Januar 2018

Der größte Tag ever!
Herzlich willkommen, meine Süße. Du bist das größte Wunder.

Es kann nichts Besseres geben.

Ich bin immer für dich da, wenn du mich brauchst.Auch wenn du später mal denkst, dass du mich nicht brauchst, werde ich da sein.

Wir sind verbunden durch den größten Zauber. Für immer. Das wird sich nie ändern.

Alles wird anders werden, aber nur viel besser.

Das Gefühl, ein Teil des großen Kreislaufs zu sein. Auch dir wird es mal so gehen.

Jetzt bin ich noch jung und du ganz jung. Irgendwann werde ich alt sein und du immer noch jung. Auch du wirst mal alt sein.

Ich hoffe, dass du bei mir sein wirst in meinen letzten Tagen. Wann auch immer die sein werden.

Herzlich willkommen auf der Erde. Sie ist wunderschön!

Jage das Glück. Du wirst es finden. Ich helfe dir dabei.

Wir haben dir das Leben geschenkt. Nun mach das Beste daraus. Es lohnt sich …

Du bist das größte Wunder.

UND DIE REISE GEHT WEITER

September 2020

So, nix passiert. Weiter geht's!
Wie sagt man so schön. Einmal schütteln und dann wieder aufstehen und weiter.

War ganz unten. Aber da war ich am stärksten. Kopf meilenweit unter Wasser. Komische Viecher da gesehen. Aber bin wieder hochgekommen und kann wieder durchatmen.

Für den Fall, dass ich es nicht schaffe, habe ich schon mal kurz meine ganze Geschichte aufgeschrieben. Aber wisst ihr was? Ich pack das. Ich hab ein zweites Leben geschenkt bekommen. Second life. Ich bin dankbar dafür.

Einmal kurz beim Herrgott oben angeklopft. Doch er hat mich noch mal springen lassen. Mega cool! Hab jetzt jeden Tag was zu feiern. Das Leben. Das klingt sehr simpel. Ist es auch.

Ich bin wieder da. Bo 2.0. Mit riesen Software-Update. Noch besser jetzt. Ich bin jetzt wieder einer von euch. Bin immer noch der Gleiche. Und doch hat mich alles verändert.

Das Gras war schon immer grün, doch für mich ist es jetzt noch einen Tick saftiger. Der Himmel war schon immer blau, doch ich sehe ihn noch etwas intensiver als ihr. Hab schon immer gern der Amsel am Sommerabend gelauscht. Doch jetzt singt sie noch viel schöner. Ich kann nun auch im Dunkeln sehen.

Egal was noch kommen mag. Wir kriegen das hin! Auch wenn mal wieder ein Ungeheuer auftaucht. Auch ein weiteres Mal werden wir es vertreiben. Nein. Noch besser: töten. Ich werde nie wieder Angst vor irgendetwas haben.

Hab auch viel gelernt. Auch wenn es die großen Dinge sind, die wir immer sehen und denen wir hinterherjagen. In

Wirklichkeit sind es die kleinen Sachen, die unsere Welt zusammenhalten.

Hab schon viel erlebt. Will aber noch tausend Mal mehr sehen. Es gibt Farben, die ich noch nie gesehen habe. Düfte, die ich noch nie genießen durfte. Musik, die noch nie an meine Ohren drang. Diese Erde hält noch so viele Geheimnisse für uns bereit. Da gibt's noch viel zu sehen und zu entdecken.

Hab noch tausend Pläne und Projects. Weiß jetzt schon wieder gar nicht, wie ich das alles schaffen soll.

Bald bekomm ich meinen Schwerbehindertenausweis. Den nehme ich dann mit zum nächsten Halbmarathon.

Ja, so sieht's aus. Es gibt Größeres als das, was wir sind. Aber doch hat jeder von uns die Macht, was zu verändern. Ist doch der Hammer.

Das Leben ist schön. Hab ein Ohrwurm im Kopf und pfeife ganz tranquilo »Nur die Musik«.

Hab viel Glück gehabt. Pech auch. Aber dann auch wieder Glück. Glück im Unglück oder so was. Oder andersrum? Sonne und Schatten. Ist ja auch egal.

Vielen Dank an alle, die geholfen haben! Ich freu mich auf jede Sekunde, die noch kommt. Auf weitere Abenteuer irgendwo da draußen …

Also, weiter geht's!

Weitere Romane aus dem KellnerVerlag

Bärbel Rädisch

Kein Wort – Nie

232 Seiten | Softcover | 12,5 x 20 cm |
ISBN 978-3-95651-228-5 | 12,90 €

»Nein, es ist gelogen!« Josi sprang mit einem Satz von der Schaukel, stampfte mit dem Fuß auf und starrte in Richtung Haus. Aber Oma und Opa lügen doch nicht, oder? Wenn ich Mama erzähle, was ich gehört habe, wird sie sagen: »Kind, Kind, was hast du für eine blühende Fantasie.« Aber wenn es doch stimmt?
Stell dir vor, du findest heraus, dass Mama gar nicht deine echte Mama ist – auch Opa und Oma nicht echt sind. Deine Welt steht einen Moment still, ehe sich das Unfassbare in deinen Gedanken ausbreitet. So bekam schon die Kinderseele erste Narben, weil jeder dachte, er dürfe es den anderen der Familie nicht erzählen.

Wilfried Stüven

Welche Farbe hat die Wirklichkeit

240 Seiten | Softcover | 12,5 x 20 cm |
ISBN 978-3-95651-268-1 | 14,90 €

Benno steht vor dem Scherbenhaufen seines Lebens. Denn nur wenige Monate vor seinem 65. Geburtstag verlässt ihn seine Ehefrau Thora. Um diese Trennung für ihn erträglicher zu machen, reist er nach Travemünde, wo ihm von einer blinden Frau die Frage gestellt wird: »Welche Farbe hat die Wirklichkeit?«
Doch zurück in Bremen erwartet ihn eine böse Überraschung, denn 23 Gemälde sind, trotz verschlossener Türen und Fenster, verschwunden. Hat Thora etwas mit dem Verschwinden der Gemälde zu tun? Welche Rolle spielen die Menschen in Bennos Umgebung? Eine unerwartete Wendung lässt alles in einem anderen Licht erscheinen.

Erhältlich im Buchhandel oder direkt beim:

KellnerVerlag
St.-Pauli-Deich 3, 28199 Bremen
Tel.: 04 21-77 8 66
info@kellnerverlag.de • www.kellnerverlag.de

Kellner VERLAG